「古都西安」

西安与海东

Xi'an and Korea Peninsula

陈景富 著

西安出版社

图书在版编目（CIP）数据

西安与海东/陈景富著. —西安：西安出版社，2005.3（2010.10重印）
（古都西安丛书）
ISBN 978-7-80712-106-0

Ⅰ.西… Ⅱ.陈… Ⅲ.中朝关系—国际关系史—西安 Ⅳ.D827.41

中国版本图书馆CIP数据核字（2005）第016806号

古都西安·西安与海东

著　　者：陈景富
出版发行：西安出版社
社　　址：西安市长安北路56号
电　　话：（029）85264440
邮政编码：710061
网　　址：www.xacbs.com
印　　刷：西安新华印务有限公司
开　　本：850mm×1168mm 1/32
印　　张：7.75
字　　数：180千
版　　次：2010年10月第2版
　　　　　2010年10月第2次印刷
ISBN 978-7-80712-106-0
定　　价：24.00元

《古都西安》丛书编纂委员会

序

崔林涛

西安是享誉国内外的历史文化名城，有着深厚的经济社会根基，丰富的文化底蕴和久远的文明传承。在中华民族发展的历史长河中，古都西安处于极为重要的地位，发挥了重大的历史作用，拓印下无比瑰丽的史诗和波澜壮阔的画卷。

“八川分流绕长安，秦中自古帝王州。”西安古称长安，是中华民族的重要发祥地和文化发源地之一。远古时代，“蓝田猿人”就在这里繁衍生息，六千多年前，半坡先民在这里种植狩猎，开掘出了别具特色的“半坡文化”。自公元前12世纪，周文王在此建立丰京，揭开了西安作为帝王京师历经千年，雄踞华夏，成为统一的多民族国家的政治、经济、文化中心的辉煌历史。西安成为与雅典、罗马、伊斯坦布尔等城市齐名的世界历史古都。直至今天，西安城中的塔和碑，城外的陵与墓，连绵的城垣与宫殿遗址，保存的大量珍贵文物，以及周乐秦声、汉风唐韵等文化艺术，仍在昭示着这里曾经呈现过的尊贵和豪华，开放和风流。

“一座城市的历史就是一个民族的历史。”古都西安就像一部活的史书，一幕幕、一页页记录下中华民族的沧桑巨变。古都西安见证了“文景之治”、“贞观之治”、“开元盛世”的鼎盛辉煌，然而，往日这个帝王们希冀长治久安、长久平安的长安城也几度衰落，数遭兵燹，令人扼腕地一度衰落了。

衰落的根源值得研究汲取，怎样重新激起奋发向上的精神更应当总结和发扬。英国著名历史学家汤因比曾精辟地分析，任何文明都有其生长和衰亡的过程，而能否勇敢地接受各种挑战决定着这种文明的前途。

我们在研究文明生长的时候，发现它的过程是一连串的挑战和应战。应战不仅解决了挑战所提出来的问题，而且还在它每次胜利地解决了一个挑战问题以后，又提出了新的挑战。这样，文明生长的性质的最核心的成分便是一种新的活力、不断的创新。历史在前进，文明在曲折中发展。

西安，曾经创造过昔日的辉煌，西安也曾经历过衰落，西安又迈向创造新的文明的征途。江泽民总书记在分析古希腊文明、拜占廷文明盛极而衰时说过，不能紧跟世界发展的潮流，就必将落后。江总书记在西安论述中国实施西部大开发战略时还说过，中国曾有过盛唐时期的辉煌，但安史之乱后衰落了。现在我们的任务是要实现中华民族的伟大复兴。因此，他多次强调我们的各级领导干部和年轻一代要多学习和了解一点历史，从历史中汲取文化的养分。尤其是在改革开放和现代化建设取得巨大成就的今天，面对世界多极化，经济全球化，科学技术迅猛发展，要使中华民族在全球范围内的竞争中不断发展、走向繁荣，就要审视自己的历史和文化传统，继承和发扬民族优秀传统文化，增强民族凝聚力，学习借鉴世界文化优秀成果，始终代表先进文化的前进方向，才能与时俱进，战胜前进道路上的各种艰难险阻，立于不败之地。

先进文化是现代人集古今中外之大成、并且面向未来的创造，是传统与现代、继承与创新的产物。我们有责任大力弘扬先进文化，因为这是永葆历史文化名城活力的根本所在。研究历史，分析现状，面向未来，西安要走向世界，让世界更加了解西安，让社会主义的先进文化中保持优良的文化传统，增强民族的认同感，提高自信心，为经济发展和社会进步提供精神动力与智力支持，成功地应对前进中的每一次挑战。我想这是每一个西安人和关注西安发展的人们不断思索的命题。工作和生活在古都西安的人们要有一种气概，重开现代丝绸之路，重振汉唐雄风，把西安建设成既葆有古都风貌，又具现代文明和时代精神的大都市。

编著《古都西安》这套大型丛书，正是想让人们对西安有更深刻的了解。能够触摸到西安的历史脉络和文化特征，感受到它的灵魂，让西安走向世界，再架起一座中西文化交流的桥梁。丛书按照从古至今、全面系统的原则分篇编排。每篇或按时序，或分类论述，但总的体例大致划一，以求系统、准确、全面而又有重点地介绍西安。丛书在保证学术水准的前提下，尽可能为更广泛的读者所接受，使史学走向大众，更具有严谨的科学性、渊博的知识性和艺术感召力。

有关古都西安的著述很多，但系统地编著一部大型丛书，立体全景地展现西安历史，却是首次。我有幸在西安工作十多年，西安的文化积淀实在是丰厚，这座城市最大的魅力在于它的历史文化。在两个文明建设的实践中，深切地感受到，弘扬优秀传统文化，建设社会主义精神文明，有必要也有责任组织和推动一批专家、学者，编撰一部详尽介绍古都西安的大型丛书。为此，我曾多次与史念海先生等专家交流，共同策划。从制定规划、内容、体例讨论论证、专题编著分工、编审等，工作展开已近五年时间，现在要陆续出版了。本丛书的宗旨是崇尚征实，弃绝浮言，全面系统，提倡寓新颖观点于详密材料的治学风格。参与编著丛书的每位作者都在理论阐释和材料整理方面，做出了很大的努力，都有全新的开拓。这是全体作者的心血，更是史念海老先生留给世界，留给当代与后人的一份呕心沥血的遗嘱。这套由他主要审定的丛书陆续与读者见面了，而史先生却已无法全部看到。鲁迅先生曾说过，拿着故人的遗稿，就像手里攥着一把火。这套丛书的问世正是史先生传承给我们的希望之火，也是对他最好的纪念。

望着雄伟壮观的古城墙和高楼林立、华厦争辉、桥涵飞虹、通衢溢彩、万车竞速的西安，感受到汉唐雄风开阔的底蕴，体味着这方水土赋予西安人开拓创新的激情，我们有理由相信，有着强大自我更新能力、包容进取精神的西安人，在中国共产党的领导下，坚定地走有中国特色的社会主义道路，乘着西部大开发的东风，一定能够在这片土地上再创造出新的历史奇迹！

2005 年 3 月 4 日于西安

目　录

自 序

笔者从事中韩（朝）文化交流研究，始于上世纪80年代中后期，研究的重点在中韩佛教关系史，迄今已先后出版了《中韩佛教文化交流史》（撰写1至13章、序言和附录一）、《海东入华求法高僧传》、《中朝历史交往诗辑注》、《大觉国师义天年谱及作品系年》、《中韩佛教关系一千年》等书，数十篇论文亦主要是这方面的内容。而将要出版的《西安与海东》这本书则不仅与佛教有关，同时也与政治、经济、文化交流有关。在写作的时候，我感受最深的是：原始资料的考订、甄别，是能否正确阐释历史、尽可能如实恢复历史本来面貌和抽象历史本质的关键所在。

在这篇短序中，主要集中谈一下所谓由崔致远写的两种著作《上太师侍中状》和《经学队仗》是否真实的问题。

首先谈《上太师侍中状》。

从内容上看，此《状》颇有不经之文，难以凭信。如《状》文谓“高句丽、百济全盛之时，强兵百万，南侵吴越，北扰幽燕齐鲁，为中国巨蠹”。这里所说的“全盛之时”被特定在“隋皇失驭”而“征辽”之前的时段。查遍中朝（韩）两国古代的正史、野史，丽济二国断然未曾有过这样的“全盛时期”，隋代以前更不可能拥兵“百万”而侵吴越、扰幽燕齐鲁。固然，《三国史记》高句丽本纪慕本王二年条曾载：“遣将袭汉北平、渔阳、上谷、太原”，但结果是“辽东太守蔡（“祭”字之误）肜以恩信待之，乃复和亲”。《后汉书》光武本纪对此则记作“辽东徼外貊人寇右北平、渔阳、上谷、太原。辽东太守祭肜招降之”。同书东夷列传高句丽传作“辽东太守祭肜以恩信招之，皆复款塞”。高句丽扰固扰之，但并非什么中国之“巨蠹”。至于百济，其先本来只是卞韩的一个部落，又地处半岛之西南，至古尔王二十七年（262年）设官分治，国家管理机构才始臻完善。其西隔大海沧波与中国山东、江苏两省相对，其东与新罗相邻，其北须经带方、乐浪、靺鞨、高句丽数国然后始得与中国通。从其始祖温祚王建国之第三年（前16年）起，便遭受靺鞨的侵犯，此后又不断与新罗、高句丽等邻国相互攻伐，虽有吞并邻国之心，但国小力弱，因此只好遇事持两端，企图坐收渔人之利，直至亡国而不知自悔。期间，于近肖古王二十七年（373年）向东晋朝贡，腆支王十二年（416年）第一次接受东晋之册封，此后于中国南朝宋、齐、梁、陈以及北齐、北周、隋、唐各代亦都一皆纳贡受封。在这样一种形势下，怎么可以设想它会有余力、有胆量越过夙敌高句丽的势力范围而进扰中国北方呢。固然，在中国浩如烟海的古代历史文献中，曾有个别地方由于传译及书写的错误而导致记载的失实，如梁沈约所撰《宋书》载曰：“百济国，本与高骊俱在辽东之余千里，其后高骊略有辽东，百济略有辽西。百济所治，谓之晋平郡晋平县。”对这样一种属于孤例的失实记载，是极易理解，不难考证、核对的事情。崔致远深谙中国历史和朝鲜半岛的历史，怎么会肯认这样一条失实的记载而写出如此贻笑大方的状文来呢。如果说，所谓的“北扰幽燕齐鲁”尚有失实记载的孤例可为“依据”的话，那么，“南侵吴越”便纯粹是空穴来风了。崔致远更不会愿意去承担伪造历史的责任。

从文章的结构上看，将此《状》与真正由崔致远撰写的表、状、启、碑铭等比较，差距太大，可以用“松散冗长”四字概括其特点。例如，自状文开头“伏以东海之外有三国”至“此乃我武烈大王之功也”这段占全文五分之三的文字所叙述的内容，离题离谱，对“要求护送贡品”这个主题来说，实属多余的文字，退一步来说，起码是冗长繁复的文字。有理由认为，这段长文正是作者“借题发挥”的“弦外之音”，是其真正想要表达的重点。但这位作者不应该是崔致远。

从状文语言风格特点来看，此《状》与崔致远的其他状、表、启、碑铭文字比较，更有天渊之别。崔致远是新罗国在唐朝科举竞技场上的胜利者，是获得“进士”学位的留学生，不仅在儒学方面有较深的造诣，而且在诗、赋、骈文方面的涵养在海东学子中也是超群出众的，后人评价他说，“东文之倡，公实为宗”，并因此而推之为海东“文章之祖”，“东人仰之如神仙中人”。他的文章，最大的特点是带有明显的赋和骈文的色彩，而且用典很多。例如：“晓日出乎嵎尼，光融万象；春风生乎震位，气洽八埏……乌飞迅影，回轮昧谷之深；虎啸雄威，辍扇商郊之远。”“伏以当蕃地号秦韩，道钦邹鲁；然而殷父师之始教，暂见躬亲。”……如此等等，诸如此类，俯拾皆是，不胜枚举。而《上太师侍中状》则不同，既粗俗又缺乏文采，通篇几乎找不到一处用典的文字，让人很难相信如此拙劣之文是出自于一代文宗之手。

此外还有两个细节也值得注意：在《与礼部裴尚书瓒状》、《新罗王与唐江西高大夫湘状》、《谢不许北国居上表》中，崔致远习惯将高句丽称为“句丽”或“句骊”，但《上太师侍中状》却一反常例称之为“高丽”。这一称谓上的变化也是令人深思的。还有一处是，既已入唐，却不知当朝“侍中”为何人，岂不怪哉。这一怪现象的出现也是伪作者露出的马脚。

综上所述，愚以为《上太师侍中状》是一篇伪作，并非崔致远的手笔。实际上，关于崔致远这次奉命出使唐朝的记载是十分可疑的。据《三国史记》新罗本纪记载，真圣王八年(893年)，崔致远进事务策10条，同年，奉命为贺正使，但未成行。此后至唐亡（907年）的十四年间，只有真圣王十一年（896年）遣使入唐奏告让位事一次记载，奉使者不悉为何人。《崔文昌侯全集》引《三国史记》崔致远本传在叙述唐景福二年（893年）奉命为贺正使未成行事后，只提了"其后亦曾奉使如唐"一句，而《东国通鉴》崔致远本传则加入了《上太师侍中状》全文，但又将此《状》定为在唐任官时所写。至1983年韩国乙酉文化社出版的新装本第5版的《三国史记》的"崔致远本传"也将《上太师侍中状》全文嵌入。这些前后不一及错乱的情况说明，崔致远景福二年后再奉使入唐并非事实，他的传记是经过后人改动了的。最原始的版本可能只提到了唐景福二年的入唐未遂事，后来，有人代劳编造了《上太师侍中状》，《三国史记》崔致远本传于是楔入了"其后亦曾奉使如唐"一句，再后来干脆将《上太师侍中状》全文也插入了。

其次谈《经学队仗》一书。

类似于《上太师侍中状》的作品还有《经学队仗》一书。崔致远的著作，在《桂苑笔耕》"序"自述为《私试今体赋》5首1卷、《五言七言今体诗》100首1卷、《杂诗赋》30首1卷、《中山覆柜集》5卷；《新唐书》艺文志载为《四六集》1卷、《桂苑笔耕》20卷；《三国史记》本传除引《新唐书》所录外，又说有《文集》30卷。上述记载，均未载录《经学队仗》一书。至李朝崇儒抑佛，顺斋周世鹏上书给李晦斋，极赞崔致远的文章人品，推为"百世之师"，足以"配享先圣"；明宗十六年（1561年）大儒李子（退溪李景浩）赞助促成崔致远西岳书院之建并为之题额，当此之时也，他们仍然不知有《经学队仗》一书。直至后来编辑《孤云先生文集》时，始由其“后孙国述君积年槊求遗文，而出货以付剞劂者”。据说此书“发明性理，暗先相符于宋儒之论”。但为什么却迟迟没有面世呢？卢相稷在《孤云先生文集重刊序》中是这样说的：书成当世，由于“俗皆不嗜”，“故先生亦不屑以示人”。而在高丽时期，则因为“诵佛益甚，不但不读《队仗》，亦鲜读先生诗文。惟四山碑铭一卷，播在四方。于此而求仿佛焉，故人不知真孤云先生矣”。愚以为，这种解释是缺乏说服力的。仅在高丽朝，崔致远便于显宗十一年（1020 年）被追赠为内史令，从祀先圣庙庭；十四年，复赠谥“文昌侯”。这不仅肯定了崔致远在政治上的重要地位，同时也是从文化角度、儒学角度给予的最高奖赏。此时，距崔致远辞世不过百年左右，设若崔致远真的撰有《经学队仗》一书，寻其遗稿比之又数百年后当更容易，出而示之于世人，不正是最合适的时机吗？然而未见这样做。直至时间又过了五百年，最高统治者大力推崇理学，为此数次下令，不仅推尊崔致远为“东方理学之宗”，而且荫及子孙，虽贫贱亦免服军役，勿入汰讲之例等等。于是，《孤云先生文集》的编辑被列上了议事日程。于是，从来没有人谈过、见过、记载过的《经学队仗》“遗稿”也就适时地被“发现”了，或者是“应运”出现了。人们很难相信，这应运而出的“遗稿”会是崔致远的遗作。笔者至今未曾面识此书，故无法从文法上去作进一步考证。

从事历史研究，很重要的一项工作就是对史料的考证。虽然每次考证未必能完全弄清真相，但一定会一步一步接近真相。考证一定要将点与面、局部与全局联系起来分析，尽量地避免偏执。

有感于斯，故以之为序。

作者　壬午岁冬于无说斋

第一章

概　论

本书所说的海东，是指位于我国东北部的朝鲜半岛，是一个方位性的地理概念，它的疆域既包括今天的韩国，也包括朝鲜民主主义人民共和国。作为两个国家，它们和其他国家一样，有其产生、发展演变的漫长历程。

考诸中国与海东国家的历史文献，朝鲜半岛先后存在过的原始部落联盟和阶级政权有北部之檀君朝鲜、箕氏朝鲜、卫满朝鲜，南部之马、辰、卞（弁）三韩，并立对峙达七百余年的高句丽、百济、新罗三国政权、统一新罗、王氏高丽和李氏朝鲜三个统一政权，19世纪末沦为日本军国主义的殖民地，直至1945年日本侵略者宣布无条件投降为止。第二次世界大战结束，半岛以“三八线”为界，一南一北同时建立两个主权独立的国家，即韩国与朝鲜民主主义人民共和国。

神话传说中的檀君朝鲜约出现于新石器时期，与传说中的中国唐尧同时。高丽僧一然《三国遗事》沿引中国文献《魏书》① 和朝鲜《古记》第一次谈到檀君朝鲜问题，说：昔有帝

---

① 查北齐魏收《魏书》，并无此说。

释桓因[1]之庶子桓雄，“数意天下，贪求人世”，父知其心，于是“下视三危太伯”，认为此地人民可以弘益，遂遣桓雄前往治理，因称桓雄天王。桓雄与熊女交欢，生子名檀君王俭。当唐尧即位50年时，王俭立“国”建都于平壤，始称朝鲜，寻又移都于白岳阿斯达，又名弓忽山或方忽山。据说王俭活了1908岁，御国时间长达1500年，至公元前11世纪时为箕氏朝鲜取代。

箕氏朝鲜的开国者为箕子胥余。箕子本为殷商之贤臣，先秦文献如《尚书》、《论语》、《左传》、《战国策》、《管子》、《荀子》、《韩非子》等均有关于箕子的记述。至西汉伏胜撰《尚书大传》、司马迁撰《史记》，这才明确记载箕子被封朝鲜之事。其中尤以《史记》记载最详，其大意是：箕子预知殷之不祥，纣王日益淫泆，箕子谏而不为所纳，于是“披发佯狂而奴”。周武王既灭殷，特地访问箕子，请教治国之道理，箕子为其作《洪范》九法，“武王乃封箕子于朝鲜而不臣也”。其后，箕子入朝于周，其间曾路经殷墟，作《麦秀之诗》，谴责商纣王之无道。[2]《尚书大传》与《史记》不同的是：箕子先受封，然后作《洪范》，而且明确记载朝周的时间为武王即位之第十三年，亦即克殷之次年。箕子在朝鲜建立奴隶制国家后，“教其民以礼仪、田蚕、织作”；或谓“作八条之教以教之”[3]。周衰，燕自尊为王，欲东略朝鲜。朝鲜侯亦自称王，并准备兴兵逐击燕，尊拥周王室。后在其大臣礼谏说下，终于避免了战

① 帝释桓因：简称帝释，梵名释迦提桓因陀罗，佛教典籍谓忉利天之主也。由此可证檀君王俭朝鲜神话传说应出现于佛教传入朝鲜半岛之后。

② 《史记》卷38第1607页《宋微子世家第八》，中华书局1959年版。

③ 《三国志》卷30第840页《魏书东夷传》，中华书局1959年版。

争。后来，箕氏子孙骄且虐，燕王乃遣将秦开攻打朝鲜之西方，取地二千余里，至满番汗为界，朝鲜从此衰弱。秦并天下，筑长城至于辽东，朝鲜王否，畏秦侵袭，因此既表示服属而又不愿意称臣。否子准即位二十余年，值秦末天下大乱，燕、齐、赵民众不堪其苦，往往亡入朝鲜，准将他们安置于国之西部。汉高祖五年（前202年），诏立卢绾为燕王，燕与朝鲜以浿水（今朝鲜境内大同江）为界。公元前195年后不久，箕氏朝鲜为燕人卫满所灭。

卫满灭箕氏朝鲜后所建政权，史称卫满朝鲜。初，汉高祖崩后，燕王卢绾反，逃入匈奴，卫满亦化装成胡人亡命，东渡浿水，降于准，说服准允许他居于其国之西界，收秦末燕、齐、赵之逃亡者为朝鲜守边，“准信宠之，拜为博士，赐以圭，封之百里，命守西边”。卫满聚众势大之后，诡称汉兵分十道前来进攻，请求赴平壤宿卫，乘机攻准，准不敌，只好率左右及宫人走入海，迁居于韩地。卫满立国，仍都平壤。惠帝（前194—前188）、吕后（前187—前180）二世，汉天下初定，朝廷许满为外臣，管束塞外诸夷，“毋使盗边”，亦勿阻其入朝。卫满乘机扩大势力，拓地至“方数千里”，真番、临屯皆来服属。其孙右渠即位后，更滋意招诱汉之逃亡者，借以壮大自己，抗礼汉廷，遮塞真番、辰国入朝之路，汉武帝于是于元封二年（前109年）秋发兵攻之，至次年夏灭卫氏朝鲜。古朝鲜的历史至此宣告结束。

与半岛北部的古朝鲜相对，半岛南部有“三韩”，因其王称“辰王”，所以，三韩亦称“辰国”。综合《汉书》、《三国志》、《魏略》的记载，至迟至箕氏朝鲜末年，三韩民族已经形成部落联盟。箕准被燕人卫满打败之后，曾走入海，居韩地自称韩王，不与卫满朝鲜相往来，其子孙及亲戚留居旧国者亦皆冒姓韩氏。卫满朝鲜右渠统治时期，辰国仍“与朝鲜贡蕃不相往来”。右渠末年，相当于汉武帝元鼎年间（前116—前111），辰国与真番欲上书见汉天子，但道路为右渠“雍阏弗通”，这件事成了汉朝出兵灭卫氏朝鲜的一个理由。

关于三韩的情况，《三国志》第一次设专传叙述。其文谓，韩在带方（郡）之南，东西以海为限，南与倭接，方可四千里。韩有三种，一曰马韩，二曰辰韩，三曰弁韩。马韩在西，有“国”五十年，伯济即其一；其民知种植、蚕桑、作棉布；各有长帅，大者名臣智，其次为邑借，散在山海间，无城廓；王称辰王，治所在月支国。辰韩在马韩之东，始有六国，后析为十二国，斯卢国即其一；其耆老自言为避秦苦役逃亡于韩的华人，马韩割其东界地让其居住；其言语与马韩异，而与秦人相似，如称国为“邦”，弓为“弧”，贼为“寇”，行酒为“行觞”，相互称呼为“徒”等，故辰韩也称秦韩；因其为流移之人，故受马韩所制，辰韩人不得自立为王，常用马韩人充任，世世相继；其民知种植，晓蚕桑，作缣布，乘驾牛马。弁韩又称弁辰，亦有十二国，此外还有一些小的“别邑”，各有渠帅，大小五等，依次是臣智、险侧、樊秽、杀奚、邑借；弁韩与辰韩杂居，亦有城廓，衣服、居处与辰韩同，言语法俗亦相似。在三韩境内，后来演化出新罗、百济两国。

三国鼎立，起自公元前1世纪后半期，止于公元7世纪60年代，相当于中国西汉（包括莽新）后50年，至于唐高宗总章年间（668—670）。所谓三国，即高句丽[①]、百济、新罗。在中国正史文献中，最早提到高句丽的是《后汉书》，次为《三国志》、《魏书》等。其地在辽东以东千里，南接朝鲜、秽

① 高句丽原为中国古代民族政权之一，政治中心移至朝鲜半岛之平壤后，较前相对独立于当时的中国中央朝廷，成为半岛的主要政权之一。

貊，东临沃沮，北与扶余接，地方二千里，多大山深谷。族出扶余别种，属卒本扶余，言语法则多同，共有五部，即消奴部、绝奴部、顺奴部、灌奴部、桂娄部。王先出消奴部，后由桂娄部代之。武帝灭朝鲜，设真番、临屯、乐浪、玄菟于其地，以高句丽为县，使属玄菟郡，赐鼓吹伎人，授朝服衣帻。其始祖名朱蒙，先都于纥升骨城（今辽宁省桓仁县城西五女山城），历四十年后迁都国内城，亦称丸都城或尉那岩城（今吉林省集安或附近的山城子）；再历四百二十五年，复迁都半岛之平壤；再历一百五十六年，又迁都长安城。又八十二年后，即公元668年，为新罗与唐朝联军所灭，是年为唐高宗乾封三年（668年）。共28王。百济为马韩五十四国之一，原作“伯济”，始祖温祚，高句丽始祖朱蒙后妻之子，故族属仍为扶余别种，即卒本扶余。中国文献《魏书》最早设传叙百济历史，《南史》、《北史》、《隋书》、两《唐书》亦均有传。其中《周书》谓其国界“东极新罗，北接高句丽，西南俱限大海，东西四百五十里，南北九百余里”。国都称固麻城，《三国史记》作慰礼城（今汉城汉江南岸），官分十六等，又设内外两部分掌众务。其衣服，男子略同于高句丽，婚娶略同华俗。建国后三百八十九年迁都汉城；又历一百零五年，迁都熊津；再历六十三年，移都泗沘（又名所夫里），改国号曰南扶余，一百二十七年后，即公元660年，被新罗、唐朝联军灭亡。共30王。新罗在中国文献中比之高句丽、百济，出现最晚，首见于《北史》与《南史》，但错讹颇多，今结合《三国史记》略述如下：新罗初号徐耶伐，或云斯罗、斯卢、鸡林。国都在金城（今庆州），后复在城东南筑月城（或称在城），月城北有满月城，月城东有明活城，月城南有南山城。始祖住金城，后世多在两月城。据《北史》载，其先本辰韩种属，为辰韩十二国之一，其地“兼有沃沮、不耐、韩、秽”旧土，东南逼海，西与百济接，北与高句丽为邻，所谓“始与高句丽、百济地错犬牙”是也。其人“杂有华夏、高（句）丽、百济之属”。官有十七等，“文字、甲兵同于中国”，“风俗、刑政、衣服略与高（句丽）、百济同”。新罗第二十九王真德王（胜曼）末年（660年）联合唐军首先攻灭百济，第三十代王文武王（法敏）即位八年复联合唐军攻灭高句丽，最后统一半岛。三国对立的局面至此结束，历史进入统一新罗时期。统一新罗与唐以𬇙水为界。至第五十六代王敬顺王在位九年（935年）降于王建高丽，统一新罗灭亡。

后三国，这是统一新罗末年所出现的三个政权，即新罗及在百济、高句丽旧地建立起来的后百济、后高句丽。后百济于新罗真圣女王六年（892年）由“完山贼甄萱”[①] 所建。后高句丽于新罗孝恭王八年（904年）由弓裔所建，先都松岳郡，寻迁铁圆，国号摩震，年号为武泰，后又改国号为泰封，年号为水德万岁。习惯上称弓裔政权为后高句丽。公元918年，王建夺取泰封政权，称高丽王，都于松岳。公元931年灭后百济，公元935年，新罗王降于王建高丽，后三国时期至此结束。

高丽王朝时期相当于中国五代初期至明朝初年。《高丽史》录载谶记《高丽镜文》预测高丽王朝国运，其中谓：“此一龙，子三四，递代相承六甲子。”此一龙，指高丽王朝的创建者王建；子三四，指王建以后之继承王位者有子孙三十四代，这正好与历史事实相符；后文是说高丽王朝一代传一代，总时间是六个甲子，即360年，而实际上，王氏政权至公元1392年才被李成桂政权取代，总寿命达473年，比预测多了113年。李成桂政权复以“朝鲜”为国号。下传25代，至高宗三十一年（即清光绪二十年，1894年）沦为日本的殖民地。公元1945

① 《三国史记》卷11第233页，新罗本纪真圣王六年条。

年，日本军国主义在第二次世界大战中战败，被迫宣布无条件投降，朝鲜半岛始从法西斯日本的铁蹄下解放出来，同时形成韩国和朝鲜民主主义人民共和国，一南一北延至于今。因高丽王朝以后的历史与古都西安已无多大关系，故此从略叙述。

关于古朝鲜的历史，中外学术界颇有不同意见，这里择要介绍如下。

一、檀君王俭朝鲜问题。如前所述，就现存文献资料而言，檀君王俭朝鲜说最早见于高丽僧一然于公元 1275—1308 年撰成的《三国遗事》一书，其所据文献是中国的《魏书》和朝鲜的《古记》。但《魏书》并无这样的记载，朝鲜的所谓《古记》也未存世，《三国遗事》以前的朝鲜文献中也未见到有任何一种谈及此事，很可能的是，王俭朝鲜乃出自一然笔下的一则神话。神话传说谓檀君乃"桓因（帝释）"庶子桓雄与熊女所生子，而桓因乃佛教中之人物，梵名为释迦提桓因陀罗，一般称帝释，忉利天之主宰者，住须弥山顶喜见城。由此判断，檀君王俭建立古朝鲜的神话传说的出现，不会早于佛教传入半岛的时间，即公元 4 世纪 70 年代。《朝鲜通史》的作者大概亦认为檀君王俭朝鲜言之无据，所以没有明文谈论此事，而是说："朝鲜这个名称，早在公元前 7 世纪的史书中就已出现。"引文中的"史书"当是指中国之先秦文献《山海经》。这句引语在实际上否定了王俭朝鲜的现实性。韩国当代学者中也有持上述意见者。但从韩国一所高等学校取名"檀国大学校"看，似乎又说明韩国国民（包括学术界）对檀君王俭朝鲜是持肯定态度的，或者说，至少是对檀君王俭及其所建之"国"是认可的。认可的最根本原因是，檀君王俭是在朝鲜半岛"本土"出生的，建"国"后即建都于平壤，寻又移都于白岳山阿斯达，属于百分之百的"土著"。中国学者的意见与此不同，其中的一种意见认为，朝鲜人先祖檀君王俭是黄帝之子少昊氏的后裔。江苏《连云港市志》在《少昊氏与朝鲜人先祖》的标题下，研究探讨了少昊氏东迁朝鲜半岛及其所产生的影响。此文“将少昊氏活动的中心地鲁南、苏北一带出土的石斧、石刀、黑陶、褐陶的纹饰与朝鲜、日本两国出土的同类器物进行细致的比勘，指出朝、日民族以鸟为图腾的先祖崇拜、敬祀太阳的天体崇拜、祭社的地母崇拜以及纹身、拔牙的习俗都严谨地承袭了少昊氏的原始意识”。此外还从《禹贡》对少昊氏发祥地羽山（今连云港市云台山）的记载入手，考证古文物、古地理、古气候，从而得出结论：云台山及中国东部沿海山地为世界水稻的起源地。这也从一个侧面说明朝鲜受到少昊氏文化的影响。刘永智先生在其《中朝关系史研究》一书中，缜密地研究、举证了以关中、豫西、晋南为中心的仰韶文化、山东的龙山文化都曾向北延伸，影响于我国东北，尤其是辽东半岛地区，诸如沈阳新乐一期文化、富河文化、旅顺郭家村下层文化等遗址所出土的彩陶、鼎、鬶等陶器，都属于仰韶文化的变体；而旅顺老铁山积石墓、郭家村上层文化、长海上马石中层等遗址所出土的蛋壳陶、黑陶和圆足鼎，则酷似龙山文化的出土品……在此基础上，刘永智先生将中朝两国新石器时期文化遗址的出土品作了类比，认为，两国新石器时代的房址作地穴屋、地面轮廓呈圆形或方形、柱坑、火坑等，均大同小异；石器的制造方法、器形等，以及陶器的器形和纹饰等也有密切联系。他指出，细石器文化发源于中国的黄河流域，而在朝鲜的新石器文化遗址中也普遍出土过；半月形石刀同样发源于黄河流域，而朝鲜境内至少有十处遗址也出土过无孔、有孔的半月形石刀、石镰、三角形石刀、圭形扁平石刀等等，特别是清湖里遗址出土的长方形石刀为最早，而且又与中国仰韶文化后期出土的石刀几乎相同。其余无孔、有孔石刀也大都与中国华北、山东和东北等地的出土品相似。在陶器的出土方面，东北地区的篦纹陶属于仰韶文化、龙山文化的地方变体，这种陶器在朝鲜新石器时代的遗址中也普遍存在过。此外，如朝鲜出土的研磨红陶、双耳罐、豆形器等，或者与仰韶文化的陶器相似，或者酷似中国辛店文化的出土品，或者直接与中原文化有关。通过这些考察，他得出结论，认为中朝两国的先民在新石器时代的文化联系是极为密切的。刘永智先生注意到，并且赞同《连云港市志》的观点，进而说，根据他们掌握的资料，可以证实檀君朝鲜是少昊氏东迁所建立的部落联盟。[①] 而朝鲜古史文献《三国史记》也曾明确记载："新罗人自谓少昊金天氏之后，故姓金。"新罗著名将领庾信则是"轩辕之裔，少昊之胤"[②]。史载檀君享国1500年后被箕氏朝鲜取代，则其建国时间当在公元前2600年前后，与中国唐尧同时，在历史分期上属于新石器时代晚期。

二、关于箕子封朝鲜的问题。在朝鲜方面，直至李氏朝鲜末期，始终认为"箕子朝鲜"是一个客观的历史事实。近现代以来，开始有人对"箕子朝鲜"提出异议，甚至于断然否定"箕子东来说"，其中论述较为详尽的一家，共归纳出以下几个理由：（一）从先秦到西汉时期的古文献记录中，除《尚书大传》及《史记》宋微子世家以外，其他文献中无（箕子）封朝鲜说；（二）在先秦文献里，"朝鲜"名称的出现是在战国后期，最早也未超过战国时期；（三）《尚书大传》最早记载箕子封朝鲜之说，但其中存在的疑点颇多，主要点是箕子受周武王之封，然后归朝于周，在时间（短）与路途（长）上存在不可克服的矛盾。也就是说，在短短的一年时间里要完成遣使行封

① 参见刘永智《中朝关系史研究》第5—8页，中州古籍出版社，1994年版。

② 《三国史记》列传第一金庾信本传。

和箕子受封后归朝于周的大运动量是不可能的事情；（四）箕子传说中存在着过分修饰的痕迹。据此而得出的结论是："中国人的天下观及东夷观同中国人对朝鲜的政治、地理、经济的现实的关心结合在一起，结果造就了箕子东来说。"[①] 用另外的人的话为上文作注释，那就是："箕子东来说"是中国史家在公元前 3 世纪末至 2 世纪初"伪造"的。[②]

与此相反，中国学者则坚持认为，"箕子封朝鲜"不应轻率否定。有关学者首先从考古举证入手，指出朝鲜半岛青铜器时代开始于公元前 11 世纪前后，与中国、韩国历史文献记载中的箕子封朝鲜的时间基本相同。据当代《朝鲜考古学概要》和《朝鲜全史》公布的考古资料统计，半岛境内的青铜器出土遗址共有九处，所出土的青铜器如青铜凿、青铜纽扣、青铜镞、青铜片、管玉、青铜铃、青铜指环、青铜手镯等等，质量都很高。根据世界考古的普遍经验，在青铜器出现之前，应当有一个黄铜与红铜器物的过渡阶段。但令人奇怪的是，朝鲜境内至今未出土过这样的过渡物。由此说明，朝鲜的青铜器不是在本境内发展起来的，而是从境外传进去的。同时期的陶器也存在着类似的突变现象，连朝鲜学者也惊叹，"在新石器时代"最晚期遗址中，从前的面貌几乎消失殆尽，整个面孔几乎同以后青铜器时代的陶器形制相似。这种突变也说明了有一种"新因素"在起作用。换言之，无论是"泊来品"青铜器还是陶器中反映的"新因素"，都与箕子封朝鲜，箕族东迁朝鲜有着密切的关系。[③] 在此基础上，有关学者又例举训诂考证《易经》

---

①② 见韩国全海宗著《中韩关系史论文集》中之《古代中国人的韩国观》第 30—41 页，中国社会科学出版社，1997 年版。

③ 参考刘永智《中朝关系史研究》第 9—15 页，中州古籍出版社，1994 年版。

中有关“箕子之明夷”一句说：朝，应读“昭”，与“明”字通；平，应读“尸”，尸与“夷”古通。朝鲜二字当由“明夷”传写辗转而来。这样，“箕子之明夷”便可理解为“箕子适朝鲜”。此外还认为：从甲骨文“明”字的书写情况判断，古之“明”与“朝”实为一字，由此也可以将“箕子之明夷”译为“箕子适朝鲜”或“箕子适朝夷”。① 这是运用训诂和甲骨文知识诠释“箕子之明夷”的含义，证明“箕子适朝鲜”或“箕族迁朝鲜”的可能性和肯定性。

另有学者依据考古新发现，从民族学角度考察了箕子所出之亚㠱族的族属、渊源、活动地望、与殷王室的关系，以及迁徙原因和迁徙路线，然后指出：亚㠱族起源于玄鸟族来氏中的巳氏，与殷王室同祖，子姓，与华岳下的姜姓㠱族有别。起先，来氏与殷氏互通婚姻，至殷武丁世，亚㠱族成为殷王室的主要姻亲国，因此，其活动地望与殷氏相邻，同居“河淇之间故殷墟”。在周武王伐纣的种族战争中，亚㠱族举族避迁至今永定河平原一带。后来，周成王封召公之裔于燕，燕强，亚㠱族再避迁辽东，最后至于朝鲜半岛。这一论述最有说服力之处是在博征先秦文献、诸论家成果证明箕子族出亚㠱之后，以出土亚㠱族器物为依据，指证其活动的地望与迁徙地。②

综合以上两种论述，大致可以归纳出以下几点意见：

1. 箕子族属活动地望及迁徙路线是清楚的；“箕子封朝鲜”或“箕子之朝鲜”不仅仅是箕子个人的个体行为，而是一

---

① 参考刘永智《中朝关系史研究》第 9—15 页，中州古籍出版社，1994 年版。

② 王雷生《亚㠱族史略》，《西安石油学院学报》1997 年第 2 期；《由史密簋铭看姜姓莱其族的东迁》，《考古与文物》1997 年第 6 期，第 77 页。

个群体性行动。箕子之朝鲜、周武王封箕子于朝鲜，都发生在亚曩族（箕族）群体东迁之后。

2. 朝鲜一名有个演变、定型的过程，即由“明夷”变为朝鲜，“均属汉语言文化系统，来源于东方海上日出之象”。从部落联盟发展至政治实体即国家，她的活动中心、统治中心，起初是在西周北燕的东部“列阳”与辽东之间，后来才经辽东迁至朝鲜半岛。

3. 朝鲜国实始于箕子，檀君王俭作为原始部落联盟首领是可能存在的，但“檀君朝鲜”或“王俭朝鲜”是不存在的。

三、关于卫满朝鲜问题。其中的关键问题是：卫满是不是燕人。古代朝鲜文献对此一直持肯定态度，本世纪 70 年代朝鲜民主主义人民共和国出版的《朝鲜通史》对此仍然持肯定态度。但韩国学者全海宗先生持否定态度，他说，综合考察卫满入朝前和入朝时中国人的“朝鲜观”，可知《史记》在记载现实史料的同时，从中国人的对外观出发，运用了“属国”、“中国人”等表现手法。他特别强调说：“在《史记》关于卫满的记事中，联系中国人的朝鲜观，朝鲜传序文中写着‘朝鲜王满者，故燕人也’及‘魋结蛮夷服而东走’。这些记事多被引用为有关卫满出处的资料。那么，卫满是否燕人，乃是值得探讨的问题。不少学者根据‘魋结蛮夷服’的记载，断定卫满是燕人。笔者却不同意此观点。”① 撇开中国人有着什么样的朝鲜观不谈，单就“魋结蛮夷服而东走”一句而论之，这其实与卫满是否是燕人并无任何关系。司马迁这句话的本意，仅在于说明：卫满在燕王卢绾反叛汉廷逃入匈奴后，自己也开始逃亡，并召聚得千余人，然后化了装（即“魋结蛮夷服”）东走出塞，

① 韩国全海宗《中韩关系史论集》第 45 页，中国社会科学出版社，1997 年版。

到了朝鲜等等。太史公对卫满逃亡出塞的背景、经过，以及在朝鲜活动、取得信任、夺取政权等等交代得够清楚的了，为什么还要靠在“魋结蛮夷服”几个字上做文章，证明他是不是燕人呢？如果怀疑卫满的国籍是司马迁出于某种“朝鲜观”而伪造的，那么，他是不是也出于某种“匈奴观”而伪造了燕王卢绾反后逃入匈奴的事实呢？其实，早在卫满之前，便有不少燕、齐两国的人亡命到了朝鲜，卫满正是借用这批故国“同胞”的力量，才壮大了自己的势力，并最后成就了称王的事业，设若其不是燕人，他会有这般的号召力吗？如果说，箕子封朝鲜时间太早，文献记载不够充分，太史公之论或有可能是依据“传闻”者，然则卫满事距太史公不足百年，或记录在案，或记忆犹新，又以太史公之学德人品，岂有故意作假之理！

中国是世界四大文明古国之一，黄河、长江中下游等地区又是中国历史文明的摇篮，它的影响及于周边，这不仅是有文献可考的事实，而且今天又多了一个出土文物为证。我们在研究中国与周边国家历史关系的时候，既不应居大国之尊傲视历史，也不能以批判所谓的“事大主义”或中国人的什么观而轻易地否定历史。人类社会历史的演变，无论是过去、现在或未来，就其主方向而言，都是各民族、各国家互相影响，共同进步的过程。任何一个民族、任何一个国家，在历史上都有先进的时候，也有落后的时候，无论先进还是落后，都是自己的历史，都应当正视。因先进而生骄傲之心，这或许正是落后的开始；能正视自己在某个历史时期或某个方面的落后，则可能意味着这个民族或国家的新生。

第二章

建都长安之封建王朝与朝鲜半岛的关系

第一节　使节往来，历史悠久

在中国漫长悠久的历史上，先后有 13 个王朝和两个农民起义政权建都于长安，它们是：西周（公元前 11 世纪—前 771）、秦（前 221—前 207）、西汉（前 206—8）、新（9—25）、西晋（302—304）、前赵（318—329）、前秦（350—394）、后秦（384—417）、西燕（384—394）、西魏（535—557）、北周（557—581）、隋（581—618）、唐（618—907）、黄巢大齐政权（881—884）、李自成大顺政权（1644—1645）。长安作为都城的时间长达千余年，始于中国封建生产关系的萌芽时期，止于封建社会的繁荣时期，尤其是在周、秦、汉、隋、唐这几个重要的历史时期，长安都是中国的政治、经济、文化和对外交流的中心。

朝鲜的历史，几乎是从一开始便与中国有着密切的关系，已见前述。长安与朝鲜的交往，最早也可以追溯到箕子受封之后于周武王十三年入朝于镐京，并应周武王之请，作《洪范》，阐述理国经邦的“天道”。秦朝一代，始皇帝为求长生不死药，命徐福（又作“市”）率童男童女数千人赴海上仙山取之，今朝鲜半岛南海岩石上有秦徐福题名石刻。据此，或说徐福等曾到过三韩。另外，秦人不堪压迫，曾有逃亡至于辰韩者，“马韩割东界地与之。其名国为邦，弓为弧，贼为寇，行酒为行觞，相呼为徒，有似秦语”，故辰韩又称为“秦韩”。西汉初，燕人卫满叛汉逃往朝鲜，并最后夺取箕氏朝鲜政权。汉惠帝、高后考虑到天下初定，同意辽东太守的建议和做法，约卫满朝鲜为外臣，“保塞外蛮夷无使盗边；诸蛮夷君长欲入见天子，勿得禁止”。这种关系大约维持了七八十年。朝鲜历史进入三国鼎立时期，三国与中国封建王朝的往来更加频繁，关系更加密切。反映这种密切关系的现象是多方面的，这里仅就三国朝贡和受册封两方面的情况，据《册府元龟》和《三国史记》的记载作一统计如下：

高句丽朝贡		高句丽受册封	
东汉	4次	北燕	1次
曹魏	3次	晋	1次
孙吴	1次	元魏	6次
后赵	1次	刘宋	1次
晋	2次	萧齐	3次
北燕	4次	梁	6次
前秦	2次	北齐	2次
元魏（东魏）	88次	陈	1次
刘宋	18次	北周	1次
萧齐	6次	隋	3次
梁	8次	唐	2次
陈	7次	总共	25次
北周	2次		
隋	14次		

唐	21 次
总共	180 次

百济朝贡		百济受册封	
晋	4 次	晋	1 次
刘宋	6 次	刘宋	1 次
元魏	2 次	萧梁	2 次
萧齐	5 次	北齐	2 次
梁	6 次	隋	1 次
陈	5 次	唐	2 次
北周	2 次	总共	9 次
隋	8 次		
唐	27 次		
总共	65 次		

新罗朝贡		新罗受册封	
前秦	1 次	北齐	1 次
萧梁	2 次	隋	1 次
陈	5 次	唐	24 次
隋	5 次	（其中新罗统一前 17 次）	
唐	148 次	总共	26 次
（其中新罗统一前 32 次）			
总共	161 次		

以上几组数字真实地反映出海东三国及统一新罗与中国唐以前各封建王朝的密切关系。由于朝贡与册封都直接与各封建朝廷有关，因此从中也可看出不同朝代的不同交往中心。自然，长安作为十几个王朝的首都，她与海东三国的关系也可以从这几组数字中看得清清楚楚。就在海东三国对峙局面形成后

不久，中国的政治中心由长安东移洛阳，此后又陷入长达三个半世纪的分裂状态，长安在秦汉时养成的雄风和帝都地位已经今非昔比，其间虽亦有两三个小朝廷继续在此发号施令，但其“王气”比之六朝古都金陵（今南京）和中州政治中心洛阳则要逊色许多。所以，在自东汉至隋统一中国前的约600年的时间里，中朝两国的交往中心并不在长安。尽管如此，早在前秦一朝，苻坚已经遣使至高句丽通好，而高句丽和新罗也先后遣使前来长安朝贡。北周时，高句丽和百济亦遣使至长安朝贡，其中，高句丽王还接受了北周皇帝的册封。

迨至隋唐时期，长安再次成为全国政治、经济、文化中心，中国与朝鲜半岛国家友好交往的历史又翻开新的一页，长安与海东的关系也进入了空前密切的阶段。上述两项统计数字表明，仅隋唐两代，三国朝贡和受册封的次数大大多于以往。其中，高句丽至其灭亡（668年）前共遣使朝贡35次，占总数180次的19%，受册封6次，占总数25次的24%。百济至其灭亡（660年）前共遣使朝贡35次，占总数65次的50%以上，受册封3次，占总数9次的33%。新罗截止于其灭亡高句丽时，共遣使朝贡32次，占此前总数44次的72%，受册封7次，占此前总数9次的78%。三国之中，新罗最突出，呈后来居上之势。自隋唐以来，特别是李唐统一政权建立以后，新罗一反常态，急速地加强了与中国的联系。这一方面是出于自身对这两个政权，特别是唐政权的倾心仰慕，另一方面也是出于其自身增加国力，乃至于称雄半岛的政治需要，在交往中加强学习和修养，以朝贡的方式拉近与隋唐王朝的距离。精诚所至，金石为开，新罗国用自己的诚心铺就了一条通往成功之路，在三国角逐中迅速地壮大了自己，又争取到唐朝政府完全站到自己这一边，终于灭掉其他二国，实现了统一半岛的大业。高句丽和百济与隋唐交往，相对地少于新罗。究其原因，他们虽然都有向隋唐学习和交好的表现，但又居心叵测，或直接对抗，侵犯辽西，图霸半岛；或持两端，伺机渔利，最后孤立了自己而取灭于罗、唐。

新罗统一半岛至唐灭亡（907 年），共历 24 王、240 年，此间，新罗共遣使入唐朝贡 117 次，17 王受册封，其余 7 王或因内争不息，或因在位时间短促，或因女主专政没有受封。除统一后初期两国关系一度比较紧张外，其余绝大部分时间都保持着密切的友好关系。即使是在唐玄宗避安史之祸幸蜀的危难时刻，新罗仍遣使至成都行贡，这件事使唐玄宗非常受感动，特御制五言十韵诗并御书赐予景德王。诗谓："四维分景纬，万象含中枢。玉帛遍天下，梯航归上都。缅怀阻青陆，岁月勤黄图。漫漫穷地际，苍苍连海隅。兴言名义国，岂谓山河殊。使去传风教，人来习典谟。衣冠知奉礼，忠信识尊儒。诚矣天其鉴，贤哉德不孤。拥旌同作牧，厚贶比生刍。益重青青志，风霜恒不渝。"① 诗中充满了对新罗国王及广大人民的赞赏。《三国史记》的作者金富轼在叙述这件事后说："帝幸蜀时，新罗能不远千里，朝聘行在所，故嘉其至诚，赐之以诗。其云益重青青志，风霜恒不渝者，岂古诗疾风知劲草，板荡识贞臣之意乎。"②对于当时唐朝与统一新罗的关系来说，此真可谓画龙点睛之评价。

中朝两国历史上的友好、密切关系，绝不仅仅体现在朝贡与册封这两个方面，它还反映在派遣留学生入唐朝国学学习，派遣王子或王族入唐宿卫，派遣僧道入唐求法请益，与中国进

①②《三国史记》新罗本纪。金富轼引述玄宗诗并评述后继续记曰："（宋）宣和中，（高丽）入朝使臣金富仪将（玄宗御书）刻本入汴京，示馆伴学士李邴，李邴上皇帝，因宣示两府及诸学士讫，传宣曰：进奉侍郎所上诗，真明皇书。嘉叹不已。"

行政治、经济、文化诸方面的交流，在军事上协力合作等等。有关这些方面的内容，在本书以后的章节中都将依次谈到。

第二节 海东三国与统一新罗向唐朝派遣宿卫人员和留学生

海东三国及统一新罗向中国封建王朝派遣宿卫人员和留学生，这是中朝文化交流史上的一件大事。如前所述，朝鲜半岛国家与中国的交往历史非常悠久，但派遣留学生和宿卫人员却是唐朝时期的事情，而且也是海东三国及统一新罗与唐朝之间所特有的一种文化交流形式。

唐朝不仅是中国历史上最辉煌的时代，而且也是世界中世纪史上最强大的帝国。秦汉以后，中国历史进入了一个大分裂、大改组、大动荡的时期，时间长达三个半世纪以上。隋灭陈，寰宇廓清，中国重新实现统一。在此基础上，唐初几代帝王，特别是太宗皇帝、则天皇帝、玄宗皇帝以其雄才大略，不断推进中国统一大业向前发展。唐帝国仅在头一个百年中，便先后出现“贞观之治”、“开元盛世”两个政治升平、经济发达、社会富足的局面。这标志着中国封建社会至此已达到了它的繁荣时期。唐帝国版图辽阔而统一，巩固的中央集权制具有极强的统驭能力，强大的军事力量足以镇内慑外；其先进的生产技术和具有开放性、包容性、多姿多彩的文化对全世界都具有强大的吸引力。所谓“山河千里国，城阙九重门”①、“声名冠寰宇，文物象昭回”②、“九天阊盖开宫殿，万国衣冠拜冕

① ② 《全唐诗》卷77第834页骆宾王《帝京篇》，中华书局，1960年版。

旒"① 等等，都是对强大的唐帝国及其重要的国际地位的具体描述，而这也正是海东三国与统一新罗向唐派遣宿卫侍子和留学生的背景和原因。

所谓宿卫侍子即海东三国与统一新罗国王派遣到唐朝禁中值宿警卫的王子或王族子弟，有时也称为"质子"，它是古代封建社会里属国或诸侯国与宗主国关系的一个方面，反映出宗主国对属国或诸侯国的监督作用，但在客观上却成为属国或诸侯国在宗主国学习研究最高统治阶级管理国家经验的好机会。留学生在表面上与宿卫侍子有着本质的不同，即不反映属国或诸侯国与宗主国之间的不平等关系，只是一个国家派往另一个国家最高学府即国学里学习的人员，其身份有在职的和不在职的，有王室贵胄子弟，也有平民百姓的子弟。不过，在海东三国、统一新罗与唐朝的特殊关系下，留学生中不少人都同时兼有宿卫侍子的身份。例如哀庄王（800—809）时的梁悦豆肟小守就称为"入唐宿卫学生"；宪德王（809—826）时的金允夫、金立之、朴亮之等十二人也既有"宿卫"的任务，同时又"请配国子监习业"。仅从《三国史记》的记载中，共检索得有名可考的"入唐宿卫"人员共二十四人，他们是文汪（又作"王"）、大监、金仁问（以上为金春秋太宗武烈大王之子）、儒敦、汉林（天存之子）、三光（金庾信之子）、德福传、风训（金真珠之子）、金守忠（圣德王之子）、金嗣宗（圣德王之弟）、金志满（圣德王时王族）、金思兰（圣德王时王族）、金忠信（圣德王之弟）、金孝方、金志廉（圣德王之侄）、梁悦豆肟小守、金献忠（昭圣王之子）、金士信（宪德王之子）、金允夫、金立之、朴亮之、金义琮（兴德王之子）、金忠信、金因、

① 《全唐诗》卷 128 第 1296 页王维《和贾至舍人早朝大明宫之作》，中华书局，1960 年版。

金昕（金春秋后代，或谓宪德王之子）等。留学生除上述兼有双重身份者外，还有薛聪（元晓居士之子）、子玉、崔利贞、金淑贞、朴季业、李同、崔致远、金文蔚、崔承祐、崔彦㧑等十人。这两个数字其实与实际相差极大，远不能反映出历史的真实情况，仅举两个例子即可证明：其一，宪德王十七年（825 年）与金允夫一起入唐宿卫的人员共有十二个，但知其名姓者仅三人而已；其二，唐开成五年（840 年），文宗敕鸿胪寺，放还（新罗）质子及年满归国学生共一百零五人，由于名姓无考，自然无法开列于上。此外，《三国史记》遗漏者当亦有之，如金可记（又作“纪”），散见于《太平广记·神仙》，曾在唐朝擢进士第，自然也在留学生之列。诸如此类，不一而足。还值得注意的是，上述所列，仅仅是新罗一国宿卫人员和留学生，百济和高句丽并未列入。稽诸《三国史记》，高句丽“值隋唐一统，而犹拒诏命以不顺”，迨至国家危急，始假意遣使请派数十人入朝宿卫，后遭唐太宗之拒绝。百济在三国角逐中，一意“因利乘便”，侵略新罗，对唐廷之劝和则“外称顺命，内实相仇如故”。这些事实说明，高句丽和百济都无可能向唐朝派遣宿卫侍子。在留学生方面，高句丽、百济“本纪”中都记载着于公元 640 年“遣子弟于唐，请入国学”一事，由此可见，丽、济二国的确也曾向唐朝派遣过留学生，只是史籍没有具名记录罢了。

三国与统一新罗派遣入唐的宿卫侍子和留学生，一般都得到唐朝政府的优待。新罗真德王二年（648 年），伊湌金春秋及其子文汪朝唐，唐太宗特遣光禄卿柳亨至京郊迎接，诏许其至国学观释奠及讲论，赐御制温汤及《晋祠碑（铭）》和新撰成的《晋书》，设宴诏见，重赐金帛。金春秋又请从中华制改新罗章服，太宗于是令从宫中出珍服赐予，并诏授春秋父子官职特进和左武卫将军。还国时，太宗复诏充三品以上官员设宴为之饯行。为此，金春秋大为感动，奏请让其七子入唐宿卫(后来遣文汪与太监前来宿卫)。圣德王十年（714年），王子金守忠入唐宿卫，玄宗皇帝赐给宅第及丝帛，宴见于朝堂。此外，对宿卫人员还往往赐官职，如特进、左武卫将军、太仆卿、右仆外卿、左领军卫员外将军、右赞善大夫、加试秘书等等。诸如此类的例子，随处可见。在此需要特别指出的是，新罗派遣宿卫侍子的先例是由金春秋，即后来的太宗武烈大王所首开的，这是他制定联合唐朝抗击高句丽、百济侵略国策的第一个大举措，也是决定新罗今后命运的关键一步。而直接与唐朝廷交涉、周旋，完成此一神圣大任者则是金春秋的四子金仁问。关于他的事迹，将在下面的章节中详述。

对于在唐之留学生，唐廷也都给以各种照顾。唐宝历元年(825年)，新罗王子金昕率领12名新宿卫学生入唐，到国子监学习，请求鸿胪寺供给资粮，穆宗皇帝诏许之。唐懿宗咸通十年（869年），新罗学生李同等三人随国使金胤来唐学习，唐廷又“赐买书银三百两”。唐朝政府的种种资助，保证了留学生们得以顺利完成学业。不少人还在唐朝的科举考试中折桂及第，荣登进士榜，如金云卿、金可记、朴仁范、崔承祐、崔致远、崔彦㧑等。

入朝使、宿卫侍子和留学生经过留唐学习，政治素质、文化修养都获得提高，不少人或在唐时就有良好的表现，或在回国后成为建设国家的栋梁。金法敏、金俊邕、金彦升等人回国后，先后继承王位，担负起治理国家的重任。其中，金法敏的功勋尤其卓著，这主要表现在为实现和巩固新罗统一事业时执行了其父金春秋所制订的明确、正确而坚定的战略方案，即实行与唐亲善的政策，争取唐朝的同情和帮助，建立巩固的“唐罗联盟”，孤立并先后击败百济、高句丽两个敌国，在三国角逐中最后夺取胜利，实现统一大业。至唐朝建立时，新罗在三国中是最弱之国，常遭其他两国的侵略。自真平王开始，冲破高句丽、百济的封锁，逐步加强与唐的交往。善德王、真德王承此政策，奉行不怠，与唐联盟初见成果。在金春秋成功访唐，并促成真德王先后实施两项政策，即“从中华制”，改新罗章服和行中国（永徽）年号，借以昭示其“一意事中国”的诚心。金春秋即位后，终于与唐结成巩固的联盟，联合唐军，首先攻灭百济。金法敏曲意与唐及百济残余“刑白马而盟”，稳定后方，维持“唐罗联盟”态势，最后攻灭高句丽；随后，趁唐兵撤离，于是“纳高句丽叛众，又据百济故地”，唐罗联盟随之瓦解。后来，唐高宗虽然恢复金法敏官爵，然所取百济地已经既成事实，北界抵于原高句丽的南境，最终实现了半岛的统一。至圣德王三十四年即唐开元二十三年（735 年），新罗正式以浿江与唐划界。

除以上四人外，功业卓著的宿卫侍子和留学生尚有大奈麻福德传、金忠信、梁悦豆肟小守、金士信、崔致远、金文蔚、崔彦㧑、崔承祐等，在以后的有关章节中将陆续具叙之。

第三章

汉唐典章制度对朝鲜半岛之影响

第一节　郡县制度在朝鲜半岛的推行

中国典章制度之对海东国家，历代均有影响，不特是汉唐两代而已。而就建都长安的十几个王朝而言，则汉唐两代之影响无疑是最为特出的。而且，这一影响是多角度的，甚至可以说是全方位的。高丽国第一代国王王建在其《训政十要》中所说的“唯我东方，旧慕唐风，文物礼乐，悉遵其制”①，就是对此一历史现象的高度概括和总结。在诸多影响中，就有可靠文字记载者考之，最早影响于朝鲜的应是秦汉时期正式确立的中央集权制中之地方行政设置，亦即郡县制度，然后是中央一级行政管理机构的设置。

中国的郡县制度，其源可以追溯到西周时代。当时已有“县”一级地方行政机构，所谓“五家为邻，五邻为里，四里为赞，五赞为鄙，五鄙为县，五县为遂”② 之说可为之证。春秋时期，秦国、晋国、楚国都曾在边远之地设县管理，后来逐

① 汉文本《高丽史》卷1《太祖世家》。

② 《周礼·遂人》。

渐推行于内地；至春秋末，各国又在边地设郡，战国时，随着边境地区的开发和繁荣，开始在郡中设县，由郡统领县。秦统一中国以后，中央集权制正式确立，郡县作为这一政权下的两级地方行政设置的制度也从此确立。汉随秦制，郡县制度进一步巩固下来。如前章所述，汉武帝于元封三年灭卫氏朝鲜政权后，随即在其旧境设真番、临屯、乐浪、玄菟四郡，各郡之下复分若干县，如真番、临屯便各有15县。这是在原卫氏朝鲜境内普遍施行郡县制度之始。如果从小范围着眼，则朝鲜半岛上最早出现的郡是苍海郡。《后汉书》东夷传载，元朔元年(前128年)，秽君南闾等叛卫右渠，率28万口诣辽东内属，武帝以其地为苍海郡。大概由于当时条件尚未成熟，设郡才二年便撤销了。四郡之设上距苍海郡已有20年。汉武帝死后不久，昭帝于始元五年（前82年）对四郡作了一次调整，即撤销临屯、真番二郡，将其属县的大部分并入乐浪、玄菟二郡，其中乐浪郡的属县由是达于25个；此外又根据当时的实际情况，即“为夷所侵”，徙玄菟郡治于高句丽西北而以沃沮为县，隶属于乐浪郡。稍后，又以境土辽远，复分单单大岭以东7县，置乐浪东部都尉，沃沮是为此7县之一。至建武六年（30年)，省都尉官，悉封当地渠帅为岭东各县县侯，对东汉朝廷保持服属朝贡关系。东汉末年，从乐浪郡中分出部分属县，新设带方郡。四郡之中，乐浪郡存在的时间最长，其下限可延至公元313年。

自汉设四郡开始，中国的郡县制度便在朝鲜半岛扎下了根。高句丽原本就是在中国玄菟郡发展起来，受郡县制度影响尤深，自不必说，就连原来并不属于四郡辖土的新罗、百济国也相继采用这一制度。据《三国史记》新罗本纪所载，婆娑王(80—112）取音汁伐国置县，祇味（摩）王（112—134）伐取押梁小国置郡，法兴王（514—540）灭阿尸良国，以其地为

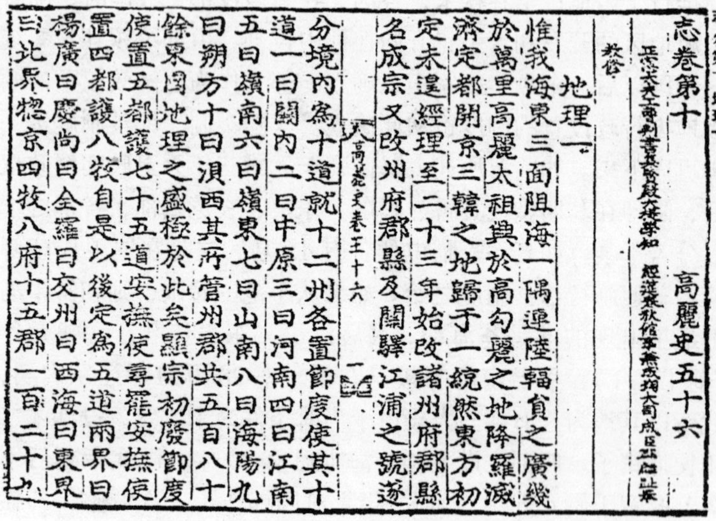
志 卷第十 地理一

高麗史五十六

志卷第十

正憲大夫工曹判書集賢殿大提學知經筵春秋館事兼成均大司成臣鄭麟趾奉教修

地理一

惟我海東三面阻海一隅連陸輻員之廣幾
於萬里高麗太祖興於高勾麗之地降羅滅
濟定都開京三韓之地歸于一統然東方初
定未遑經理至二十三年始改諸州府郡縣
名成宗又改州府郡縣及關驛江浦之號遂

高麗史卷五十六 一

分境內為十道就十二州各置節度使其十
道一曰關內二曰中原三曰河南四曰江南
五曰嶺南六曰嶺東七曰山南八曰海陽九
曰朔方十曰浿西其所管州郡共五百八十
餘東國地理之盛極於此矣顯宗初廢節度
使置五都護七十五道安撫使尋罷安撫使
置四都護八牧自是以後定為五道兩界曰
楊廣曰慶尚曰全羅曰交州曰西海曰東界
曰北界揔京四牧八府十五郡一百二十九

《高丽史》关于郡县设置的记载

郡，真兴王（540—576）灭大伽耶国置大伽耶郡。在百济，从《茂陵书》所载临屯郡治东暆、真番郡治霅县与汉长安的距离（分别为 3069 公里、3820 公里）看，早在汉武帝设郡之初，后来形成的百济国便已属真番郡的辖境。以上事实可证朝鲜半岛三国时代之各国已全部实行了郡县制。迨至新罗与唐联军攻灭高句丽、百济二国后，唐在高句丽旧境设五都督府各统若干州县。这无疑使半岛的郡县制度又向前推进了一步。而统一新罗在其浿江以南辖境内，即原高句丽南境地、百济地及本土各置三州，合为九州，“九州所管郡县无虑四百五十”[①]。统一新罗的这种统一规划、统一建置的行动，是对郡县制最具权威性的肯定和认同。景德王（742—765）时，对境内大部分郡县的

① 金富轼《三国史记》卷 34 第 188 页《杂志第三》。

名称作了一次更改，使之更加简便和具有时代特色。在统一新罗统一规划、建置这件事上，值得留意的还有一点：就是州的设置。尽管早在沾解王时（247—261）就已从中国引入，但在统一境内设九州，则既具有对中国远古九州说的强烈摹仿性，同时也是对兴起于南北朝后期，至隋而确立，唐代因之的“州”一级地方行政建置的移植。

据《三国史记》地理志统计，统一新罗9州郡县数目如下：

地域	州名	郡数	县数	小京
新罗原境	高州	10	31	
	良州	12	33	金海小京
	康州	11	28	
原高句丽南境	汉州	26	49	中原小京
	朔州	12	26	北原小京
	溟州	14	4	
百济旧境	熊州	13	29	西原小京
	全州	10	31	南原小京
	武州	14	40	
合计	9	122	307	5

第二节　中国与朝鲜半岛国家职官制度之比较

由于文献资料的缺乏，古朝鲜时代的职官制度已无从稽考。三国鼎立时期，中国史书及海东杂记对其设官分职的情况已逐渐有所记述，但在三国中，所记详略情况也相差甚大。高句丽、百济二国后来灭亡，历史不为史家所重视，故文墨更加晦昧，即使是中国正史所记，不同时期的记载也不一致，所分等级不尽相同，名称也出入较大，具有充分的“民族化”特点。倒是见于其国古记的职位多少反映出其所受到的中国的影响，如高句丽的左辅、右辅、大主簿、中畏大夫，百济的左辅、右辅、左将等，都带有一定的中国历代官职的色彩。新罗与上述二国则不同，在三国角逐中，它是一个胜利者，并发展成一个统一体，是海东历史的正统所在，因此，史书对它的记载比之其他两国要详备得多，在职官设置方面亦是如此。

据《三国史记》记载，新罗设官始于第二代国王南解王七年（10年），职名大辅。到第三代国王儒理王（24—57）时，设官多达17等，一伊伐飡，二伊尺飡，三迎飡，四波珍飡，五大阿飡（以上5等惟真骨阶级可以出任），六阿飡（内分4级），七一吉飡，八沙飡，九级伐飡，十六奈麻（内分9级），十一奈麻（内分7级），十二大舍，十三舍知，十四吉士，十五大乌，十六小乌，十七造位。各等均有别称。以后职官虽有变化，但均参照此17等明其等级、身份、地位。17等之外，又有上大等、大角干、太大角干，均为优赏殊勋的荣誉称号，有类于中国之“三公”。大约到了统一新罗的鼎盛阶段，一套比较稳定的职官制度终于形成，就其主要者言之，有执事者，掌管国家机密事务；内者，掌管宫廷内务；兵部，掌管全国军事；调府，掌管全国租税征调；仓部，掌管全国储备；礼部，掌管礼仪和教育；司正府，检察官纪；乘府，掌管宫廷马匹乘舆；例作府，掌管宫廷土木工程；船府，掌管全国船舰和水军；领客府，掌管外交事务；位和府，掌管官吏选拔；左、右理方，掌管刑狱。此外还有六成典、六署以及国学、左右司录馆、诸多的典等等。诸省、部、府、成典属于同级的国家最高行政机构，其内部官职自上而下一般分为令（中侍、衿荷臣、私臣）、卿（典大等、大监、上堂）、大舍（佐、监）、舍知、史5级。令由级伐湌至太大角干等级中人担任，卿由奈麻以上至阿湌等级中人担任，大舍由舍知至奈麻等级中人担任，舍知由舍知和大舍两等级中人担任，史由先沮知（即造位）以上至大舍等级中人担任。以上只是就大体而言。署典、馆和国学各级一般不设令一级长官，其余与上述基本相同。至新罗三十五代国王景德王时（742—765），在官职称谓上实行了一次具普遍性的“非本土化”改革，诸如将执事省的中侍改为侍中，典大等改为侍郎，大舍改为郎中，舍知改为员外郎，史改为郎；将兵部的大监改为侍郎，弟监改为郎中，弩舍知改为司兵；将礼部私府一级中的大舍改为主簿等等，而对原来的令、卿之类的称谓都保留不变。此外，“其官衔见于杂传记，而未详其设官之始及位之高下者”① 尚有检校、尚书、左仆射、上柱国、知元凤省事、兴文监卿、太子侍书学士、元凤省待诏、记室郎、瑞书郎、孔子庙堂大舍、录事、参军、右卫将军、功德司、节度使、州都令、佐、丞、上舍人、下舍人、中事省、南边第一等官职。以上所列海东三国中央官署和官职，多有仿照中国历代王朝设置者，官署如省、部、府、署、馆、国学之属，官职如令、卿、宰相、侍郎、郎中、郎、主簿、检校、尚书、仆射、柱国、录事、参军、功德司、节度使、佐、丞、舍人等等。这些情况说明，海东三国，特别是统一新罗在职官制度方面也同样受到中国的影响。自然，由于国情不同，封建生产关系发展的水平不同等原因，这种学习、吸收并不充分，甚至有学而复废的现象，如第三十六代国王惠恭王（765—780）将景德王的改革废而复旧就是一个例子。直至第四十代国王哀庄王（800—809）才又部分恢复了景德王时的称谓。可以这样说，海东三国及统一新罗的官制，既具有明显的本土特点，又

① 金富轼《三国史记》卷38第238页《职官》。

随处可见中国汉唐制度的痕迹。正因为如此，金富轼在总结这方面的历史时这样说："新罗官号，因时沿革，不同其名言，唐夷相间。其曰侍中、郎中等者，皆唐官名，其义若可考；曰伊伐湌、伊湌等者，皆夷言，不知所以言之之意。当初之设施，必也职有常守，位有定员。"① "唐夷相间"一语道破了三国时代、统一新罗职官制度的特征，当然也是中朝文化交流的一个证据。如果说，海东三国时代和统一新罗时期对中国封建王朝的职官制度仿学尚不够充分的话，那么到了高丽时代，情况则有了新的更大的变化。高丽王朝所设的中央机构三省是内史门下省、尚书都省和三司，是参照唐、宋制度的混合物，既包揽了唐代三省的内容，又增加了宋代三司的色彩。至于尚书都省下设的六部即吏部、兵部、户部、刑部、礼部、工部，从名称到职能则完全与唐代相同。三省六部以外的御史台和翰林院亦基本与唐代无异。这些事实充分地说明了中国历史上的行政管理经验曾经对海东诸政权建设产生过深远的影响。

① 金富轼《三国史记》卷38第238页《职官》。

第四章

汉隋唐用兵朝鲜半岛的原因与性质

在中国与朝鲜半岛诸国关系史上，团结友好，和睦相处，这是主流、主旋律，相互间的战争、征战时间短，次数少，是次要性的关系。尽可能恢复这些战争的本来面貌，有利于正确认识中国与朝鲜半岛诸国的关系史，有利于拨开由战争所造成的阴影，继往开来发展中国与朝鲜半岛国家友好合作的关系。

第一节　汉武帝与朝鲜半岛四郡之设

如前所述，周武王克殷，封箕子于朝鲜而不臣。西汉初，汉廷以卢绾为燕王，这时朝鲜与燕以浿水（今朝鲜境内大同江）为界。汉高祖十二年（前195年）四月，卢绾叛汉，亡入匈奴，其党羽卫满则东走出塞，夺取箕氏朝鲜政权，建立卫满朝鲜。由于汉天下初定，所以，孝惠帝和吕后不仅没有追究卫满叛逆之罪，反而约其为“外臣”，“保塞外蛮夷，毋使盗边；蛮夷君长欲入见天子，勿得禁止”[1]。而卫满朝鲜则假汉威，“得以兵威财物侵降其旁小邑”，役属真番、临屯，把国土扩大

① 《汉书》卷95第3863页《朝鲜传》，中华书局，1959年版。

至“方数千里”[1]。随着国力的壮大，至第三代国王右渠时，开始背“约”，一方面肆意招诱汉朝民众逃亡至其国，在汉朝边境上造成混乱，危害汉朝的安全；另一方面又拒绝入朝、觐见汉天子，实际上等于撕毁原来的相约为“外臣”的协议；另一方面是壅塞道路，阻扰真番、辰国使臣入汉上书朝贡。这样，朝鲜与汉朝的矛盾开始尖锐起来。尽管如此，汉朝仍然想通过和平外交手段化解矛盾，于是于元封二年（前109年）遣使涉何至朝鲜，就上述矛盾诸端“谯谕”其国王。经过交涉，右渠终不肯奉诏。直至此时，矛盾的主要方面是在朝鲜。

涉何没有完成使命，回至浿水界上，指使驭者刺杀了送行的朝鲜裨王（其名曰长），然后回朝向汉武帝谎报“杀朝鲜将”。皇帝为其巧言所惑，非但没有追问究竟，反而拜其为辽东东部都尉。朝鲜因其裨王长被杀，由此怨何，并发兵攻杀了他。涉何之被杀，实由其妄动所至，可谓咎由自取。不过，朝鲜杀何一事，也进一步表现了其与汉朝对抗到底的态度。这样，一方决意要称霸朝鲜半岛，进而觊觎汉边；一方则执着于边境的安全和国际交往道路的畅通。新旧矛盾的交织，使汉朝与朝鲜的战争成为不可避免的事情。就在朝鲜攻杀辽东东部都尉涉何后不久的秋天，汉武帝下诏“募罪人击朝鲜”，以楼船将军杨仆率齐兵七千人，从山东半岛浮海东渡，攻其国都王俭城（即今平壤），朝鲜国王右渠先是据城自守，后侦知杨仆军少，于是出城击之，杨仆军败散，遁隐山中十余日始聚散卒；与此同时，武帝又以左将军荀彘率兵5万出辽东，右渠发兵据险扼守，左将军卒正多，率辽东兵纵而攻之，败散，多亦坐法被斩。这是战争的第一阶段，两路汉兵初战皆无寸功。

汉武帝在军事上受挫之后，又转而采用和平手段，派遣卫

---

① 《汉书》卷95第3863页《朝鲜传》，中华书局，1959年版。

山出使朝鲜，告之以“兵临城下”的形势，右渠因顿首请归服，并立即遣太子入朝谢恩，同时献马5000匹，以及馈军粮饷，随行人众达万余，皆持兵器。将要渡浿水北行之际，汉使卫山及左将军荀彘疑万人执兵器而渡或为诈降而复叛，因此要求太子令其随众不要携带兵器；太子也因此担心对方诈杀自己和随众，拒绝渡河，引众而还。卫山与左将军的怀疑或许不无道理，但在具体处理方法上却仍不免有失策和少权变之嫌，以至于因此而葬送了将成之功。正因为如此，当卫山还朝奏毕此事，所得到的不是奖谕，而是伏诛。这是战争的第二阶段。

和约虽然未能最后实现，但左将军却因此得以乘机袭破浿水上之右渠军，将兵力推进至王俭城下，围其西北。楼船将军杨仆军与之相应和，进据城南。右渠闭城坚守，汉军数日不能攻下。此后，楼船将军与左将军在和战问题上产生分歧。左将军军骄悍，主张乘胜急击；楼船将军军初战受挫，将惭卒恐，“常持和节”。左将军数次约楼船军配合攻城，均未见与会，于是转而使人入城劝降，但朝鲜方面不肯接受，惟心附楼船。因此故，战争久拖未决。武帝于是再派遣济南太守公孙遂前往协调，并诏许其可便宜从事。左将军告楼船畏失军之罪，“有反计”，遂皆轻信，于是约捕楼船于左将军营，复由左将军并楼船军。武帝得报，下诏诛遂。这是战争的第三阶段，由于汉军内部的矛盾及敕使公孙遂因轻信而处置失当，再使用兵久而无功。

左将军并楼船军后，随即下令急攻王俭城。城内朝鲜君臣在是降是战问题上分歧很大，主要大臣如国相路人、韩阳、尼谿相参、将军王唊等皆主降，独国王右渠不肯。不久，路人、韩阳、王唊皆“亡降”。至元封三年（前108年）夏，尼谿相参又使人杀国王右渠而降。于此同时，左将军使右渠之子长降、路人之子最平定大臣成已的反叛。至此，卫满朝鲜即告灭亡。汉于卫满朝鲜故地设真番、临屯、乐浪、玄菟四郡，分别封尼褛相参、国相韩阳、将军王唊、长降、最五人为津清侯（属齐）、荻苴侯（属渤海）、平州侯（属梁父）、几侯（属河东）、温阳侯（属齐）。在汉将方面，非但没有因功受封者，而且下场都很惨：左将军荀彘被弃市，罪名是争功相嫉，乖计；楼船将军当诛，赎为庶人，罪名是擅先纵，亡失多。两将军连同两敕使的结局都是颇耐人寻味的。

从表面上看，汉武帝是以武力“定朝鲜”的。但从许多迹象上看，这并非武帝的本意，换言之，这种结果是与他的初衷相违的。迹象之一是武帝最初是想通过和平外交消解两国之间的矛盾，达到安边和邻的目的，只是由于涉何说假话欺骗了皇帝，最后才引发军事行动，所谓“涉何诬功，为兵首发”是也；迹象之二是，尽管已经出兵朝鲜，战事已开，但武帝并未放弃和平手段，卫山因怀疑而措置失当，未能保证和平外交政策的实施，这是他被诛的根本原因；迹象之三是，楼船将军杨仆在围攻王俭城时极力主张和谈解决方案，甚至于已和朝鲜方面往来交涉，武帝在追究他的罪责时仅仅指其未执行“兵到洌口，当待左将军”诏命，而“擅先纵，亡失多”，而且未判处死罪，这明显地说明他对杨仆“常持和节”的做法是给予肯定的。与此相反，左将军荀彘虽然“战功卓著”，但“旋师”之后却不得不就刑于市，定罪的情况也说明武帝所追究的主要是他没有很好配合楼船将军的和平外交行动。诸如此类的事实说明，汉武帝用兵朝鲜的本意，在很大程度上，只是借以显示“兵威”，因兵威而促进和平外交政策的施行。设若卫山临事能够权变处理，设若在围城期间左将军也和楼船将军一样“常持和节”，和平解决争端的决策并非没有可能变成事实。

汉武帝是一位文治武功卓著的皇帝，但有人凭此则说他崇尚武力，甚至说其“开边意未已”[①]，则未免言之失实。以匈奴为例，其入害汉边，无有可与之比者。直至武帝即位之初，汉廷仍然是“饰子女以配单于，金币文绣赂之甚厚”，而“单于待命加嫚，侵盗亡已”[②]，其骄蛮贪暴有过于前。正是在这样一种忍无可忍的情况下，汉武帝才最后下定决心讨平匈奴；也正是出于这种决心，对奉命出征将帅中之立功者必奖，作战不力和败军之将必惩，如将军王恢坐谋不进罪下狱死，右将军苏建亡军而独身脱还赎为庶人，郎中令李广亡军独身脱还为庶人，将军公孙敖和卫尉张骞因延误军期与李广同罪，右将军赵食其延误军期赎死，雁门太守坐畏软弃市等等，所有这一切无一不说明，汉武帝对匈奴战争的态度是非胜不可。他甚至择兵振旅，置12部将军，勒兵18万骑，亲自率之，队伍浩荡千里，自云阳起行，北历上郡、西河、五原，然后出长城，北登单于台，至朔方，临北河，巡边示威，向匈奴残军挑战。其誓平匈奴、确保边境安宁的决心昭然可见。平心而论，朝鲜的势力难比于匈奴，其对汉边的危害的确属实，但也远不像匈奴那样暴戾，而在实际上，汉武帝也确实未曾流露过要灭亡朝鲜的想法。他用兵朝鲜，纯粹属于耀武扬威的性质，其目的是震慑邻国，遏止右渠朝鲜对汉边的侵扰和阻断国际交通，同时也借以维护一个封建皇帝及其帝国的尊严。灭亡朝鲜是有关将军错误领会“御夷”的意外结果。不如是看，则实难理解其为何那样不合常情地处置有关将领、敕使的种种做法。

① 《全唐诗》卷216第2254页杜甫《兵车行》，中华书局，1960年版。
② 《汉书》卷6第162页《武帝本纪》，中华书局，1959年版。

第二节 隋朝与高句丽的战争

高句丽是朝鲜半岛三国中直接与中国接壤的国家，自立国之后，与中国历代封建王朝都有频繁的使节往来，入贡次数居三国之首。但同时，它与中国的矛盾也最深，磨擦也最多。金富轼在其《三国史记》高句丽本纪末论中对此有过精辟的概括，是谓："高句丽自秦汉之后，介在中国东北隅，其北邻皆天子有司，乱世则英雄特起，偷窃名位者也。可谓居多惧之地，而无谦巽之意，侵其封场以雠之，入其郡县以居之。是故，兵起祸结，略无宁岁。"有隋一代，两国之间的矛盾曾激化为几次大的战争。

高句丽对隋仍保持称藩关系，所以，在隋立国之后的头十年中不断地遣使入贡，有时一年多达两次，借此维持表面上的友好关系，但在实际上则是与隋朝分庭抗礼，尤其是在闻知隋灭陈后，高句丽王更是惧而"治兵积谷，为拒守之策"①，与隋朝的关系更见疏远。为此，隋文帝于开皇十七年（597年）赐王玺书，数落其罪过，一谓"驱逼靺鞨，固禁契丹"②，不让他们入隋朝贡；二谓"昔年潜行财货，利动小人"③，私允隋之弩手逃于其国，有图谋不轨之嫌；三谓国王使汉使"坐之空馆，严加防守，使其闭目塞耳，永无闻见"④；四谓"数遣马骑，杀害边人，屡骋奸谋，动作邪说，心在不宾"⑤。诸如此类，不一而足。平原王得书，恐惧有加，拟奉表陈谢，因病故未果。荣阳王继位之后，一方面请求隋廷拜封，一方面却于即位之九年（598年）率靺鞨之众万余人侵辽西。这一挑衅性行动激怒了隋廷，文帝于是立即命汉王杨谅、王世積充当元

---

① ② ③ ④ ⑤ 《隋书》卷81第1813页《高丽传》，中华书局，1959年版。

帅，将30万兵从水陆两路讨伐高句丽，并下诏罢除高句丽王之官爵。汉王杨谅军自临渝关出发，遇洪水，馈转不继，军中乏食，又遭疾疫；而周罗睺所率水军自东莱出海直趋平壤，途中遭遇风浪，船多没。待杨谅军进至辽水，高句丽王亦恐惧，遣使谢罪，上表称“辽东粪土臣元”①，文帝于是下诏还军。这次出兵，实未交战而罢。

此后十年中，高句丽与隋朝间的矛盾非但没有缓和，而且呈加激的趋势。隋朝建立的头10年，高句丽虽怀二心，但几乎是年年入贡，有时甚至是一年两次；第二个10年中，高句丽仅仅入贡了1次。在隋朝君臣看来，“高句丽本箕子所封之地，汉晋皆为郡县”②，而如今虽称藩国，但诚节未尽，不仅未尽，而且又“不臣”，“别为外域”。③这成了隋炀帝讨伐高句丽最基本的一条理由。此外，高句丽还在此期间多次侵犯半岛南端之百济、新罗，“夺攘琛宝，遏绝往来，虐及弗辜，诚而遇祸”④；对隋派往百济、新罗的使者，则“拥塞道路，拒绝王人”⑤，既无事君之心，亦缺为臣之礼。隋炀帝曾传诏婴阳王入朝，婴阳王因以前对隋礼遇不周而心生恐惧，故不用命。炀帝于是下诏历数其新账旧账，亲统大军分水陆两路讨之。以大业八年（612年）正月的诏书所称为左、右二十四军，总1133800人，号称200万，其馈运者倍之，估计总人数在300多万人。但据《隋书》宇文述传所载，实际渡辽作战者共九军，惟305000人，外加来护儿所率水军若干。大业八年（612年）二月，炀帝御师进至辽水，众军总汇于此，苦战得渡，进围辽东城。五月，辽东城高句丽兵数次出战，皆败，乃据城固守，隋军数攻不下。之后，由宇文述、于仲文、荆元恒、薛世

① 《隋书》卷81第1813页《高丽传》，中华书局，1959年版。
② ③ ④ ⑤ 《三国史记》高句丽本纪。

雄、辛世雄、张谨、赵孝才、崔弘升、卫文升所率九军分别出扶余道、乐浪道、辽东道、沃沮道、玄菟道、襄平道、碣石道、遂城道、增地道，汇集于鸭绿水西，继而进至萨水（今朝鲜境内清川江），在距平壤三十里处因山而营。后因军粮不继，士卒疲敝，不可复战，高句丽又“诈降”，于是引还。但在隋军撤退过程中，高句丽军却沿路抄击，乘隋军渡萨水之机更自后击之，九军于是溃不成军，及还至辽东城，所存惟 2700 人而已，不可胜数的资储器械亦皆亡失荡尽。此前，来护儿所率水军已败于平壤城外，引兵还屯于海浦，不敢留于城外接应诸军。闻宇文述等败归，来护儿军亦引还。

这次师出无功，原因除军粮不继一项外，还有以下几点：一是炀帝指挥失当。他曾下诏规定，“凡军事进止，皆须奏闻待报，毋得专擅”[①]，因此贻误了战机，辽东城之役尤其明显。二是水陆两路失于配合。司马光认为：“（假）使来护儿之师不败而先退，则营于平壤城外，与宇文述诸军犹声援相接，不致有萨水之狼狈也。”三是百济在隋出师之前曾遣使请讨高句丽，继又请问师期，但隋军渡辽之后，百济虽严兵境上，声言助隋，但实际上却采取“持两端”的态度，甚至“与高（句）丽潜通”[②]，致使高句丽有机会做好准备，一意对付隋师。

大业九年（613 年），炀帝复议讨伐高句丽，光禄大夫郭荣谏阻，而帝不听。四月，车驾渡辽，宇文述与上大将军杨义臣奉命向平壤进发，左光禄大夫王仁恭出扶余道。炀帝命诸将攻辽东城，城内危在旦夕。当此之时，得悉杨玄感在国内反叛，炀帝大惧，于是引兵还。军资、器械、攻具，积如丘山，营垒、帐幕亦尽弃。

大业十年（614 年）二月，炀帝再议讨伐高句丽，百僚中

① ② 《三国史记》高句丽本纪。

再无敢谏阻者。于是诏征天下兵，诸道兵并出。三月，炀帝行幸涿郡，士卒在道，逃亡相继，虽斩之以警，亦不能止。四月，车驾至北平（即平州）。七月至怀远镇，时天下已乱，所征之兵多失期不能至。而高句丽亦举国困弊，当来护儿军击破卑沙城（又作毕屠城，即今大连市），将进取平壤，高句丽婴阳王惧，遣使请降，并囚送斛斯政还隋。隋师于是引还。斛斯政乃兵部侍郎，杨玄感反，斯政逃奔于高句丽。既囚还，支解于金光门外。

炀帝用兵高句丽，始以收复“箕封之地”、统一“悉土”为旗帜，兼以捍边、助弱为号召，至民力虚耗而不知止，终于加速了其丧身灭国的过程。高句丽自始以来，面和心二，坚持与邻国为敌，或对中国觊觎乘机，以逞其计，或对百济、新罗侵掠不已，图霸海鄙，虽曾得意于一时，终招腹背之敌，实自灭之道，史鉴不远。

第三节　唐初对半岛用兵

隋亡唐立，世事更张，万机待理，唐廷忙于巩固刚建立不久的政权，对外采取“和戎”政策，有时甚至不得不隐痛忍辱，对高句丽亦不例外。武德五年（622 年），唐与高句丽达成互相遣返隋与高句丽战争中没于对方人员的协议；七年，高句丽王遣使入唐，请颁历，唐遣刑部尚书沈叔安册高句丽荣留王为“上柱国辽东郡公高句丽王”；九年，新罗、百济两国遣使入唐告高句丽闭塞道路，使其不能与唐通使，而且对两国侵略不止，唐于是遣散骑常侍朱子奢持节出使高句丽，劝其与两国和好。直至太宗即位之后，高句丽表面上仍然与唐亲近，诸如上封域图，遣世子桓权入唐朝贺等等，但在实际上，其面和心二的故态始终未变，至盖苏文弑主专国政，高句丽与新罗及唐的矛盾进一步加剧。于此同时，百济“常持两端”、坐收渔利的狡黠行为也使其与新罗及唐的矛盾进一步加剧。三国之中，惟新罗备受高句丽、百济的两面侵凌夹击，终于被逼走上求助于唐并与之联盟的道路。于是，唐、罗联盟对高句丽与百济的用兵遂成为不可避免的事情。

一、唐太宗对高句丽用兵的原因和经过

唐太宗即位之后，曾试图对高句丽保持前代政策的连续性。如前所述，新罗、百济曾遣使入唐诉高句丽遮断其入朝的道路，并屡相侵略；之后又侵新罗北边七重城。尽管如此，唐太宗仍然努力挽救和平共处的关系。贞观十四年（640 年），高句丽遣世子桓权入唐朝贡，太宗慰劳使者，赏赐特厚。贞观十六年，高句丽荣留王被盖苏文弑害，太宗闻讯，举哀于苑中，诏赠物 300 段，又遣使持节吊祭，次年复遣使持节备礼册新王宝藏王为“上柱国辽东郡公高句丽王”。至高句丽联合百济，攻取新罗 40 余城，并谋取党项城，以绝新罗入唐之路，新罗遣使告急于唐太宗，乞兵救援。在此情况下，唐太宗仍然抱主和的态度，遣使司农丞相里玄奖至高句丽劝其停止向新罗进攻。他曾对左右大臣这样说过：“名实须相副。高（句）丽虽臣于隋，而终拒炀帝，何臣之为？朕务安人，何必受其臣？”[①] 由此不难看出其良苦用心。

唐太宗最后决意对高句丽用兵，究其原因，大概有以下几点：一、坚持认为“辽东本中国之地”，“高句丽本（汉）四郡地耳”，隋朝曾四次出师，拟收复而不能，“朕今东征，欲为中国报子弟之仇”。二、今“方隅大定，唯此未平”，贞观四年，北方强敌突厥颉利可汗伏擒，西邻高昌麴文泰入朝，而海东三

① 《新唐书》卷 220 第 6187 页《东夷·高丽》，中华书局，1959 年版。

国之间则长期对立，自隋以降，相侵尤烈，高句丽尤其有逞强称霸海东的企图；当颉利可汗之被擒，高句丽一面上封域图，一面却竭民力而筑长城，东北起扶余城，东南至海，千有余里，其拒唐之心昭然。这无论是对唐朝的边境安全还是对外交往都是一个潜在的危险。于是唐太宗有“及朕之未老，用士大夫余力以取之”[①] 的决心。三、新罗国的屡次请求援助，最终促成了唐对半岛的用兵。唐立国之后，新罗于武德八年（625年）第一次遣使朝贡并诉讼高句丽阻塞道路，不让新罗入朝，而且数次发兵侵凌。善德王十一年（642年），百济攻取新罗40余城，又与高句丽合谋攻取党项城，以便切断新罗与唐的通路，善德王于是又遣使告急于唐太宗。次年，新罗再次告急，说新罗面临亡国之忧，请求归命大国，愿乞偏师，以存救援。至此，唐太宗仍然劝三国和好，并且遣使里玄奖前往劝丽、济“各宜戢兵”[②]。然而，高句丽西部大人盖苏文弑主拒和，终于促成唐太宗对半岛用兵。高句丽王既受唐朝册封，盖苏文却公然弑主并虐杀群臣，之后又拒绝唐敕使劝和，说什么“我与新罗，怨隙已久，往者隋人入寇，新罗乘衅，夺我地五百里，其城邑据有之，自非归我侵地，兵恐未能已”[③]。敕使里玄奖更劝以：“既往之事，焉可追论？今辽东诸城，本皆中国郡县，中国尚且不言，高句丽岂得必求故地！”[④]盖苏文仍拒不听劝。这种态度，无异于声明其称霸海东的既定方针，公开向唐朝挑战。这样，唐朝除了应新罗之请出兵援助之外，已别无选择，别无退路。

贞观十八年（644年），太宗皇帝就出师高句丽的军粮运输等问题作出部署。当此之时，盖苏文始惧，遣使贡白金于

---

①②③④ 《三国史记》高句丽本纪。

唐，太宗不纳；使者复言："莫离友（即盖苏文）遣官五十人宿卫。"[1] 太宗怒斥曰："而（你）等委质高武（盖苏文所弑之荣留王），而不伏节死义，又为逆子谋，不可赦。"[2]于是将使者悉囚于狱。是年十一月，以刑部尚书张亮为平壤道行军大总管，常何、左难当副之，冉仁清、刘英行、张文干、庞孝泰、程名振为总管，率江、淮、岭、硖兵四万及长安、洛阳所募三千士，战舰五百艘，自莱州泛海趋平壤；又以太子詹事左卫率李勣为辽东道行军大总管，江夏王道宗副之，张士贵、张俭、执失思力、契必何力、阿史那弥射、姜德本、麦智盛、吴黑因为行军总管，率骑士六万趋辽东。次年，陆路军先后攻拔盖牟城（今辽宁盖县附近）、沙卑城（又作卑沙城，今大连市）、辽东城（今辽阳市）、新城（今抚顺市）、白岩城（今岫岩县）、次国安市（今辽宁海城市附近），高句丽北部耨萨高延寿，南部耨萨高惠真率军 15 万来救。唐太宗设奇策败之，延寿、惠真势穷而降。继而拔后黄、银山二城。安市城内守军固守死战，唐军攻三日不能克。太宗以辽左早寒，草枯水冻，士马难久留，且粮食将尽，于是下诏班师。

此役所拔城池除上列者外，尚有玄菟、横山、磨米、峡谷四处，徙辽东、盖、岩三州户口七万人入中国。高延寿授鸿胪卿，后忧叹而卒；高惠真授司农卿，后随唐师至长安。新城、建安、驻跸山（安市城北山）三大战役，双方均死伤甚众，其中，高句丽死者四万余人，唐军死者二千人，战马死者十之七八。太宗东征无功，败于安市，其原因主要有二：一是战略上之错误。早在出师之前，太宗本人已成竹在胸，是谓："高句丽本四郡地耳，吾发卒数万，攻辽东，彼必倾国救之，别遣舟

---

①② 《三国史记》高句丽本纪。

师，出东莱，自海道趋平壤，水陆合势，取之不难。”[①] 在攻安市城受挫之后，江夏王道宗又建言：“高句丽倾国以拒王师，平壤之守必弱，愿假臣精卒五千，覆其根本，则（安市城）十万之众，可不战而降。”[②]前后两种战略，其实是大同小异，即都主张乘虚以偏师覆其心脏，致其一时难顾首尾，然后取之。但在实战中，却都未采用。张亮所率水军止于沙城，无所作为。当太宗回忆此事时，亦不免后悔、自责。二是高句丽此时虽为奸臣当国，但其国力未衰，其将士尤其善于凭险固守，太宗未免有轻敌之嫌。太宗在洛阳誓师时，专门访问了曾随炀帝东征的前宜州刺史郑天琫，天琫曾告之以“辽东道远，粮转艰阻，东夷善守城，不可猝下”[③]。太宗的态度是：“今日非隋之比，公但听之。”之后，他竟然还得出了“五必胜之道”，其中第四个必胜之道是“以逸待劳”[④]。其实，真正掌握“以逸待劳”主动权的恰好在敌手一方。在实战中，太宗已经领略到“安市地险而众悍”这一点，曾一度想改变计划，惟因群臣意见不一，故亦未能付诸实行。

唐师自辽东还，高句丽盖苏文愈益骄恣，虽遣使奉表“谢罪”，其言“率皆诡诞”；对唐朝使节亦倨傲无礼，又常窥伺边隙以求一逞。唐廷虽屡警告其毋得攻伐新罗，然仍侵凌不止。于是，唐太宗下诏勿受其朝贡，更议再次征讨之。

贞观二十一年（647 年），唐太宗听纳大臣的建议，改变对高句丽用兵的策略，即从高句丽“依山为城，不可猝拔”的现实出发，“屡遣偏师，更迭扰其疆场，使彼疲于奔命，释耒入堡，数年之间，千里萧条”[⑤]，当此之际，人心自然向背，则鸭绿江之北将不战而取之。方针既定，于是以左武卫大将军牛进达为青丘道行军大总管，右武卫大将军李海岸为副总管，

---

①②③④⑤ 《三国史记》高句丽本纪。

发兵万余人，乘船自莱州泛海而入；又以太子詹事李勣为辽东道行军大总管，右武卫将军孙式朗等副之，率兵三千，与营州都督府兵一起自新城（今抚顺市）道入。水、陆两军皆配备习水善战之将士，以适应战斗的需要。李勣军渡辽之后，先后攻克南苏诸城，焚其罗廓而还。牛进达、李海岸入高句丽境后，经百余战，无不捷，先后拔石城、积利城。太宗复敕宋州刺史王波利等发江南十二州工人造大船数百艘，更征高句丽。高句丽闻讯，于是年十二月遣第二子莫离支任武入朝“谢罪”。

贞观二十二年（648年），太宗再遣右武卫大将军薛万彻为青丘道行军大总管，右卫将军裴行方为副总管，将兵三万余人自海道入，渡鸭绿江，至泊灼城郊外四十余里，先败城主所夫孙步骑万余，复又击溃高文所率乌骨、安地诸城援军三万余众。稍前，薛万彻部将古神感与高句丽兵战于曷山，高句丽兵溃，复乘夜偷袭神感船，神感出伏兵破之。

在唐军的征讨和连续扰袭下，高句丽人口逃亡耗减，田种无收，盖苏文则继续役民筑城增障，民众因此卧死沟中，其国日见衰蔽。基于此，唐太宗于是下诏大造战船，又敕陕州刺史孙伏伽、莱州刺史李道裕，储粮械于三山浦、乌胡岛，准备次年再发三十万兵讨伐高句丽。然值太宗病故，事乃罢。

唐太宗之讨伐高句丽，虽然没有完全达到预期目的，但却重挫了高句丽侵凌新罗的锐气，暂时缓和了丽、罗两国间的尖锐矛盾；同时也削弱了高句丽的国力，为唐罗联军最后攻灭它奠定了基础。

二、唐罗联军灭百济

在唐太宗御驾亲征和屡出偏师扰袭高句丽期间，百济每年都出兵攻打新罗：贞观十九年（645年），闻太宗亲征高句丽，乘间袭取新罗七城；二十一年，又发兵三千攻打新罗甘勿、桐岑二城；二十二年，再袭取新罗西鄙腰车等十余城；二十三年，复发兵七千攻取新罗石吐等七城，后被新罗击溃。这些事实充分暴露了百济投机渔利的狡黠个性，同时也说明，百济与新罗的矛盾在三国角逐中已经上升为主要矛盾，而百济则是此一矛盾的主要一面。为此，唐高宗在新罗的请求下，于永徽二年（651 年）降诏于百济义慈王，劝其停止对新罗的侵伐，归还所取之城，重修和好，同时警告他要“审图良策，无贻后悔”[①]。但百济却将此当耳边风，顽固不移旧辙，一面结好倭国，一面则继续攻掠新罗，于永徽六年（655 年），即义慈王十五年，与高句丽、靺鞨联兵，攻破新罗 33 城。新罗王金春秋再次遣使入唐告急。显庆四年（659 年），即义慈王十九年，百济又遣将攻打新罗独山、桐岑二城。至此，新罗决定与百济一拼，并遣使入唐乞师。正当新罗王“以请兵于唐”而无消息，因而“忧形于色”[②] 的时候，唐廷也作出了援罗讨济的决策。

显庆五年（660 年），即义慈王二十年，三月，唐高宗命左武卫大将军苏定方为神兵道行军大总管，新罗入唐宿卫王族（金春秋第四子）金仁问为副大总管，率左骁卫将军刘伯美、右武卫将军冯士贵、左骁卫将军庞孝公，统兵十三万征百济，同时兼以新罗武烈王金春秋为嵎夷道行军总管，将新罗兵与唐军合势，共同作战。苏定方军于三月自莱州出师泛海，六月下旬至百济德物岛，新罗王遣太子金法敏来迎；复遣大将军金庾信，将军品日、钦纯率兵五万与苏定方军会合。唐罗军分别突破白江（歧伐浦）、炭岘（又作沈岘）要冲。七月九日，庾信军与百济堦伯军战于黄山，百济军四战皆败，堦伯战死。同一

① 《旧唐书》卷 199《百济传》，中华书局，1959 年版；《三国史记》百济本纪。

② 《三国史记》新罗本纪。

日，苏定方军在歧伐浦左涯因山势而阵，与百济军战，亦击败之。在向百济都城泗沘进军途中，苏定方再败百济兵，击毙万余人，然后乘胜直迫城下。百济义慈王与太子孝退保旧都熊津城。王次子泰于泗沘城内自立为王，孝之子文思与王子隆缒城出降。不久，泰势孤窘迫，亦开城门请降。接着，义慈王及太子孝与其他诸城亦皆降。苏定方将义慈王、太子孝、王子泰及隆、演、大臣、将士共 88 人，百姓 12807 人送京师长安，析百济国原有的 5 部 37 郡 200 城 76 万户置熊津、马韩、东明、金涟、德安五都督府，各统若干州县，以地方官渠长为都督、刺史、县令，以郎将刘仁愿守都城泗沘，又以左卫郎将王文度为熊津都督。王文度渡海后暴卒，以刘仁轨代之。至此，百济国宣告灭亡。

在大局已定的情况下，百济第二十九代王武王璋的从子福信与僧道琛据周留城继续抵抗唐罗联军。迎古王子扶余丰（尝质于倭国）立为王，然后进围刘仁愿所守之都城，但被刘仁轨和新罗军击败，时为龙朔元年（661 年）。福信军退保任存城。不久，百济残部发生第一次内讧，福信杀道琛。龙朔二年七月，仁愿、仁轨军大破福信余众于熊津之东，连拔支罗城及尹城、大山、沙井等栅，不久又克真岘城。此时，唐高宗依仁愿请，遣左威卫将军孙仁师率淄、青、莱海之兵七千人渡海增援。值扶余丰妒杀福信，遣使高句丽、倭国乞师拒唐兵，仁师军击破高句丽援军，与仁愿军会合。然后，仁师、仁愿及新罗金法敏率陆军，仁轨及别帅杜爽、扶余隆率水军并粮船，自熊津江至白江，与陆路军相会，攻打扶余丰之巢穴周留城。联军在白江口大败倭军，扶余丰逃脱，不知所在；扶余丰子忠胜、忠志等率众降；倭人亦降，名将黑齿常之亦降，并以攻克任存城以表其诚。至此，百济残部悉平，孙仁师等旋师，刘仁轨奉诏统兵留守。高宗以扶余隆为熊州都督。麟德二年（665 年），扶余隆与新罗在熊津会盟，盟辞中申明扶余隆为熊津都督，“守其祭祀，保其桑梓，依倚新罗，长为与国，各除宿憾，结好和亲；各承诏命，永为藩服”①。盟后，扶余隆畏众离散，仍归唐京师长安。仪凤中（676—679），以扶余隆为熊津都督带方郡王，遣归国安辑余众，又移安东都护府于新城以统之。但扶余隆畏新罗之强，不敢入旧国，最后卒于高句丽旧土。武后时，以扶余隆之孙敬袭王位，然其地已为新罗、渤海、靺鞨分割，国脉告绝。

百济之灭亡，从新罗方面来说，是其外交上的一次大胜利，同时也是在统一三国事业上迈出的第一步；从唐朝方面来说，这次出师，并与新罗结成联军共同作战，一方面是属于对善邻的援助，在客观上起到了促进半岛统一事业的作用，另一方面则是为了稳定东邻半岛的局势，确保唐朝东北边境的安全。

三、唐罗联军灭高句丽

在贞观末数年中，高句丽虽屡受唐军征讨，但其觊觎唐朝东北边境、称霸半岛之心未变。唐永徽四年（654 年），高句丽联合靺鞨兵击契丹，被唐松漠都督李窟哥击败于新城；次年，又联合百济、靺鞨侵犯新罗北境，取其三十三城。鉴此，唐高宗仍然执行唐太宗时的既定方针，继续遣偏师更迭扰其疆场。就在其袭取新罗三十三城的当年，唐遣营州都督程名振、左卫中郎将苏定方将兵渡辽水击高句丽，在贵湍水岸边大败高句丽军，杀获千余人，焚其外廓及村落而归。显庆三年（658 年），唐又遣营州都督兼东夷都护程名振、右领军中郎将薛仁贵将兵击高句丽，不果而还。显庆五年、六年又两次出击高句丽，其中，后一次征讨规模及声势尤大，唐廷自河南北及淮南

① 《三国史记》百济本纪。

67 州共征得兵员四万四千余人，派往平壤、镂方行营，同时遣肖嗣业、任雅相、契苾何力、苏定方率水陆军 35 万从扶余道、辽东道、浿江道、平壤道并进。唐高宗本欲御驾亲征，被蔚州刺史李君球和武则天皇后谏止。八月，苏定方军在浿江击败高句丽兵，夺取马邑山，进围平壤。九月，其余各路军至鸭绿江，被盖苏文子男生所率数万兵拒阻，契苾何力乘河水冰冻引军而渡，高句丽兵大溃，逃数十里，损失兵员三万人，余众皆降，男生仅以身免，唐军奉诏班师。龙朔二年（662 年），唐左骁卫将军白州刺史沃沮道总管庞孝泰奉诏出征，与高句丽盖苏文军战于蛇水之上，盖苏文全军覆没，与其子十三人皆战死；于此同时，苏定方军因大雪解平壤之围而退兵。以上数次偏师扰袭，无疑大大削弱了高句丽的力量，盖苏文之战死，则直接引发了高句丽最高统治集团的内讧，从而使高句丽走上了绝路。

唐乾封元年（666 年），即高句丽宝藏王二十五年，男生以长子的身份继承盖苏文的莫离支职位而主管国政。盖苏文另二子男建、男产与男生不和；乘男生出巡诸城，男建夺取莫离支之位，并发兵讨男生；男生走据国内城（今吉林省集安市），不久又逃奔入唐，唐高宗诏授特进辽东都督兼平壤道安抚大使之职，封玄菟郡公。是年十二月，唐以李勣为辽东道行军大总管兼安抚大使，以伯安陆、郝处俊副之，庞同善、契苾何力为辽东道行军副大总管兼安抚大使，水陆诸军总管及转运粮使窦义积、独孤卿云、郭待封等均由李勣节度处分，同时又诏以河北诸州租赋供给以上诸路军用度。乾封二年，九月，李勣率军渡过辽水，先攻高句丽西边要害新城，城人师夫仇等缚城主开门降。接着，李勣军又连续攻克十六城。另外，薛仁贵也在新城击败男建兵，救援庞同善、高侃军；又在金山之北击败高句丽军，杀五万余人，拔南苏、木氐、苍岩三城，与男生军汇合。郝处俊在安市城下以精锐击败三万高句丽兵。乾封三年，唐以刘仁轨为辽东道大总管，郝处俊及新罗宿卫王子金仁问副之，出征高句丽。是年二月，薛仁贵自金山乘胜率军三千攻拔扶余城、扶余川，余城闻风不战而降。男建以五万兵来救扶余城，与李勣军战于薛贺水，败，死者三万余人。李勣乘胜进攻大行城，拔之。复与诸道兵合，破敌，渡鸭绿江，追击二百余里，拔辱夷城。诸城丧胆，逃遁与降者相继。契苾何力军先至平壤城下，李勣军继之，围平壤月余。男建自城中屡遣军出战，皆败；复将军权委于僧信诚，信诚等求降于李勣，遂启开城门。李勣纵军登城，鼓噪焚城。男建自知不免，遂自刺，不死。李勣执王及男建，王子福男、德男、大臣等二十万口，还唐，新罗金仁问、助州、仁泰、义福、薮世、天光、兴元等与李勣同入唐。高宗受俘于含元殿，赦宝藏王，以为司平太常伯员外同正，以泉男产为司宰少卿、僧信诚为银青光禄大夫、泉男生为右卫大将军，流泉男建于黔州，分原高句丽 5 部、176 城、69 万余户为 9 都督府、42 州、100 县，置安东都护府于平壤以统领之，擢原高句丽将帅中之有功者为都督、刺史、县令，与华人共同管理；又以右威卫大将军薛仁贵为安东都护，统兵两万留守镇抚。总章二年（669 年），高宗移原高句丽三万八千三百户于江淮之南及山南、京西诸州空旷之地。咸亨元年（670 年）至四年，平定剑牟岑、安舜的叛乱。仪凤二年（677 年），以降王宝藏为辽东州都督，封朝鲜王。因其反叛，自辽东召还，置于邛州，永淳初（682 年）死，赠卫尉卿，葬于京师长安颉利可汗墓侧。散徙其人众于河南、陇右诸州，贫者留居安东旧城侧，后或没于新罗，或散入靺鞨、突厥，至此，高句丽君长遂绝。

在征讨高句丽的过程中，新罗方面也密切配合，并作出了不懈的努力。还在乾封二年刘仁愿率军征讨高句丽时，曾征新罗兵从多谷、海谷二道至平壤会合；新罗王帅大角干金庾信等三十位将军离京至汉城准备接应李勣，进至獐塞，闻李勣奉诏班师，新罗王亦自汉城归。十二月，刘仁愿传宣天子敕，赐新罗王大将军旌节，令其助征高句丽。次年六月，新罗王任命诸将分别担任大总管、大幢总管、京停总管、贵幢总管、卑列道总管、汉城州行军总管、河西州行军总管、誓幢总管、罽衿幢总管，调兵遣将，准备配合唐军作战。其中，一吉湌真功称贺、金仁问、天存、都儒等奉命领一善州七郡及汉城州兵马赴唐军营，共同作战，同时，新罗王亦自京城出发，亲统诸路军与唐军会师。其中，文颖等在蛇川大败高句丽兵。九月二十一日，唐罗军合围平壤，新罗将领在平壤城内、平壤城大门、平壤军营、平壤城北门、平壤南桥、平壤少城等处的战斗中，均有杀敌立功的英勇表现。高句丽既平，新罗王自汉城出发赴平壤会唐军帅，至肹次壤，闻李勣诸将已还唐，故亦还至汉城。十月，按功行赏毕。十一月，谒告于先祖之庙。

唐对高句丽的用兵，不同阶段有不同的具体原因，即既有“收复汉晋郡县”的性质，更有应新罗的请求结成联盟，共同作战，帮助新罗完成统一半岛大业的性质。当然，这种援助也有出于解除邻国的威胁，维护本国边境安全的考虑。

四、唐朝与统一新罗间的军事摩擦及两国界线的划定

如前所述，唐罗联军攻灭百济之后，高宗皇帝从“兴亡继绝”角度考虑，诏以原百济王子扶余隆为熊津都督，使归旧国安抚余众，并与新罗平“古憾”。至麟德二年（665 年），百济扶余隆与新罗王在唐镇将刘仁轨主持下，于熊津就利山刑白马而盟。盟誓的主要内容有以下几点：一、百济、新罗“各除宿憾，结好和亲”；二、“各奉（唐之）诏命，永为藩服”；三、既盟之后，“共保岁寒”，背盟者“百殃是降”，“社稷无守”，

“礼祀磨灭”。盟后，将盟文制成金书铁卷，收藏于新罗宗庙之中。虽然如此，当刘仁愿等还唐之后，扶余隆畏新罗之强和余众离散，于是也回到唐京师长安。这样，“新罗自是渐有百济、高句丽地，其界益大，西至于海”[1]。新罗的做法，无疑是违背熊津盟誓的，因此也是不能被唐廷接受的。或者，新罗已经意识到上述行为的性质，或者，已经受到了唐廷的谴责，所以于攻灭高句丽的次年，即遣角干钦纯、波珍飡良图二人入唐谢罪。唐高宗以新罗王“擅取百济土地遗民”[2]，惟许钦纯还国，而留囚良图。唐与新罗的矛盾开始表面化。唐咸亨元年（670年），高句丽剑牟岑（又作牟岑大兄）叛，立宝藏王外甥安胜（又作安舜）为王，唐遣高侃率兵讨之。安胜杀剑牟岑，逃入新罗。新罗封其为高句丽王，相约“永为邻国，事同兄弟”[3]。与此同时，新罗还先后攻取百济旧境八十二座城池。在此情况下，唐与新罗的军事冲突诚不可免。

咸亨二年（671 年），新罗发兵侵百济，唐军前往救之，与新罗军战于石城，唐军战败。是年七月，鸡林道行军总管薛仁贵使在华的新罗僧琳润致书新罗文武王，责其“侵欺邻好”[4]等等，文武王复书辩之。与此同时，高侃军破高句丽余众于安市城。九月，高侃率蕃兵四万达平壤。十月，新罗军袭击唐漕船，俘郎将钳耳大侯及士卒百余人等。咸亨三年十二月，高侃在白水山击败高句丽余众，新罗兵来救，亦被唐军击破。新罗王遣级飡原川、奈麻边山入唐上表贡献、乞罪，同时送钳耳大侯等一百七十名将士归唐。四年，燕山道总管、右领军大将军李谨行在瓠芦河之西再大败高句丽叛者，俘获数千人，余众逃奔于新罗。上元元年（674 年），唐高宗以新罗王

---

① 《旧唐书》卷 199 第 5334 页《新罗传》，中华书局，1959 年版。
②③④ 《三国史记》新罗本纪。

既纳高句丽叛众，又据百济故地，并置戍兵守之，怒削所封新罗王官爵，而以宿卫长安的王弟金仁问取代王位，遣归理国；同时以刘仁轨为鸡林道大总管，李弼及李谨行副之，率兵征新罗，破新罗七重城。之后，仁轨引兵还，诏以李谨行为安东镇抚大使，继续征伐新罗。在此情况下，新罗王遣使入贡谢罪。高宗赦新罗王，恢复其旧有官爵，金仁问于中途重返长安，改封临海郡公。自此，唐与新罗之间的军事冲突宣告结束。这时，新罗实际上已占有原百济地，北部边界也扩张到原高句丽南境。仪凤元年（676 年），唐徙安东都护府于辽东故城，徙熊津都督于建安故城。唐玄宗开元二十四年（736 年），即新罗圣德王三十五年，新罗贺正使金义忠自唐回国，玄宗皇帝“敕赐浿江以南地”归新罗。自此始至唐亡，唐与新罗之间即以浿江为界。这一事实，《三国史记》中也有记载，是谓：“后与大唐侵灭二邦（指高句丽与百济），平其土地，遂置九州，本国界内置三州……于故百济国界置三州……于故高句丽南界置三州，从西第一曰汉州，次东曰朔州，又次东曰溟州。”①此高句丽南境三州都在浿江以南。

唐与新罗间军事冲突的结果，是达到了利益上的均衡。新罗作为海东三国中的弱国，它采取了远交近攻，对唐朝先依靠、联合，后斗争的策略，最终否定了它与唐、百济在熊津的盟约，占领了百济全境，接着又占领了高句丽南境，即浿江以南地，不仅完全解除了来自境外的威胁，而且在半岛的大部分地区内完成了统一事业。唐朝在高宗即位之后，及时地改变策略，与新罗结成联盟，先攻灭力量相对弱的百济，并驻兵留守，牵制高句丽之腹心，先孤立之，后消灭之。然后又通过军事斗争，遏制了新罗势力的膨胀，也基本实现了收复汉晋郡县

① 《三国史记》地理志。

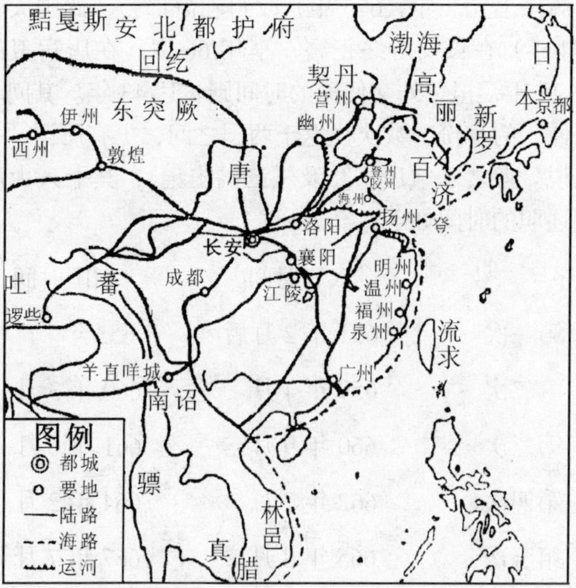

唐代中外交通路线图

的目的。此后，唐与新罗始终和睦相处，两国的政治、经济、文化交流也进入了新的历史时期。

五、“唐罗联盟”中的新罗出色外交家——金仁问

上文的叙述说明，无论是新罗完成半岛的统一大业，还是唐朝解除边患，进而基本收复汉晋郡县，其成功的最根本原因即在于新罗与唐朝结成了稳固的联盟，对百济、高句丽形成夹击之势。“唐罗联盟”的倡导者乃新罗武烈大王金春秋，而为这个“联盟”的加强和巩固付出了不懈努力者即金春秋的次子金仁问。

真德王五年（651 年），金仁问被派遣入唐宿卫，时年 23

岁。唐高宗上元二年（675 年）改封临海郡公，武则天长寿三年（694 年）在长安寿终正寝，享年 66 岁。在唐宿卫的实际时间为 25 年，担负外交使命的时间则长达 43 年。其间，他曾以“国使”的身份，数次往返于两国之间，史有所谓“七入大唐”之说。考之于《唐书》及《三国史记》，其七入大唐及各次归国述职的时间如下：

序　　号	入唐时间	归国时间
第一次	651 年 2 月后	653 年
第二次	659 年 4 月	660 年 3 月
第三次	660 年 9 月	661 年 6 月
第四次	662 年 7 月	664 年 2 月
第五次	665 年 8 月	667 年 7 月
第六次	668 年 9 月底	674 年 1 月
第七次	675 年 1 月	694 年 5 月后（死后归葬）

对金仁问的历史性功绩的评价　如前所述，金仁问“七入大唐”正值朝鲜半岛局势处于一个大动荡、大变动时期，高句丽、百济、新罗三国各方都企图吞并其他两方，建立起一个统一的封建王朝。由于新罗对形势分析透彻，把握时机，策略运用得当，最后赢得了统一事业和巩固统一事业的胜利。半岛的统一，这是民心所向，大势所趋，符合时代潮流，代表历史发展的方向。因此，新罗所进行的战争是正义的战争，是正义的事业。金仁问站在正义事业的这一边，他的奋斗，他的努力，他的功绩，他的人格，自然是应当给予充分肯定并受到赞赏的。

金仁问的历史功绩首先体现在作为新罗国常驻唐朝“大

使”的外交周旋方面。作为新罗来说，自己要在三国角逐中最后克敌制胜，最关键的问题是如何争取到唐朝的同情、支持和实质性的援助，特别是军事援助。早在真平王三十年（608年）、三十三年，新罗即两次以高句丽入侵为由，遣使请援于隋朝，这是隋炀帝出兵高句丽的原因之一。唐朝建立，新罗又于真平王四十七年（625年），善德王十一年（642年）、十二年多次遣使向唐朝廷诉讼高句丽、百济阻断其入唐朝贡的通道和屡次入侵新罗的“罪行”。但一方面，这时唐朝正处在立国之初，出于巩固政权的需要，希望有一个平静的边疆环境，所以对新罗的请求没有完全满足，而是先后派朱子奢、里玄奖出使三国，竭力劝说三国“连和”。另一方面，新罗虽曾多次遣使求救于唐，但其依赖性太强，缺乏自强不息的精神，以至于唐太宗有“其庸鄙非乞师、告急之才也”[1] 之叹。也就是说，新罗至此并未取得唐朝的完全信任。这时，如何促使唐朝廷转变态度便成了新罗外交政策的焦点。为此，真德王二年（648年）再次派出得力的使者伊飡金春秋及其子金文汪入唐做说服工作。金春秋一方面向唐太宗“请诣国学，观释奠及讲论”[2]，表示对唐先进文化的钦仰；一方面则从策略出发，有意突出百济问题，力陈百济侵凌新罗的利害得失，说新罗国“僻在海隅，服侍天朝积有岁年，而百济强猾，屡肆侵凌。况往年大举深入，攻陷数十城，以塞朝宗之路。若陛下不借天兵剪除凶恶，则敝邑人民尽为所虏，则梯航述职无复望矣”[3]。金春秋的这番话，终于使唐太宗动容。接着，金春秋更请改章服，“从中华制”[4]，再次表示对唐文化的景仰及对唐朝的友好，由此博得了唐太宗的进一步信任和奖谕，不仅赐予章服，而且还

① 《三国史记》新罗本纪善德王纪。

②③④ 《三国史记》新罗本纪。

授其父子以官衔，最后又设饯宴诏令三品以上官员前来送行。金春秋则借此机会提出送子入朝“宿卫”的请求。[①] 至此，金春秋的外交活动已经基本成功——争取到了唐朝的同情。次年，新罗正式改服中华衣冠；又次年，真德王亲制织锦五言诗《太平颂》并派专使金法敏（后之文武王）献之于刚继位的唐高宗，极表其对唐朝的钦仰，同时又开始改用唐永徽年号。自此之后，新罗“一意事中国，使航供柜，相望于道”[②]。至此，唐廷无论从情感、策略还是实际行动上都完全倾向于新罗一边，“唐罗联盟”宣告缔结。真德王五年（651 年），金仁问被派遣入唐宿卫并从此成为常驻“大使”。他沿着其父金春秋所开辟的道路，继往开来，使“唐罗联盟”得以不断加强、巩固，使唐朝的军事支持和援助真正变成事实。于是，“唐罗联盟”从此开始具有“军事联盟”的性质。自此以后，唐朝对新罗的请兵求援，几乎是每求必应。也正因为这样，半岛三国力量对比的形势开始转变，明显地有利于新罗，而高句丽、百济两国则从此处在唐罗联军的夹击、两头受气的不利形势之中。以此一大局的根本性转变为依据去进行定位和判断，不难看出，金仁问在新罗外交史上的地位是多么重要。

事实上，金仁问的“七入大唐”，除“宿卫”外，主要的任务在于：一、代表新罗向唐朝请兵以及根据唐朝的要求回国征兵或协调两国的军事行动。太宗武烈大王六年（659 年），王以“新罗屡为百济所侵，愿得唐兵为援助，以雪羞耻，拟谕宿卫仁问乞师”[③]。这次请兵关系到新罗对百济决定性的一次战事。二、接受唐朝廷的军事咨询，诸如唐高宗在显庆四年出兵讨伐百济前，征仁问问百济“道路险易，去就便宜”之类。

① ② 《三国史记》新罗本纪。

③ 《三国史记》列传金仁问本传。

三、代表新罗执行贡献使命，参加唐朝廷的国事活动如祭祀泰山之类。以上之一、二项尤其对新罗的兴亡事关重大。金仁问的六次自唐还国，也大都是在新罗统一事业中具有决定性意义的关键时刻，并且身负着重要的使命。如在对百济的最后一战中，仁问被唐高宗任命为神丘道副大总管，与大总管苏定方一同率军渡海作战；又如在百济灭亡不久的第三次还国，则是奉唐高宗之命“传谕”新罗王举兵与唐军配合，共同征讨高句丽；在组织对高句丽的最后一战中，仁问则既负有请兵的任务，也担负着“传谕”的使命。而文武王四年（664年）的还国与天存共同代表新罗在熊津与唐敕使刘仁愿、故百济扶余隆三方设盟誓好，这件事对调整百济灭亡后的唐罗关系及保持新罗与百济故地境内的相对安定，以便积蓄对付高句丽的力量，不啻为一项重要的举措。这些事实表明：金仁问的确是新罗派驻唐朝的一名外交重使；金仁问在唐朝享有很高的信誉，赢得了朝野的好评；金仁问大量的外交活动对“唐罗联盟”的巩固起到了促进的作用，因此对新罗的统一事业具有极为深远的意义。

需要特别指出的是，金仁问在充当“常驻唐朝大使”，为两国间的外交事务，特别是协调“唐罗联盟”的军事行动而忙碌的同时，还亲自出生入死，征战于疆场，立下了汗马功劳。金仁问入唐宿卫以后自太宗武烈大王二年（655年）起至平高句丽，唐罗联军对百济、高句丽大的军事行动共有六次，即太宗武烈大王二年唐营州都督程名振、左卫中郎将苏定方对高句丽之战；七年（660年）唐苏定方军与新罗军灭百济之战；文武王元年至二年（661—662）唐苏定方所领三十五道兵与新罗军对高句丽之战；文武王六至七年（666—667），唐李勣、刘仁愿军与新罗智镜、恺元、日原等军对高句丽之战；文武王八年（668）唐李勣、刘仁愿、刘仁轨军与文武王所率新罗军灭高句丽之战。在这五次战事中，与金仁问有关的有四次，其中，在661—662年、666—667年的战事，其主要工作是自唐还国“传谕”唐朝用兵事宜和“征兵”于新罗，实质上是充任军事联络官；在660年对百济的最后一击，在661—662年初讨伐高句丽和668年对高句丽的最后一击三次战事中，金仁问都亲自披挂上马，浴血征战于疆场。在对百济的战役中，金仁问被委以副将，与苏定方共同率军渡海作战，在熊津口、真都城大败百济军，然后唐罗兵会合，攻陷百济都城，百济告灭。文武王嘉赏仁问功业，授波珍飡，又加角干。661年苏定方军讨伐高句丽，金仁问回国“传谕”之后，即与金庾信、真珠、钦突三人一起被文武王委任为大幢将军，领兵向平壤进发，配合唐军作战，至瓮山城，为百济残部遮路阻挡，经过激战，虽打败了百济残部，但却未能完成配合唐军的任务。唐军因严寒困于平壤，金仁问与金庾信、良图等九将军复奉命冲破敌军的阻截输军粮于苏定方军。进至杨隩，金庾信就地扎营，而派遣“解汉语者仁问、良图及子军胜等达唐营，以王旨馈军粮”①。金仁问等因此两次受到文武王的奖谕，其中，后一次奖谕为“中分本彼宫财货、田庄、奴仆，以赐庾信、仁问”②。666年，文武王“以既平百济，欲灭高句丽”，于是遣使入唐请兵援助。是年十二月，唐以李勣为辽东道行军大总管，以安陆、郝处俊为副大总管率军击高句丽；次年，唐复敕智镜、恺元为将军，赴辽东之役；接着，高宗又命刘仁愿、金仁泰从卑列道出击；金仁问则自唐回，传谕征兵，并要求新罗从多谷、海谷二道赴平壤会师。接谕，文武王即领金庾信等三十路兵至汉城以待英公李勣。668年，刘仁轨、金三光奉命进军至党项津，文武王遣金仁问前往以大礼迎接。随后，金仁问又被授以大幢总管之

①② 《三国史记》列传金庾信传。

职，与新罗其他各将共同参战。金仁问与天存、都儒等首先率军赴唐军营，遇英公，进军至婴留山下。九月，唐罗大军合围平壤，陷之，高句丽宝藏王，王子福男、德男及大臣等皆降，高句丽告亡。文武王以仁问“英略勇功特异常伦”[1]，赐大角干，食邑五百户；唐高宗“亦闻仁问有战功”，再晋爵秩，“食邑二千户”[2]。在以上的数次战役中，金仁问往往是被派作前锋，首先与唐军会师。由此也可看出金仁问在战役中的重要地位和作用。除参加以上重要战役外，金仁问还有另外一些军事活动，诸如653年第一次自唐归国觐省，太宗武烈大王授以押督州总管，负责修筑獐山城这一军事上的险要工程；文武王四年（664年），仁问身为将军，又奉命与品日、军官、文颖三人率领一善、汉山二州兵及府城兵马攻陷高句丽突沙城。以上种种事实说明，金仁问不仅是一位善于应对的外交家，而且还是一员叱咤风云的虎将，在新罗统一战争中出生入死，表现不凡，功勋卓著。有理由认为，在新罗诸名将中，金仁问的威名仅在金庾信之下。

总而言之，就在新罗作为一个弱者不断地反抗邻国侵略、为半岛统一事业而战，为维护、巩固统一事业而战的背景下，金仁问受命于危难之时，以其超人的胆识和勇气，数次往返于新罗、唐朝两国之间，不辱使命，圆满地完成了身负的外交重任；同时也将自己的热血挥洒疆场。从而为自己的国家、民族，也为唐罗两国的友好作出了不朽的贡献。

最后，金仁问的功绩和优秀品格还表现在识大体、顾大局、重社稷这一方面。新罗在争取唐的援助，先后攻灭百济、高句丽后，在如何对待百济故地与高句丽残余势力的问题上，与唐朝廷发生了分歧，两国间和战不定。文武王十四年，即唐

① ② 《三国史记》列传金仁问传。

上元元年（674 年），唐高宗以新罗文武王“纳高句丽叛众，又据百济故地，使人守之”[1] 为由，下诏削去新罗王的官爵，册立在唐宿卫的金仁问为新罗王，使归国以取代文武王。于此同时又派刘仁轨、李弼、李谨行率军进讨。在大兵压境的情况下，文武王为了缓和矛盾，争取时间积蓄力量，巩固业以实现的统一局面，于是恢复了与唐的朝贡关系，同时表示“谢罪”。金仁问原本就不愿意唐高宗封王，“恳辞”之而不获准，这才登程还国；适遇文武王遣使入唐朝贡，金仁问于是中路而返唐，主动地辞去高宗所封王位。[2] 高宗这才又恢复文武王原来的爵位。新罗因此避免了一场可怕的内忧外患。设若金仁问出于私心，且有野心，那么，凭借他的外交声誉，凭借他的赫赫战功，借助唐朝的军事力量，他并非没有机会实现回国当王执政的机会。又设若金仁问果真采取了什么自私自利的行动，则新罗很有可能从此陷入新的纷争，半岛统一事业的步伐将可能因此而延缓，甚至于被葬送，半岛的历史也便有可能被改写。然而，这一切可怕的后果都没有发生，新罗在实现三国统一以后，保持了一个相对安定的局势，逐步地巩固了统一事业。这一方面是由于文武王所采取的策略得当，另一方面也与金仁问个人的无私、大度、顾大局、重社稷的崇高思想、行为分不开。他有功不居功，有机会而不乘机会，有外力而不仰仗外力，放弃个人私利而全力维护国家民族的利益，这样的精神境界是非常难能可贵的。自这次中路还唐以后，金仁问长期留居唐朝，而且声誉日高，调露元年（679 年）晋爵为镇军大将军行右威卫大将军，载初元年（689 年）再晋爵为辅国大将军上柱国临海郡开国公左羽林军将军，直至死后才还葬于故国。新

① 《三国史记》列传金庾信传。
② 《新唐书》卷 220 第 6202 页《新罗传》。

罗统一三国之前，金仁问马不停蹄地为外交内政频繁地奔走于两国间，统一事业实现之后则再也没有回过故国，也从未插手、干预过新罗的朝政。这一前一后活动上的巨大反差是十分意味深长的。笔者以为，这种反差恰好反映出金仁问崇高思想的始终如一，同时也反映了他在思想与行为上的完美统一。

第五章

长安与朝鲜半岛的经济交往

第一节　贡赐代贸与生产技术的交流

长安与朝鲜的经济交往，可以追溯到遥远的古代，历时约三百年的李唐王朝时期则是两国经济交往的全盛期之一，这个时期相当于世界历史中世纪阶段的前半期。就整个中国与朝鲜的经济交往的历史去考察，交往的形式主要有以下几种：一是通过包括流徙在内的移民方式来实现，二是通过朝贡与回赐的方式来进行，第三便是民间性质的商贸活动。以移民为载体的经济交往主要出现于战国秦汉时期，此后至唐朝一代占主导地位的则是朝贡与回赐这种官方活动，晚唐以后民间商贸活动开始兴起，官方活动与民间活动双轨并行；宋以后，民间商贸活动比之朝贡、回赐的官方方式占有了更为重要的地位。仅就长安与朝鲜的经济交往而言，重点在贡、赐代贸的方式，其他两种方式则颇为罕见。

如前所述，殷商旧臣箕子受封朝鲜之后，曾于次年到镐京朝周，这次入朝是否带了贡物，史无明载。至春秋时代管仲撰《管子》，已记载朝鲜和齐国做“文皮”（虎皮）生意。考古发现也证明，战国时期燕国的货币明刀、安阳的布钱[1] 及各种金属工具已大量流入朝鲜，秦代的秦戈和半两钱、西汉孝文庙铜钟和五铢钱在朝鲜境内也有出土。[2] 这些货币和实物有可能是当时传过去的，也不排除是后来人携带过去的可能；有可能是两国间商贸活动的有力证明，也可能是秦末、汉初中国流移海东的流民携带过去的。无论是何种可能，其中都包含着经济交往的信息。秦戈、秦币、汉钟、汉币则直接与建都长安的封建王朝有关。此外，《史记·货殖列传》明确记载：燕“东绾秽、貊、朝鲜、真番之利”。绾者，联络贯通要津之意，这无疑是对汉武帝在朝鲜设四郡后燕与朝鲜半岛繁荣的经济交往景象的一种“写真”。《汉书》也有这样的记载：朝鲜“都邑颇仿效吏及内郡贾人，往往以杯器食”。这里特别地提到朝鲜人模仿“内郡贾人”一事，更直截了当地说明内郡商人在半岛从事商贸活动的事实。

以上事实无疑说明了早在公元以前，古朝鲜便与中国发生了经济联系，甚至出现了兴盛的商贸活动，但无一件可以证明是从长安直接传过去的。朝鲜与长安的直接经济来往，是在苻秦统一中国北方期间。据《三国史记》高句丽本纪载，故国原王四十年，即前秦苻坚建元六年（370 年），秦将王猛伐燕，燕败，燕太傅慕容评奔高句丽，高句丽王将他捉住后，遣送于秦。这是朝鲜半岛三国与长安通使的开始。高句丽小兽林王即位第二年，即前秦建元八年（372 年），秦王苻坚派遣使者及僧人顺道，共同送佛像、经文至高句丽，小兽林王亦遣使至长

① 参见《朝鲜考古学研究》第 196—236 页，转引自朴真奭《中朝经济文化交流史研究》第 10 页，辽宁人民出版社，1984 年版。

② 参见日本统治时期朝鲜史学会所编《朝鲜史讲义：特别讲义》第 25 页。

安回谢，并贡献方物。又过了五年，小兽林王再次遣使入苻秦朝贡。继高句丽之后，新罗亦于公元381年，即奈勿王二十六年，遣使卫头入苻秦，贡献方物，苻坚亲自接见了这位使者，并询问新罗古今事。此后，主要是由于长安再次失去政治中心的地位，在大约二百年的时间里，海东三国虽然与北魏、北齐和南朝诸政权仍保持密切的关系，但与长安却断绝了联系。直到北周政权建立，才又有高句丽、百济两国使者来长安朝贡。公元577年，高句丽平原王遣使至长安朝贡，周武帝宇文邕册封平原王为“开府仪同三司大将军辽东郡国公高句丽王”；同年，百济国威德王亦遣使入长安朝贡。正是这一年的正月，北周灭亡北齐，重新实现中国北方的统一，南境隔江与陈朝对峙，东北境与三国中之高句丽相邻，长安与朝鲜半岛的直接通道再次打通。次年，百济再次遣使至长安朝贡，但始终未见到有关北周册封百济王的记载。

隋朝立国，海东三国与隋的关系进一步密切起来。仅以朝贡一项而言，在隋朝有国的37年里，高句丽入贡12次，其中开皇元年1次，二年2次，三年3次，四年1次，隋文帝在大兴殿设宴招待来使，十一年2次，十二年1次，十七年1次，二十年1次，此后，隋与高句丽的关系处于战争状态，来往断绝，亦无朝贡可谈；百济入贡8次，其中开皇元年1次，二年1次，九年1次，十八年1次，大业三年2次，四年1次，七年1次，此后亦因隋与高句丽战争爆发，百济表面上亲近、支持隋朝，实际上则采取“持两端”的态度，所以亦不复朝贡。值得注意的是，在百济的最后一次朝贡时，隋炀帝对来使曾厚加赏赐，这是此前从来没有明文记载过的，属于一个先例。新罗入贡于隋共5次，其中，开皇十六年1次，二十年1次，二十二年1次，二十四年1次，大业七年1次。在入贡时间上，新罗是三国中最晚的国家，在入贡次数上也略少于其他两国。

毫无疑问，三国入隋朝贡的数字不仅反映了这时中国与朝鲜半岛诸国的经济交往保持了以往的势头，而对于朝鲜半岛与长安的经济交往来说，则更是开辟了新局面。

李唐王朝建立的头半个世纪，海东三国与长安的交往比以前又有了明显的增加。综合《三国史记》和《册府元龟》的记载，此间三国入唐至长安朝贡的次数分别是：新罗 32 次，高句丽 21 次，百济 27 次。新罗后来居上，高句丽退到了最后，这是由于唐、丽之间矛盾日益加剧，甚至于处在战争状态的结果。在这种状况下，高句丽成了敌对的一方，百济在鹬蚌之争中坐而视之，伺收渔利；新罗与同出扶余种属的高句丽和百济存在种族之间的“世仇”，在保卫国家的战争中最急切需要唐朝的帮助，希望通过频繁的朝贡，缩短唐罗之间的距离，争取唐的外援。这些关系决定了三国与唐朝亲疏远近的程度，也决定了相互之间经济交往的深浅程度。

公元 7 世纪 60 年代以后，即新罗联合唐朝消灭百济、高句丽两国，特别是在统一新罗与唐以浿江为界划定两国边界之后，唐与统一新罗的关系达到了空前密切的程度。此间，有神文王至孝恭王二十二位国王御宇。其中的十六位国王曾受唐朝的册封，六位国王未受册封的原因，一是时值新罗国内政局不稳，二是因为有些国王在位时间太短所至。政治上的空前密切关系为空前密切的经济交往奠定了基础，创造了条件。在此一段时期里，新罗遣使入唐朝贡 117 次，几乎相当于此前三国入华朝贡的总和（148 次）。唐朝方面，在接受朝贡的同时，往往有优赐，在遣使吊祭、册封时，又往往有赙赠和赏赐。但是，值得注意的是，新罗这一时期里的 117 次朝贡活动有 83 次是在初唐后半期至盛唐时期一百多年时间里进行的，在中唐、晚唐的 130 年时间里，仅占 34 次。这明显地说明，统一新罗与唐朝以贡、赐为特征的经济交往的兴衰情况，而且，这一兴衰情况是与两国国运的兴衰形势密切相关的。

由于这一时期两国的经济交往主要表现为贡、赐的形式，于是在一定程度上也便决定了物品交换的内容。在唐代以前，文献记载几乎没有具体谈到朝贡与回赐的物品内容和数量。唐代，大部分的贡物和赐物仍然无详细记录，只有少数朝贡具详物名、数量。

在百济方面，惠王在位第22年（621年）曾遣使入唐献果下马；第27年（626年），遣使入唐献明光铠；第38年遣使入唐献铁甲、雕斧，唐太宗回赐锦袍和彩帛三千（疑为“十”之误）段；第40年（639年）遣使入唐献金甲、雕斧；第42年（641年），惠王卒，唐太宗为之举哀于玄武门，同时赙赠甚厚。

在新罗方面，有详细记录的朝贡和受赐情况如下：

真平王四十二年（621年），遣使入唐朝贡，唐高祖遣通直散骑常侍庾文素聘于新罗，赐以玺书、屏风和锦彩300段。

真平王五十四年（632年），王卒，唐太宗赐物200段。

善德王十二年（643年），新罗高僧慈藏还国，唐太宗赐衲一领、杂彩500段（在唐期间曾赐绢200匹），此外还有大藏经一部及幡花盖具等。

真德王二年（648年），新罗王子金春秋及其子文汪入朝，唐太宗赐予《晋祠碑》铭、新撰《晋书》，此外还有大量金帛、宫中珍服等。

文武王元年（662年），唐遣使赴新罗吊祭前王，赠彩500段。

文武王二年（663年），唐苏定方军助新罗攻灭百济国后拟还，新罗赠定方银5700两，细布34匹，头发30两，牛黄19两。

文武王五年（666年），金春秋子文汪卒，唐遣使往吊，赐衣一袭，腰带一条，彩绫罗100匹，绡200匹。新罗王赠使者金帛尤厚。

文武王九年（669年）三月，唐朝曾派遣僧人法安前往新罗，“传天子命，求磁石”。至五月，新罗遣使祇珍山级飡等人入唐，献磁石二箱。

文武王十二年（672年），新罗与唐朝在处理攻灭高句丽、百济两国之后的有关问题时发生矛盾，遣使入唐上表释怨，兼进贡银35500分，铜33000分，针400枚，牛黄20分，金120分，四十升布6匹，三十升布60匹。

圣德王二十二年（723年），新罗献美女抱玉、贞婉给唐帝，玄宗不忍留，给衣着、器具、奴婢、车马，备礼资遣还。当年四月，复遣使入唐，献果下马一匹、牛黄、人参、美发、朝霞绸、鱼牙绸、镂鹰铃、海豹皮、金银等。

圣德王二十三年（724年），新罗遣使金武勋入唐贺正，使还，唐玄宗降书褒奖新罗王，同时赐予锦袍、金带及彩素共2000匹。

圣德王二十九年（730年），新罗遣使金志满朝唐，献小马5匹、狗1头、金2000两、头发80两、海豹皮10张，唐玄宗授使者以官，同时赐绢100匹、紫袍、锦细带，留使者在唐宿卫。

圣德王三十年（731年），新罗遣使金志良入唐贺正，进奉牛黄、金银等物，唐玄宗授使者官职，降玺书褒奖新罗王，同时回赐绫彩500匹、帛2500匹。

圣德王三十二年（733年），唐玄宗赐给新罗王白鹦鹉雌雄各一只、紫罗绣袍、金银细器物、瑞文锦、五色罗彩共300余段。新罗王遣其侄金志廉朝唐，谢前项所赐，同时献小马2匹、狗3头、金500两、银20两、布60匹、牛黄20两、人参200斤、头发100两、海豹皮16张。玄宗诏金志廉于内殿，赐束帛。

圣德王三十三年（734年）四月，新罗遣大臣金端竭丹入唐贺正。玄宗皇帝赐宴于内殿，授其官职（卫尉少卿），同时赐予绯襕袍、平漫银带及绢60匹。

孝成王三年（739年），王赐唐吊祭、册封使邢璹黄金30两、布50匹、人参100斤。

惠恭王九年（773年），新罗遣使入唐贺正，献金银、牛黄、鱼牙绸、朝霞绸等方物。

元圣王二年（786年），新罗遣使金元全入唐进奉方物，德宗下诏书褒奖，并赐予新罗王罗锦绫彩等30匹、衣1袭、银1口，赐给王妃锦彩绫罗20匹、押金线绣罗裙1副、银碗1个，赐给大宰相1人衣1副、银榼1个，赐予次宰相2人各衣1袭、银碗1个。

僖康王二年（837年），唐文宗赐新罗宿卫金忠信等彩、锦数量不等。

景文王五年（865年），唐遣使胡归厚、史裴光等吊祭前王（宪安王），赙赠（织物）1000匹，赐予新王官诰1道、旌节1副、锦彩500匹、衣2副、金银器7事，赐予王妃锦彩50匹、衣2副、银器2事，赐予王太子锦彩40匹、衣1副、银器1事，赐予大宰相锦彩30匹、衣1副、银器1事，赐予次宰相锦彩20匹、衣1副、银器1事。

景文王九年（869年），新罗王子苏判金胤等入唐谢恩，进奉马2匹、麸金100两、银200两、牛黄15两、人参100斤、大花鱼牙锦10匹、小花鱼牙锦10匹、朝霞锦20匹、四十升白氎布40匹、三十升苎衫缎40匹、四尺五寸长头发150两、金钗头五色綦带及斑胸各10条、鹰金锁鏇子并纷塔红幍20副、新样鹰金锁鏇子纷塔五色幍30副、鹰银锁鏇子纷塔红幍30副、鹞子银锁鏇子纷塔红幍20副、新样鹞子银锁鏇子纷塔五色帽30副、鸽子银锁镟子纷塔红帽20副、新样鸽子银锁镟子纷塔五色帽30副、金花鹰铃子200颗、金花鸽子铃子200颗、金花鹰尾筒50双、金镂鸽子尾筒50双、银镂鹰尾筒50双、银镂鸽子尾筒50双、系鹰绯缬皮100双、系鸽子绯缬皮100双、瑟瑟细金针筒30具、金花银针筒30具、针1500根；唐赐予随金胤入唐留学生李同等三人买书银300两。

从以上所列情况可以看出，朝贡与赙赐的物品，在海东方面，主要有金、银、铜及金银器、金银首饰，畜产类如活牲畜、兽皮等，药类如人参、牛黄等，织物如彩锦、彩绸、棉布等，女红类如针，发饰类如美发，此外还有武器、猎具之属，等等，是名符其实的“方物”。在唐朝方面，占大头的是宫廷珍服如各色锦袍、锦带、绣裙和精致的丝织品如各种绫、罗、绸、锦、帛等，总的来说是多为穿戴类的生活用品。以贡赐代贸的特点，可以概括为以下几点：一、贸易量不大，虽然起到物资交流、互通有无的作用，但不足以左右两国经济的或兴或衰；二、由于双方的交流物资中都有高级的金银器和高级的丝织品，因此，通过这些物资的交流，无疑对有关工艺技术的传播会起到促进的作用。

在唐代，唐朝与统一新罗的经济往来还有这样两件事，而且都与唐都长安有直接关系。一是诏令新罗弩师仇珍川沙飡至长安造木弩，二是关于茶种及种茶技术的东传。在下面有关章节中将具体谈及。

本书所述的生产技术的交流仅限于与长安有关者，若把视角放宽，则这种交流则要比前面记述的要丰富得多、生动得多，而其中最明显的，便是中国的生产技术如何影响于海东以及其在海东的经济事业中产生作用。

第二节　长安与朝鲜半岛之交通

鉴于长安与朝鲜半岛国家早在殷周之交即有交往，而且在此后的时间里呈日益密切的趋势，因而毫无疑问地，两者之间客观地存在着交往的通道，或者说，两地人民在交往中开辟了一些比较固定的、便捷的途径，亦即交通路线。这些交通路线，既有陆路的，也有水路的，而且不止是一条，而是多条，是一个交通网络。

长安是一个内陆都城，与海外交通，有境内路线和境外路线两部分。

境内路线，在中国历史上第一个中央集权制国家——秦朝建立之时便已经奠定下来。秦朝的疆域，“地东至海暨朝鲜，西至临洮、羌中，南至北响户，北据河为塞，并阴山至辽东”[①]。秦始皇在即位之二十七年（前220年）开始修筑驰道。据《汉书·贾山传》载，秦“为驰道于天下，东穷燕齐，南极吴楚，江湖之上，濒海之观毕至。道广五十步（六尺为一步），三丈而树，厚筑其外，隐以金椎，树以青松”。驰道即行车之大道，驰道中央之大道为皇帝专用之“御道”，两旁有普通人行走的便道。可见，驰道之修，其初衷是为了便利于皇帝的出巡，但客观上也便利了全国性的交通。就在开始修筑驰道的当年，至其寿终，前后出巡五次，示威于四边，除第一次外，其余四次出巡，均与本节所要叙述的交通路线有关。公元前219年，东巡至山东，先后登邹峰山（在邹县境内）、泰山、之罘山（今山东烟台）、琅琊台（在诸城县境内）刻石记功示威。前218年，再次东巡至之罘山刻石。前215年，第三次东巡，

① 《史记》卷6第173页《秦始皇本纪》，中华书局，1959年版。

至碣石（河北昌黎县沿海）。前 210 年，先南巡至云梦（湖北境内）、九疑山（湖南宁远县境内），然后沿长江浮舟东下，过丹阳，至钱塘，临浙江，上会稽山（在今浙江绍兴境内）刻石并祭大禹庙。秦始皇这几次出巡，所到之处，无论燕齐、吴楚，显然都有驰道相通。因此又可以认为，以秦之咸阳为中心向四周辐射的驰道，不仅在当代，而且在随后之汉唐时期，都是到达东部沿海以上相关各地的最畅达、最便捷的大道。中国使者出使海东，以及海东各国使者、留学生、僧道等在越海登陆后，都应该是循着与古驰道基本一致的路线前来长安的。

据《新唐书》地理志记载，贞元时（785—805）宰相贾耽曾“考方域道里之数最详”，“从边州入四夷，通译于鸿胪者，莫不毕纪”。据他的记载，唐朝入四夷之路与关戍走集最主要的交通线有七条，其中与海东有关者有营州入安东道、登州海行入高（句）丽渤海道。营州治所即今之辽宁省朝阳市，经汝罗守捉，渡辽水可至安东都护府（今辽阳市），距离为五百里；由安东都护府东南行至平壤城，距离八百里。这是朝鲜半岛三国通中国的陆路交通线，入唐境后可自碣石循秦时驰道至都城长安。唐代所置登州即春秋时期之牟子国，亦即汉代东莱郡地域，相当于今山东半岛莱阳市以东地，是所谓“极海之地”，从此横渡渤海、黄海可达朝鲜半岛，在中国通海东的数条航线中，这是直线距离最短的一条。

1973 年中国翻译出版的《朝鲜通史》对唐代与新罗的交通路线也有记述：一是从新罗西海岸穴口镇（今汉江口）、唐城浦（南阳湾）等地出发到达中国山东半岛；另一是从灵岩附近出发，经黑山岛到达唐朝定海县（今上海附近，实即浙江镇海县）。从这些地方登岸后，再通过水路或陆路北上，直抵唐的首都长安。

虽说唐代贾耽“考方域道里之数最详”，但他所记并未反映出唐与海东交通的实际情况。《朝鲜通史》记唐与新罗海路交通提到了两条海路线，但又忽略了陆上交通路线，而且对放洋口岸及登陆地点也仍然不够周详。

自公元 4 至 14 世纪，海东国家，包括高句丽、百济、新罗三国、统一新罗和高丽王朝的入华求法请益僧不计其数，至今有法讳可考者尚有 270 人左右。这些僧人绝大部分是从海路入华的，而且往往是搭乘商船或双方国使使船入华或还国。在这些僧人的塔碑铭文中，往往有其在本国放洋或登陆的地点以及在中国登陆或放洋还国的具体地点（口岸）的记载。这些记载，大大地补充了正史文献记载的不足，为考证中国与海东国家之间的海上交通情况提供了更多的参考证据。今略举如下：

《续高僧传》圆光本传载："年二十五，乘船造于金陵。"

《海东高僧传》载，新罗僧安弘于真平王二十二年，即隋开皇二十年（600 年）自本国"泛泥津浦，过涉岛"，入华至长安。

《大唐西域求法高僧传》载，新罗僧慧轮于唐初入华，乘舶至闽越登陆，然后徒步而届长安。

《宋高僧传》载，新罗僧义湘于唐高宗时"附商舶达于登州"，"分卫（乞食）到一信士家"。《三国遗事》则谓乘唐使船渡海，"初止扬州，州将刘至仁请留衙内，供养丰赡"。

《海东故神行禅师之碑并序》[①] 载，新罗神行禅师于 35 岁之年"对险沧州"，"孤帆直指，得达彼岸"。

《新罗国故智异山双溪寺真鉴禅师碑并序》载，慧昭于唐贞元二十年（804 年），"诣岁贡使，求为榜人（摇桨人），寓足西泛"，登岸后遂行至沧州谒神鉴大师。

① 本节中所引海东求法僧碑铭，均见于朝鲜半岛历代金石铭文汇编《朝鲜金石总览》（上、下）。

《新罗国大朗慧和尚塔碑铭并序》载，无染禅师于唐长庆初（821 年），乘本国朝正使王子昕船，自唐恩浦放洋西行，至登州之罘山登陆。

《高丽国踊岩山五龙寺法镜大师之塔碑铭并序》载，庆猷禅师于唐僖宗文德元年（888 年）搭入朝使船入唐，径投云居道膺禅师处习法，至高丽孝恭王末年，即后梁开平（907—911）前后还国，于武州之会津登岸。

《高丽先觉大师遍光灵塔碑》载，迥微禅师于新罗真圣王五年（891 年）托足于入朝使船入唐，至洪州云居道膺禅师处习法，唐天祐二年（905 年）还国，至平津舍筏。

《高丽弥智山菩提寺大镜大师塔碑铭并序》载，丽严禅师约于新罗真圣王六年（892 年）入唐，先至江表，次至洪府，投云居道膺禅师处习法，至后梁开平三年（909 年）还国，在武州之升平登岸。

《高丽慧目山高达院元宗大师塔碑铭并序》载，坦幽禅师于新罗真圣王六年（892 年）搭乘商船入唐，参谒舒州桐城县投于大同禅师，印可后，于后梁贞明元年（915 年）东渡还国，至康州德安浦登陆。

《高丽国白鸡山玉龙寺洞真大师塔碑》载，庆甫禅师于新罗真圣王六年（892 年）托足于凌波之客船，渡海入唐求法，参谒抚州疏山匡仁和尚，后于后梁龙德元年（921 年）从海路还国，达全州临陂郡。

《高丽须弥山广照寺真彻禅师塔碑铭》载，利严禅师于新罗真圣王十年（896 年）搭乘崔艺熙大使船渡海入唐，经数日抵达浙江鄞江口登陆，问道于云居道膺禅师，后于后梁乾化元年（911 年）还国，在罗州之会津登陆。

《高丽凤岩寺静真国师塔碑铭并序》载，竟让禅师于新罗孝恭王四年（900 年）渡海入唐，达江淮之境，谒潭州石霜庆诸，继又巡礼各地，至后唐同光二年（924年）还国，在全州喜安县浦口系舟登陆。

《高丽开天山净土寺法镜大师碑》载，元晖禅师于新罗孝恭王十年（906年）托足于入唐使船西行求法，在浙江沿海登陆，后于后唐同光二年（924年）假道四明（今浙江宁波附近）放洋还国。

《佛祖统纪》天台宗第十六祖宝云义通传载，义通禅师于晋天福（936—947）末渡海入华，至天台山先后研习禅法和天台教义，乾德间（963—968）至四明，准备经登海舶东归，后被挽留在四明宝云禅院弘扬天台教法，终生未归。

《高丽灵通寺大觉国师碑》载，义天法师于高丽宣宗二年（1085年）四月八日，自贞州搭乘宋商林宁船渡海入宋求法，至板桥镇登陆，次年从明州定海放洋归国，登陆地点是礼成江口。

从上述记录中可以知道，在朝鲜半岛方面，国使、行商、求法僧等放洋渡海入华和还国登陆的地点有泥津浦、唐恩（城）浦、武州会津、武州升平、康州德安浦、全州临陂郡、喜安县浦口，以及平津、穴口镇、灵岩、贞州、礼成江口等处，基本分布于江华岛（在今仁川海面）、汉江口以南西海岸及半岛西南海岸一线。在中国方面，登陆或放洋的地点（口岸）有登州、沧州、之罘山、板桥镇（今山东胶州）、鄞江口（四明、定海）、扬子江口、扬州、江淮、闽越等处，从大的地域看则为山东半岛沿海、江淮沿海、闽浙沿海。

此外，从其他文献中亦可看到一些新的记载。如日僧圆仁《入唐求法巡礼行记》中就多处提到新罗、日本、中国船只在中国东海岸登陆或放洋的港口。

对登州赤山浦的记载：开成四年（839年）六月二十八日，唐朝赴新罗慰问新即位国王之使者，青州兵马使吴子陈、崔副使、王判官等三十余人曾到文登县赤山村新罗法华院来看望寺僧及圆仁一行。[①] 会昌七年（847年）九月二日，圆仁乘船从赤山浦渡海归国，船出赤山莫琊口，向正东行，至第三日平明，望见新罗西境之山，再南行一日一夜，至新罗国熊州（公州）西界，继续东南行，至武州（光州）西界之高移岛（岛西北百里为黑山岛），又到武州南界之黄茅岛（丘草岛）泥浦，岛西南可遥望耽罗岛（今济州岛），从黄茅岛至新罗陆地，得好风一日可到，自此向东循群岛穿行，至新罗南门界之雁岛（其西南为耽罗岛）暂歇，自此东南行出至大海，望日本国对马岛而去。[②] 这两条资料，都再次指证了赤山浦这一"极海处"是中韩、中日北路航线西端的重要起点。而后一条资料还同时描述了此一航线的方向、位置以及沿途所经的重要地点，其中有的地名与上述碑铭记载一致。

对牟平县乳山浦的记载：大中元年（847年）闰三月十日，唐朝赴新罗告哀兼吊祭册立等副使试太子通事舍人赐绯鱼袋金简中、判官王朴等，自登州牟平县南界乳山浦上船过海。[③] 又记：牟平县唐阳陶村之南边，去县160里，去州300里。从此东有新罗国，得好风，两三日得到。[④] 这条资料亦应与乳山浦有关，即唐阳陶村就在乳山浦附近。关于乳山浦放洋事，这是其他文献记载缺如者。

---

① 日本圆仁《入唐求法巡礼行记》第63页，上海古籍出版社，1986年版。

② 日本圆仁《入唐求法巡礼行记》第202—203页，上海古籍出版社，1986年版。

③ 日本圆仁《入唐求法巡礼行记》第199页，上海古籍出版社，1986年版。

④ 日本圆仁《入唐求法巡礼行记》第46页，上海古籍出版社，1986年版。

对楚州、海州口岸的记载：会昌三年（843年）九月，日本国赴天台山留学僧圆载曾遣弟子二人至楚州新罗译语刘慎言处，商船归国，刘慎言因“排比一只船，着人发送讫”[①]。会昌五年（845年）七月三日，圆仁一行随本国朝贡使到达楚州，入山阳县，国使通状申请“从此间上船，过海归国”。圆仁一行亦请求从此间过海归国。因“当州未是极海之处”，未被允许，并被告知：“事项递到登州地极之处，方可上船归国者。”[②] 是年七月十五日，圆仁等随朝贡使北上至海州，又入县通状请允许日本国朝贡使船在此间着岸，权且停泊，然后从此发归本国。县司不能自主，复向州刺史请示，亦未获准。[③]朝贡使船和圆仁一行，只好北上登州。日本朝贡使及圆仁等既知道楚州、海州两地可以上船过海归国，则此两口岸可与新罗、日本国通航无疑。《新唐书》地理志与《朝鲜通史》都未提到这些口岸。

对扬子江口岸的记载：开成三年（838年）七月二日，日本求法请益僧圆仁一行随本国朝贡使船在扬州海陵县白潮镇桑田乡东丰村靠岸登陆。[④] 开成四年四月二日又记，从扬子江进发之船，又着新罗境。[⑤] 会昌六年（846年）七月五日记，从

① 日本圆仁《入唐求法巡礼行记》第175页，上海古籍出版社，1986年版。

② 日本圆仁《入唐求法巡礼行记》第189页，上海古籍出版社，1986年版。

③ 日本圆仁《入唐求法巡礼行记》第192页，上海古籍出版社，1986年版。

④ 日本圆仁《入唐求法巡礼行记》第3页，上海古籍出版社，1986年版。

⑤ 日本圆仁《入唐求法巡礼行记》第38页，上海古籍出版社，1986年版。

日本过来船两只，到江南常州界着岸。[1] 会昌七年六月五日又记，五月十一日，有日本国船从苏州松江口发往日本国。[2]《朝鲜通史》曾将定海（即镇海，在今宁波北临海处）指为“上海附近”，这是错误的。但上海，即松江口、扬子江（包括扬州、常州）的确是中国东海岸中朝、中日航线的一个“终端”。《新唐书》地理志及《朝鲜通史》对此也未曾染笔。

对明州口岸的记载：开成四年四月二日，日本朝贡使船第二船头长岑宿祢曾对众人说到：“按旧例，自明州进发之船，为吹着新罗境。”[3] 会昌七年闰三月，日僧圆仁一行拟从文登赤山浦放洋还国，因故未能成行。遂“商量往明州，趁本国神御井等船归国”[4]。会昌七年五月九日，圆仁得唐人、新罗人书，被告知“春大朗等，乘明州张支信船归国也”[5]。这些记载进一步证明明州（鄞江口、定海）的确是中朝海上交通线南路的一个十分重要的口岸。尤其是在隋统一中国以前及唐亡以后，海东三国中的百济、新罗及后来之高丽王朝，与汉族政权交通，都是循海路南路而来，因此，明州口岸的重要性自然也便是不言而喻的了。

最后还要提到的是，从《全唐诗补遗》所录新罗入唐留学

---

① 日本圆仁《入唐求法巡礼行记》第191页，上海古籍出版社，1986年版。

② 日本圆仁《入唐求法巡礼行记》第200页，上海古籍出版社，1986年版。

③ 日本圆仁《入唐求法巡礼行记》第38页，上海古籍出版社，1986年版。

④ 日本圆仁《入唐求法巡礼行记》第199页，上海古籍出版社，1986年版。

⑤ 日本圆仁《入唐求法巡礼行记》第200页，上海古籍出版社，1986年版。

生崔致远的诗歌中，同样可以找到唐与新罗海上交通的痕迹。唐中和四年（884年），崔致远被任命为殿中侍御史充使还国，从扬州、江都北上，至淮安（即楚州），自此乘船出海，沿海岸北上至胶州，泊于大珠山下。最后的放洋归国地点在前面提到的登州牟平县乳山和赤山浦一线海岸。可见崔致远还国走的是直线距离最短的水路北道。

综上所述，长安与朝鲜半岛之交通，必须先走完长安至东海岸的各个口岸的境内路程，然后或从陆路、或从水路通海东。陆路即营州道，已如前述。水路基本分北道、中道与南道，北道又主要从山东半岛各口岸放洋，其中最主要者为赤山浦此一“极海之地”，唐朝使节往往是循此路至海东；南道中最重要的港口为明州（鄞江口、定海），海东使节和行商多循此路至中国；中道即自江淮诸口岸放洋，然后达于海东。在南、北、中三路中，南北两道交通最为频繁，中路见于文献记载相对较少，两国使节几乎没有从这些口岸登陆或放洋者。

第六章

儒家学说及其典籍东传朝鲜半岛

儒家学说是由我国春秋时代的伟大思想家孔子奠基创立的有关修身、齐家、治国、平天下的一门学问，是活跃于当时的“诸子百家”之一。学说的主要内容包括忠、恕、孝、悌、智、勇、恭、信、宽、敏、惠等诸方面，其核心则是所谓的“仁”。至西汉武帝废除百家而独尊儒术，复经历代封建统治阶级的不断演绎发展，遂成为主宰中国社会两千余年的政治教条和学术纲领。不仅如此，儒家学说及其经典还广泛传播于东亚其他国家，影响这些国家的社会生活。东邻朝鲜半岛诸国就是接受儒家文化并深受其影响的国家。

第一节　儒家学说东传海东三国

若论儒家思想学说传入朝鲜的准确时间，实难于考证。但有迹象表明，传入时间应相当早。据《三国史记》新罗本纪始祖赫居世即位三十八年条记载，“前此，中国之人，苦秦乱，东来者众，多处马韩东，与辰韩杂居”。以是故，史书又有辰韩亦称“秦韩”之说。《三国遗事》也载，前汉时，燕王卢绾反，属官卫满聚党千余人渡浿水，居故秦空地，役使真番、朝鲜。至汉武帝时，更在朝鲜半岛北部设真番、临屯、乐浪、玄菟四郡而治之。可以估计，伴随着秦民的迁徙、燕属官之逃入半岛及汉朝在半岛上的设官分治，汉文化的东传也应是必然的和不可避免的。而儒家学说作为秦代文化“九流”之一和汉代文化的主流文化，在秦汉时代开始传播于海东便是极有可能的事情。

从有文字明确记载而言，早在东汉初期，朝鲜半岛民族便已十分重视有关孝的伦理道德。例如高句丽第二代国王琉璃明王二十七年（47 年），黄龙国国王遣使到旧都卒本川沸流水赠给高句丽王子解明一把强弓，王子误以为黄龙国国王借此轻视自己的国家，于是当着其使者面将强弓挽而折之。但琉璃明王却认为，王子东明这样做是结怨于邻国，违背了自己的意志，是一种“不孝”的行为，于是赐剑让王子自杀。王子既见责于父王，父命又不可逃，乃以枪插地，走马触之而死。[①] 这件事说明“孝”的思想在当时高句丽的国民生活中已经处于相当重要的地位。

公元 4 世纪以后，儒家的思想和典籍进一步流传于海东。在高句丽国，小兽林王于即位第二年（372 年），便设立太学，用以教育子弟。婴阳于即位第十一年（600 年），诏大学博士李文真将建国初期编撰的国史《留记》一百卷精编为新五卷本。高句丽后期，其国除中央政府所设太学之外，地方上也“造大屋”为“扃堂”，在这里教地方贵族及平民子弟读书、射箭。所读之书以儒家经典五经为主，此外还有《春秋》、《史记》、《汉书》、《后汉书》和《三国志》等史籍，以及《玉篇》、《字统》、《字林》等文字工具书。[②]

在百济国，近肖古王即位第三十年（375 年），“得博士高

① 《三国史记》高句丽本纪。

② 《旧唐书》卷 199 第 5319 页《高句丽传》，中华书局，1959 年版。

兴"，开始用文字记载自己国家的历史，这第一本书叫《书记》。[①] 而王仁博士甚至于到日本传授《论语》和《千字文》。[②] 圣王十九年（541 年），百济遣使到中国南朝梁朝贡，兼表请《毛诗》博士等。[③]圣王三十二年（554 年），百济又有了《易》博士施德王道良，奉命前往日本授学。[④]太学之名始见于西周时的《大戴记·保傅》。西汉武帝元朔五年（前 124 年），又立太学，并设五经博士，教授弟子 50 人。此后，历代沿袭之，虽小有差异，但都是封建国家教授儒家经典的最高学府。这无疑意味着儒家经典、儒家的教学制度及学官的设置已经传到上述有关国家。至唐代时，高句丽、百济已有五经，百济还兼有子、史。

在新罗国，第十八代国王奈勿尼师今即位第二年（357 年），一面派遣使者抚慰鳏寡孤独，一面下令凡在"孝悌"方面有贤行者，皆"赐职一级"，以资鼓励。[⑤] 纳祇王即位第七年（425 年），在"南堂"开设养老院，"王亲执食"，赐谷帛不等。[⑥]照知王则是"幼有孝行，谦恭自守，人咸服之"。[⑦]统治阶级不仅以身作则，而且使用行政手段来培植敬老、孝悌的风气。至法兴王、真兴王时（514—576），有僧圆光，自幼即"爰染篇章，校猎玄儒，讨雠子史"，乃至"文华腾翥于韩服"。[⑧] 这充分说明，至迟在这时，新罗国也已经有了中国儒家类著作和正史类著作。也就是这位高僧圆光，在赴陈隋游学求法归来之后，制定并讲授"世俗五戒"，即所谓事君以忠，

---

① ③ 《三国史记》百济本纪。

② ④ 参见朴真奭《中朝经济文化交流史研究》第 16、30 页，辽宁人民出版社，1984 年版。

⑤ ⑥ ⑦ 《三国史记》新罗本纪。

⑧ 《大藏经》第 50 册卷 13 第 523 页《续高僧传》圆光本传。

事亲以孝，交友以信，临战无退和杀生有择，在进行佛教教化中融进儒家的忠、孝、信、仁思想。

至7世纪中叶，海东国家接受儒家学说的形势进入了一个新的阶段。公元640年，亦即高句丽荣留王二十三年、百济武王四十一年、新罗善德王九年，这三国都分别派遣王室子弟入唐，请入国学学习。据《资治通鉴》唐纪太宗贞观十四年条记载，“是时，上大征天下名儒为学官，数幸国子监，使之讲论，学生能明一大经（包括《礼记》、《春秋左氏传》）已上皆得补官。增筑学舍千二百间，增学生满二千二百六十员，自屯营飞骑，亦给博士，使授以经，有能通经者，听得贡举。于是四方学者云集京师，乃至高（句）丽、百济、新罗、高昌、吐蕃诸酋长亦遣子弟入国学，升讲筵者至八千余人”。这是高句丽等三国向唐朝派送留学生的开始。这意味着海东三国从此把儒家学说作为治理国家的主导思想，把接受儒学教育当成一项既定国策来施行。但是，由于在此后的二十多年中，高句丽与唐朝基本上处于交战状态，百济则“持两端”，企图取渔人之利，加之此两国至7世纪60年代又先后灭亡，所以它们于640年以后实际上并没有继续向唐派遣留学生，《三国史记》也再无更多的记载。与丽、济二国相反，新罗从实现统一大业的大局出发，竭诚与唐朝交好，在力图与唐朝结成联盟，争取其军事援助，共同对付丽、济二国侵凌的同时，还加紧学习唐朝的先进文化和管理经验，其中，在儒学学习方面的例子有：真德王二年（648年），金春秋及其子文汪朝唐……春秋请诣国学，观释奠及讲论，又请改其章服，从中华制。唐太宗于是出宫内珍服，赐予春秋及其从者。同时赐予的还有《晋祠碑》铭及新撰《晋书》。次年（649年），新罗国内开始服中国衣冠。

从此以后，新罗坚持以儒学作为政权建设的思想支柱，并用以指导人民生活，其政治、经济和文化事业的发展逐渐跃居三国之首。

第二节　统一新罗时期及其后儒学的传播与影响

新罗联合唐朝先后灭亡百济、高句丽，在半岛建立起统一的封建政权之后，历史进入了统一新罗时期。此后，新罗一如既往地向唐朝学习先进的文化，借此将其政治、经济和文化事业推向更高的发展阶段。其儒学教育等项见于《三国史记》本纪及杂志者有：

神文王二年（682 年）六月，开始设立国学，置卿（后一度称司业）一人、博士若干人、助教若干人。

神文王六年（686 年），又遣使入唐，奏请《礼记》并文章。则天皇后令所司写吉凶要礼，并于文馆词林采其词涉规诫者，勒成五十卷赐之。

圣德王十六年（717 年）九月，入唐大监金守忠回国，带回文宣王（孔子）、十哲、七十二弟子图献于王，王将其置于大学。

圣德王二十七年（728 年），遣王弟金嗣宗入唐献方物，兼表请子弟入国学。唐帝诏许之。

在唐朝方面，也极力向新罗宣传儒家思想。开元二十六年(738 年)，唐玄宗遣邢璹为使册新罗王，并嘱咐他说：“新罗号称君子之国，颇知书记，有类中国。以卿惇儒故，特遣为使节。你到了新罗国之后，应当讲演经义，使其知大国儒教之盛。”

天宝二年（743 年），唐玄宗又遣赞善大夫魏曜赴新罗吊祭孝成王并册新王，赐御注《孝经》一部。

通过唐、罗双方的努力，儒家文化在新罗这块异乡的土地上扎下了深根，从制度到日常生活上对之产生着明显的影响。

景德王六年（747 年），新罗置国学诸业博士、助教各若干人，此外还有大舍（或称主簿）二人、史二人。学习的内容有《周易》、《尚书》、《毛诗》、《礼记》、《春秋左氏传》、《文选》。元圣王四年（788 年），正式推行读书三品出身制。圣德王十三年（714 年），改详文司为通文博士，以掌书表事。惠恭王元年（765 年），王幸太学，命博士讲《尚书》义。惠恭王十二年（776 年），王又幸国学听讲经义。景文王三年（863 年）二月，王幸国学，令博士以下讲论经义，赐物有差。宪康王五年（879 年）二月，王幸国学，命博士以下讲论。

在以上的尊儒、崇儒、学儒活动中，最具有决定性意义的有两件事。第一件事是元圣王四年（788 年）开始推行“读书三品出身制”。从此之后，此一新制度取代了此前惟以弓箭选拔人才的传统方法，将国家政权管理和建设提到了更高的层次，同时也使全体国民的素质、涵养得到了新的升华。起初，新罗“君臣病无以知人”，不知道怎样选用人才才好。至真兴王即位第三十七年（576 年），终于想出一个办法，这就是：先选出二名美丽的姑娘，让她俩与三百郎徒（男青年）一起游玩。在“类聚群游”中，观察各个郎徒的品行和能力，然后择优“举而用之”。因取名“源花道”。但在第一次试行时，两位姑娘相互嫉妒，最后发展到一位将另一位醉杀。自然，杀人者亦伏诛，而郎徒也因此“失和罢散”。后来，“姑娘”改用男扮女装，名花郎。徒众复相聚云集，“或相磨以道义，或相悦以歌乐，游娱山水，无远不至，因此知其人邪正，择其善者，荐之于朝”。所谓“善者”，其标准是：“入则孝于家，出则忠于国”；“处无为之事，行不言之教”；“诸恶莫作，众善奉行”。于是“贤佐忠臣从此而秀，良将勇卒由是而生”。[①] 俗称之为

① 《三国史记》新罗本纪真兴王三十七年条。

“花郎道”，也就是所谓“弓箭选举制”。“源花道”变成“花郎道”，形式有所变化，但本质未变。弓箭选举制这种旧制度在新罗存在了二百多年后，终于寿终正寝。显然，以弓箭选用人才的制度重视的主要是武功，而新推行的“读书三品出身制”则有类于唐朝的科举制，通过文化考试择优录用人才。其具体做法是：通《礼记》、《文选》义，兼明《论语》、《孝经》者为上品；读《曲礼》、《论语》、《孝经》者为中品；读《曲礼》、《孝经》者为下品；若博通五经、三史、诸子百家书者，则破格录用。新制度重视文籍出身，对运用儒家思想治理国家有卓越见识和经验者则优先录用。[①] 甚至有人主张：“……不以文籍出身，不可委分忧之职。”[②] 儒家思想在新罗受到的重视由此可见。读书三品出身制不仅在新罗走向繁荣兴盛的事业中起到了重要的作用，而且定型为一种制度而为后来之高丽王朝和李氏朝鲜王朝所沿袭。

第二件事是继续大量地派遣留学生入唐国学学习。这些留唐学生归国后也大都成了儒学教学的骨干。派遣留学生之事已见于前面章节，此处不赘。

宋以后，中国儒学发展到理学阶段，周、张、程、朱学说同样影响于高丽王朝和李氏朝鲜王朝。其中，张载就是濂、洛、关、闽四学派中之关学领袖。张载，字子厚，陕西眉县横渠人，世号横渠先生。其自幼孤贫自立，学古而力行，笃志好礼，曾与程颢、程颐二子切磋学问，深得道学之精要，其著作有《西铭》、《东铭》、《正蒙》、《理窟》、《易说》等。朱熹对其中的《西铭》一篇评价是：“仁孝之理具备。”宋嘉祐间（1056—1063）登进士第，做过云岩令和崇政院校书，后归居

① 《三国史记》卷 38 第 238 页职官上。
② 《三国史记》新罗本纪元圣王五年条。

终南山下之书院讲学，形成“横渠学派”，即关学学派。张载学说的核心是“以《易》为宗，以《中庸》为的，以《礼》为体，以孔、孟为极”。坚信“圣人之诣为必可至，三代之治为必可复”。主张要“为天地立心，为生民立命，为往圣继绝学，为万世开太平”。[①] 张载的著作也传到朝鲜半岛，广为东人重视，至今学者研习不绝。

第三节　三国及统一新罗时期的儒学巨子

儒学传入朝鲜半岛之后，受到了其统治者及民众的普遍尊崇。三国及统一新罗时期，在学习儒家思想方面出现了不少造诣颇深的学者，最著名的有以下几人。

一、强首

强首，本中原京沙良（即原任那加良）人。初名字头（或作牛头），新罗太宗武烈大王以其头后长有高骨，赐名强首，尊称“强首先生”。长大后，深知读书的重要，因此通晓义理。其父问他，是有志于学佛呢，还是学儒。他回答说：“佛是世外之教，不用学；愿学儒者之道。”其父从其所好。强首于是从师读《孝经》、《曲礼》、《尔雅》、《文选》，学问见识因此提高很快，后来终于成为“一时之杰”。

强首二十岁时，父母通过媒人从村中物色了一位容貌既好，又有德行的女子，让他与之成婚。强首因自己早与釜谷冶家之女相好结合，故辞而不再娶。父母认为，儿子已是名闻全国的人物，与冶家微贱之女为偶，是一件可耻的事情，因此非常生气。强首跪在父母的面前说：“贫穷和微贱并不是什么羞

① 张伯行集解《濂洛关闽书》第 35—73 页“张子”，商务印书馆。

耻的事情。而学了儒家的道理，却又不付之于行动，这才应当感到羞耻。古人说，糟糠之妻不下堂，贫贱之女不可忘。我所娶者虽微贱，也不能随便离弃啊。”父母听后，无言以对，只好作罢。

太宗武烈大王时，唐朝使者到新罗传诏，诏书中有难读之处，于是召强首前来询问。听强首解读后，疑滞顿消，王惊喜不已，恨相见之晚，赶紧让强首草拟书表回谢唐帝。太宗武烈大王阅读强首草拟的书表，文既工整，意亦详尽，因此更感惊奇，于是不再称其名，而尊称为“先生”。王后来又了解到强首虽有名于世，但仍家贫如旧，于是命有司每年赐租一百石。文武王即位后，对强首也曾有过很高的评价，他说：“强首以文章自任，能以书翰致意于中国及丽、济二邦，使新罗能成功地与之结好；我先王为平百济，请兵于唐，虽属武功，而书信奏表也起了很大的作用。所以，强首在其中的功劳岂能忽视啊。”于是授职为沙飡，每岁奉租增至二百石。神文王时(681—692)，强首卒，葬事由国家经办，所得赙赠如衣物、匹段颇多，但家人未占毫厘，统统布施给佛寺。其妻乏食，欲归故里，大臣因请王赐租百石。其妻坚决拒绝，说：“妾身本微贱，衣食从夫，受国恩太多了，今既独守，怎么敢无功而再受厚赐呢。”遂不受而归。

新罗古记将强首推为文章之魁。①

二、薛聪

薛聪，字聪智，其父即著名高僧元晓法师（或称居士）。元晓初为沙门，精通佛书，著作颇丰，后还俗，称小性居士。薛聪生性明敏，从小就知道做人的道理。后来曾以方言读九经

① 参考《三国史记》列传第六强首本传。

如《易》、《书》、《诗》、《春秋左传》、《礼记》、《周礼》、《孝经》、《论语》、《孟子》，训导后学，乃至于后来的学者都宗而习之。文章也写得很好，可惜没有传流于世。但《三国史记》本传中所录的一段戏谑之文却颇能说明其作文的水平。事情的原委是这样：有一天，新罗神文王（681—692）于仲夏之月，处高台之室，环顾左右说："今日宿雨初歇，熏风微凉，虽有珍馔音乐，不如高谈善谑以舒抑郁，大家必有异闻，快为我说之。"薛聪应声说："从命。"下面就是他所说的那段戏谑之文：

臣闻：昔花王之初来也，植之以香园，护之以翠幕，常三春而发艳，凌百花而独出。于是，自迩及远，艳艳之徒，夭夭之英，无不奔走上谒，惟恐不及。忽有一佳人，朱颜玉齿，鲜妆靓服，伶俜而来，绰约而前，曰：妾履雪白之沙汀，对镜清之海，而沐春雨而去垢，快清风而自适，其名曰蔷薇。闻王之令德，期荐枕于香帏，王其容我乎？又有一丈夫，布衣韦带，戴白持杖，龙钟而步，伛偻而来，曰：仆在京城之外，居大道之旁，下临苍茫之原景，上倚嵯峨之山邑，其名曰白头翁。窃谓，左右供给虽足，膏粱以充肠，茶酒以清神，巾衍储藏，须有良药以补气，恶石以蠲毒。故曰：虽有丝麻，无弃菅蒯。凡百君子，无不代柜。不识王有意乎？或曰：二者之来，何取何舍？花王曰：丈夫之言，亦有道理，而佳人难得，将如之何？丈夫进而言曰：吾谓王聪明识义理，故来焉（荐）耳。今则非也，凡为君者，鲜不亲近邪佞，疏远正直，是以孟轲不遇以终身，冯唐郎潜而皓首。自古如此，吾其奈何！花王曰：吾过矣，吾过矣。

神文王听完这则戏谑故事，愀然作色说："子之寓言，诚有深志，请书之以为王者戒。”又擢为高秩。至高丽显宗即位十三年（1022 年），追赠为弘儒侯。

有一种说法，薛聪曾入唐留学。然无从考证。①

三、崔致远

崔致远，字孤云，又字海云，新罗王京沙梁部人。宪安王元年（857 年）生，父讳肩逸，其余世系不明。崔致远自幼聪敏好学。景文王八年（868 年），年十二，拟随海舶入唐求学，父亲对他说：“十年不第进士，则勿谓吾儿，吾亦不谓有儿。你要勤奋努力啊，不要埋没了自己的聪明才智。”

入唐后，崔致远牢记父亲的严训，“不敢弭忘悬刺，无遑冀谐养志”，拜师求学，事事处处加倍努力。唐僖宗乾符元年（874 年），崔致远 18 岁，参加科考，在礼部侍郎裴瓒下一举及第，“金名榜尾”，为宾贡进士。及第后不久，崔致远自长安到东都洛阳“浪迹”了一段时间。尔后，调任宣州溧水县尉，考绩为承务郎侍御使内供奉，赐紫金鱼袋。溧水县尉任满去职。时值黄巢起义，高骈奉诏出任诸道行营兵马都统，起兵征讨，召崔致远为从事巡官，专委以书记之任，军中之表、状、书、启以及征兵告檄，皆出其手，且传留至今。

唐僖宗中和四年（884 年），崔致远 28 岁，因唐室“宦寺执内，藩镇擅外，非复有行道之望于中土”，于是萌生归国还乡之意。僖宗知之，于是年八月让其充使送诏书还国。行至今山东半岛，“因候风浦，掩滞经冬”，故于次年春三月始到国。

宪康王留崔致远为侍读兼翰林学士守兵部侍郎知瑞书监事。次年（886 年），宪康王卒，朝廷多疑忌，崔致远被排挤，出为太山郡太守。真圣王七年（894 年），改为福（又作

① 参考《三国史记》列传第六薛聪本传。

"富"）城郡太守，奉命为入唐贺正使，但因道中多盗贼，未能成行。次年二月，向朝廷进事务策十余条，王嘉纳之，拜为阿飡。此后，传说又曾奉使入唐贡献。至唐后，有《上太师侍中状》，中谓"伏乞太师侍中俯降台恩，特赐水陆券牒，令所在供给舟船熟食，及长行驴马草料，并差军将，监送至驾前"云云。[①] 还国后，又先后出守天岭、义昌等郡。

崔致远自以西学多所得，欲展所蕴，而不遇于时，无复仕进之意，于是乎逍遥自放，山林之下，江海之滨，营台榭，植松竹，枕藉书史，啸咏风月，若庆州南山、刚州冰山、陕州清凉寺、智异山双溪寺、合浦县别墅等，悉为素游之所。最后，更携家室隐于伽耶山海印寺，与同母兄释贤俊、定玄法师结为道友，栖迟偃仰，以终天年。对此，后人光州卢相稷为之辩曰：新罗遭逢衰世，"岂先生只手所能持扶哉。既不能安于朝廷，则海云临镜月影，足以抒孤臣愤忾之怀；头流岩门，示广济之志；清凉棋板，观胜败之数；伽耶流水，聋是非之声。于是而知先生之不幸，为山川之遭遇也"[②]。崔致远是新罗入唐留学生中最有成就的一位。他在儒学上的贡献主要表现在以下几个方面：

崔致远入唐仅六载，年十八即宾贡进士及第，比他父亲规定的"十年"期限提前了四年。这说明崔致远具有十分出色、超人的聪明才智和刻苦耐劳的精神。唐朝的科举考试，地方上定在每年的秋天，称"秋试"、"发解试"、"秋闱"。全国性的考试于每年春天在京师长安尚书省举行，称"春试"、"省试"、

① 崔致远此次出使不见于《三国史记》，《状》中多有不经之文，故不甚可信。

② 韩国成均馆大学校大东文化研究院编印之《崔文昌侯全集》卢相稷《孤云先生文集重刊序》。

"春闱"。科举科目有秀才、明经、俊士、进士、明法、明字、明算、一史、三史、开元礼、道举、童子、武举等。秀才科最难，敢于应试者寥寥，后来不得不取消。在其他诸科中，明经及进士两科最吸引考生，是唐朝科举中之主流。明经考试的内容包括帖经、墨义（口义）和事务策三道，要求考生能死记熟背儒家的各部经典和道家的《老子》，每年录取一百人左右；进士考试的内容包括杂文（诗、赋、箴、铭、表、赞之类）、帖经、策问，其中尤重诗、赋，后世甚至有"唐代以诗赋取士"之说。很明显，进士考试要求考生既要谙熟儒、道经义，又要具有文学才华，还要有一定的从政才干，每年录取三十人左右，及进士第之难由此可见。所以有人说，明经是入仕之要路，而进士则是最荣耀的光环。崔致远未冠而进士及第，说明他这时在儒学、文学两方面已经有了较深的造诣，同时也具有一定的政治头脑。史谓"三十老明经，五十少进士"，意思是说，三十岁才考取明经，年纪太大了；而即使到五十岁才考取进士，也还算是年轻的（即不算老）。明经之易考，进士之难攀，不言而喻。而崔致远作为一个外国人，出身既贫寒，又无朝廷大员与文坛巨子的引荐，年刚十八即金榜题名，所靠的完全是自己三更灯火五更眠的刻苦努力和勤奋好学，因此，其睿智与聪明亦同样不言而喻。

实践的确验证了崔致远所具备的深厚的儒学功底、天赋的文学才华和从政的干练作风。崔致远科举及第之前，即写下了不少诗、赋，"讽咏情性，寓物名篇"，"几溢箱柜"；进士及第后，在"浪迹"洛阳时，又"笔作饭囊"，写下赋 5 首，诗 100 首，杂诗赋 30 首，共得三篇，用以抒发内心的无限高兴。在任职溧水县尉时，又写成公私文牍，集成一部 5 卷，"益励为山之志，爰标覆柜之名，地号中山"，因以《中山覆柜》为此文集之名；在高骈幕府就职四年，"军书辐至，竭力抵挡"，所成表、状、别纸、檄、书、委曲、举牒、斋词、祭文、启状、诗等万有余首，经过“淘之汰之，十无一二”，最后勒成一部20卷，取名《桂苑笔耕集》；还国后，或任官，或野处，又多有策文、表、状、启、记、赞、序、愿文、诗、传、碑铭等作品。《新唐书》艺文志录崔致远《四六集》1卷、《桂苑笔耕集》20卷；《三国史记》崔致远本传除沿引《新唐书》所录外，又谓“又有文集三十卷，行于世”。或说现存有《经学队仗》和《桂苑笔耕集》。今案前有韩国成均馆大学校1972年编辑出版的《崔文昌侯全集》一册，所录包括：《孤云先生文集》、《孤云先生续集》、《桂苑笔耕集》、《孤云先生事迹》四部分，《经学队仗》未见录。① 从以上的介绍中，可以知道崔致远的确擅长诗、赋和骈文。崔致远的诗多为五言绝句、律诗和七言绝句、律诗。既有慷慨激昂、意气风发之作，如七律《潮浪》：

骤雪翻霜千万重，往来弦望蹑前踪。
见君终日能怀信，惭我趋时尽放慵。
石壁战声飞霹雳，云峰倒影撼芙蓉。
因思宗悫长风语，壮气横生忆卧龙。

又有婉约缠绵、含悲带怨的篇章，如《石上矮松》：

不才终得老烟霞，涧底如何在海涯。
日引暮阴齐岛树，风敲夜子落潮沙。

① 《经学队仗》一文，未见于《桂苑笔耕集》自序所列进上文集，亦未见流行于世。至李朝，始由其后孙国述“蒐求遗文”而付刻刊。事颇蹊跷，不甚可信。本书“自序”中对此有辩析。

写景状物，言志寄兴，均有唐诗之风骨。有论者说，赋是诗的变体，也可说是骈文的进一步发展。崔致远的赋作，今惟存《咏晓》一首，从“玉漏犹滴，银河已回”到“千门万户兮始开，洞乾坤之寥廓”，八韵三百六十五个字，写尽天上人间曙光临照前后之千姿百态。赋中之对偶、用典、限韵，处处见出其深厚的功底。这里提到的《四六集》即古文骈文文集。骈文产生于汉魏，形成于南北朝。骈文全篇以双句（俪句、偶句）为主，对仗、声律要求严格。其中，以四字、六字相间为固定格式之文，称为“四六文”，是骈文中之一种。崔致远既有《四六集》，说明其深得骈文之精要。可惜此集未传于世，不能仔细领略其中之风采。不过，观其余文，尤其是著名的“四山碑铭”（指《无染和尚碑铭并序》、《真鉴和尚碑铭并序》、《大崇福寺碑铭并序》、《智证和尚碑铭并序》），仍然可以品味到其余香遗韵。崔致远在诗赋骈文等方面取得的这些成就，无疑与唐朝科举“以诗赋取士”的严格要求分不开，同时也是受到当时文坛风气影响的结果。史载中唐以前，科举应试策论，都是用对偶精工、辞采华丽的骈文写成。或说，“晚唐文法，自有定制，凡百需用，非四六则不得行”[①]。崔致远入唐留学正当其时，岂可不学之、习之理。崔致远的文学才能，在唐朝已颇有名气。据说崔致远在唐时，与江东诗人罗隐相知。罗隐“负才自高，不轻许可人”[②]。有人以崔致远所制诗歌五轴出示于罗隐，罗隐看后却赞赏不已。崔致远的文学才华，同样得到好友顾云的赏识。崔致远还国时，顾云以诗赠别：“我闻海上

① 韩国成均馆大学校大东文化研究院编《崔文昌侯全集》之《孤云先生文集编辑序》。

② 《三国史记》列传第六崔致远传。

三金鳌，金鳌头戴山。高高山之上兮，珠宫贝阙黄金殿。山之下兮，千里万里之洪涛。旁边一点鸡林碧，鳌山孕秀生奇特。十二乘船渡海来，文章感动中华国。十八横行战词苑，一箭射破金门策。”[①] 诗中极尽钦佩赞赏之情。

唐朝的科举考试，虽说是“以诗赋取士”，但诗赋的好坏，一定的思想深度则是决定性条件之一。而这里所说的“思想深度”自然是指儒家思想的深度。这是一个方面。另一方面，科举考试中的帖经及策问，则更是对应试者儒学造诣及应用能力的直接考核。崔致远登进士第及其在诗赋文章方面所取得的成就，已经在相当程度上说明了他在儒学上的功底。如果能肯定《经学队仗》真是崔致远所撰，则更能说明其在儒学方面的成就。据韩国学者卢相稷评价，此书“发明性理，暗先相孚（符）于宋儒之论”[②]。这一评价不可谓不高也。问题在于，《经学队仗》是否存在？是由崔致远撰写，还是由后人伪造。撇开此文不谈，崔致远在海东仍然享有崇高的威望，口碑很好。他死后，高丽王朝和李氏朝鲜政权都给过他很高的荣誉。其中，高丽显宗十一年（1020 年），追赠崔致远为内史令，从祀庙庭。[③] 至十四年，复赠谥文昌侯。[④]李朝推崇理学，更加标榜崔致远。明宗七年（1552 年），诏称“先贤文昌侯崔致远”为“吾东方理学之宗”，同时规定，崔氏子孙“勿论贱孽，虽在遐荒，世世勿侵军役事”[⑤]。宣祖六年（1573 年），复诏称“文昌侯道德文章”为“我东方第一人”，重申免除其子孙一切军役事。其中，正祖御制祭文中有“东文之倡，公实为宗”之

① 《三国史记》列传第六崔致远传。

② 《崔文昌侯全集》之《孤云先生文集重刊序》。

③ ④ 《高丽史》世家显宗。

⑤ 《崔文昌侯全集》之《孤云先生事迹》。

句。[1] 仁祖四年（1626 年）、正祖二十年（1796 年）又两次就免除其子孙军役事下诏。[2]在民间，则往往于其昔日学习、任职的旧址，或建书院，如新罗首都庆州之西岳书院、仁泰之武城书院、咸阳之柏渊书院等，旨在以文昌侯之思想，光大海东之学术；或建祠崇奉，如大邱解颜县之桂林祠（奉安崔之影帧）。至于其悠游偃仰之所，也一皆成为后人追思圣哲、凭吊英魂的历史胜迹，如陕川冶炉县致远村，伽耶山之海印寺及其近旁的岩棋阁、题诗石（致远台）、读书堂，会原县之昌原月影台，庆州金鳌山之上书庄，庆州狼山之读书堂，智异山之双溪寺，才山县清凉山之致远峰、致远庵，咸阳之学士楼，梁山之临镜台（崔公台），金海之青龙台，东莱之海云台等等。总而言之，正如李朝郑弘溟所写《青鹤洞碑铭》所说，“上自公卿宰相，下至士庶儿童，莫不诵先生之姓名，想先生之风采”。原因是“惟先生通塞遏之词源，辟荒昧之学海”，使“东方之气习一变”。[3] 桂林祠移建祝文也表达了同样的意思，是谓“惟我东方，僻在海外，檀箕世远，人文贸贸。先生乃降，首辟鸿蒙，星斗文章，华夏令名，炳几高蹈，心闲义精……惠我东方，于千万年”[4]。从海东人士对崔致远的一片喝彩声中，也可以感受到这位“文昌侯”在传播儒学中的巨大作用和重要地位。[5]

四、崔彦㧑

崔彦㧑，初名慎之，新罗闵哀王元年（944 年）生于庆州。性情宽厚，自小能文。年十八，入唐游学，后在礼部侍郎

---

①② 《崔文昌侯全集》之《孤云先生事迹》。

③④ 《崔文昌侯全集》第 438、445 页。

⑤ 参考《三国史记》列传第六崔致远传。

薛廷珪下中进士第，名列渤海国宰相乌照度之子光赞之前。乌照度说，当年，他进士及第时，名列新罗人李同之前；如今，他的儿子光赞也应名列崔彦㧑之前。但由于崔彦㧑“才学优赡”，未被允许。崔彦㧑在唐朝住了二十多年，但行迹不明。后还归故国，时当唐僖宗乾符六年、新罗宪康王五年（879年），比崔致远还国早数年。既到国，即被任命为执事省侍郎瑞书院学士。公元918年，高丽王朝建立，崔彦㧑携家投奔太祖王建，被任命为太子师傅，委以文翰之事。当时王宫中的宫、院的额、号皆由其撰定，“一时贵游皆师事之”。最后官至“大相元凤大学士翰林院令平章事”。高丽惠宗元年（944年）卒，终年77岁。赠“政匡”，谥“文英”。①

崔彦㧑功归两朝，官至宰辅，亦可谓国之栋梁矣。他在唐中进士，复又游学数十年，其与长安之因缘不亦深乎！

① 参考《高丽史》列传崔彦㧑传。

第七章

科学技术的交流

中国与朝鲜半岛诸国之间在科学与生产技术方面的交流也很密切。然而，在朝鲜三国时期和统一新罗时期，交流的形式主要表现在中国方面的先进科学技术东传朝鲜半岛。交流的内容主要反映在以下几个方面。

第一节　天文历法的交流

天文指的是关于天空中日月星辰的种种现象；历法指的是以日、月、年记时之法，而对天文的观察和研究是制定历法的基础和先决条件。

中国天文历法之学，传说肇始于尧命羲、和为掌天地之官，“出纳日月，考星中以正四时”[①]；“历象日月星辰，以闰月定四时成岁”[②]。自此之后，经过历代不断的观察、研究，集众人之智慧，使此法日趋严密精微。仅以历法一门而言，传说最早的历法为上元太初历，黄帝时有调历，此后至于嬴秦，代代修历。惟惜年湮代远，其法不传。从有实物可验者而言

① 《新唐书》卷25第533页《历》，中华书局，1959年版。
② 《新唐书》卷31第805页《天文》，中华书局，1959年版。

之，则中国出土的商代甲骨文中已经有了关于日食、月食、新星等天体现象的记载，此外还有十三个月的记载。这说明中国在距今3500—3100年时即已对天象有了颇深的研究。至西汉武帝元封（前110—前105）间造太初历（三统历），东汉建武十二年（36年）造四分历，刘宋时造元嘉历，北齐造天保历，西魏在关中行正光历，北周武帝时造甲寅元历，大象初改行丙寅元历，萧梁时造甲子元历，隋开皇四年（584年）行张宾历，至十七年改用张胄玄历。有唐一代，按《新唐书》记载，王朝共历二百九十余年，“而历八改”。如果将武则天圣历间瞿昙罗所造而未颁行之光宅历计算在内，则应为“而历九改”。各历的名称是：武德戊寅元历、麟德甲子元历、圣历光宅历、开元大衍历、宝应五纪历、建中正元历、元和观象历、长庆宣明历、景福崇玄历。在天文一门，最早具有划时代意义的一件事是东汉张衡创造浑天仪，它对我国天文学的发展起了很重要的推动、促进作用。

中国的天文历法传于朝鲜半岛，最早应当是在西汉初期。据说，汉朝的王仲为避“诸吕”之乱，于是迁移至古朝鲜地定居。王仲本人在天文方面有较深的造诣。他在古朝鲜地仍然将天文一科当成家学传给后代，至其八代孙王景同样以博通天文知识而闻名。[①]

中国南朝刘宋元嘉（424—453）中，何承天造历，是谓元嘉历，沿用时间迄于齐末。元嘉历曾传到百济并被推行，也“以建寅月为岁首”[②]。至公元554年，百济即有自己的“历博士”固德王宝孙，受命前往日本传授历法。[③]高句丽荣留王即位之第七年（624年），遣使入唐，请颁历。[④] 唐王朝这次所颁

①②③ 参见朴真奭《中韩经济文化交流史研究》第23—24、28页，1984年版。

④ 《三国史记》高句丽本纪。

之历书，应当就是武德戊寅元历。新罗文武王即位之十四年（674 年）正月，入唐宿卫的大奈麻德福传学历法并请得历书还国，新罗于是改行新历法。[①] 由此可以推知，此前，新罗国已经在使用中国的历法，但属何代的历法，则不得而知。而德福传所带回的新历法，应当就是麟德甲子元历。新罗孝昭王元年（692 年），入唐求法请益的高僧道证回国，将自唐带回的天文图上献孝昭王。以上几例，仅仅是属于 10 世纪前有文字可考所得者，而在实际上，中国的天文历法传于朝鲜半岛者应当还要比已知者更多。

朝鲜半岛国家一方面是从中国学习、吸收有关天文历法的知识，另一方面通过自己的实践，逐渐积累了丰富的天文历法知识，建立起有关天文历法的管理机构、观测场所，任命专职管理人员等等。在百济，早在始祖温祚王即位四十三年（24 年）时就有占候时日的“日者”，后来又设立了日官部。在高句丽，至次大王四年（149 年）也出现“日者”占候之事。自 7 世纪初开始，新罗在天文历法方面也显出后来居上之态势。首先是在圣德王时代（632—649），新罗国建起了第一座石结构的占星台，并至今存在，据说这是世界上现存的最古老的天文台之一。圣德王即位十七年（718 年），设立漏刻典，置漏刻博士 6 人、史 1 人。景德王八年（748 年），又置天文博士 1 人，漏刻博士增至 6 人。在天文观测实践方面，也取得了很大的成就。仅就《三国史记》考之，有关天文观测的记录如：日有食之、有星孛于参、太白入太微、客星入于紫微、众星陨如雨、荧惑犯镇星、土星犯月、流星犯参大星、岁星入月、天狗落坤方、太白昼见、彗星昼见、彗星见于奎，等等，诸如此类。新罗（历 993 年）有 97 次，其中关于日蚀（即“日有食

① 《三国史记》新罗本纪。

之”）的记录占26次；高句丽（历705年）有29次，其中关于日蚀的记录占11次；百济（历678年）有47次，其中关于日蚀的记录占16次。三国（包括统一新罗时期）观测记录的总和为173次，其中的日蚀记录占53次。这些事实说明，截止公元10世纪时，朝鲜半岛国家在天文历法方面的确是有了长足发展。但是，从《三国史记》未设天文、历法专志的情况看，海东国家这时的天文、历法之学尚未发展成熟，因而也未能达到独立制订历法的高度，她更多的是使用中国各朝代，尤其是唐代的历法。直到高丽王朝时期，海东国家在这方面的实践和研究才跃上新的、更高的台阶，其标志是《高丽史》中有关天文、历法的专志已经各以三卷的篇幅赫然在册。

第二节　农耕技术、医学及算学的交流

农技交流　据《后汉书》东夷列传载，周武王灭殷之后，将殷商旧臣箕子分封于朝鲜。箕子到了那里，即教民讲礼义及种田养蚕的技术，同时制定规约，教育众人共同遵守。后来，种田养蚕技术也传到了半岛南部之三韩。至迟到东汉时，马韩、辰韩也已经知道田蚕农事。不过，在此前的历史阶段里，朝鲜半岛的农业生产还处于原始的状态。直至新罗第二十代国王纳祇麻立干即位二十二年（440年），始教民以牛车之法。至第二十三代国王智证麻立干即位三年（502年），王劝农，并用牛耕法。前文说过，在中国的嬴秦时期，百姓为逃避沉重的徭役和兵役，不少人流亡到半岛，被安置在辰韩之地，所以，辰韩又称“秦韩”。在朝鲜半岛上，牛耕法首先在辰韩出现，这不应是一种偶然的现象，它与秦朝的流民应当有着密切的关系。春秋战国之交，中国已经使用铁器和牛耕法，至秦代，牛耕法已有几百年的历史，统一王朝域内已经普遍使用此

法。随着秦之流民到达辰韩，牛耕技术亦随之传去，这应当不仅是情理中事，同时也应当是必然的事实；至智证王时终于在全国推广。

此外，还有一件事应当在此提及，这就是茶种植技术的东传。新罗善德王时代（632—649），种茶技术已经传到新罗。兴德王三年（828年），大廉出使大唐还国，再次带回茶种子，国王下令种植于地理山。至此，种茶业在新罗开始兴盛起来。

医学交流 中国之医学，最早见于记载者是传说中的神农教民尝百草之滋味，识水泉之甘苦，医方由之兴。至周代，设立了专门管理医药的行政官员，称医师。又有食医中士、疾医中士、疡医下士，分别负责有关饮食卫生，治疗各种疾病，还开始建立了一套严格的考核医生的制度。北魏时已有太医博士。隋唐两代，中央政府设有太医署，管理全国的医疗、医学教育。其中，唐代太医署的行政事务由太医令、丞管理，教学事务则由医监、医正负责，专业明确分为医学、药学两部分。医学分为医、针、按摩、禁咒四科，各科均设有博士、助教、师、工，分别负责教学和辅助教学。各科之下又各有机构，分管各类事务。中央之下的各府的“医学”设博士、助教、医学生，进行医学教育和掌管平民医疗工作。医疗、教学都有严格的制度。唐太医署是当时亚洲的医疗中心，不少国家曾派出留学生在这里学习。

朝鲜半岛国家的医学也有着悠久的历史。据《日本书记》记载，公元414年，日本国曾遣使到新罗国求良医，新罗医师为日本天王治好顽疾，获厚赏而归。高句丽也有名医德来到日本传医，他和他的子孙都为日本医学事业作出了贡献。公元6世纪中后期，到日本传法的高句丽僧人惠慈还任过圣德太子的太医。在此前后，百济的医博士奈率王有陵陀、采药士施德藩量丰和固德丁有陀被派遣到日本去授学。以上资料说明，朝鲜半岛在三国时期，其医学已有了相当的发展，不仅出现了医术高明的医生群，而且设立医博士，负责医学教学。在此同时，新罗和高句丽两国根据自己的医疗实践分别整理出来的《新罗法师方》、《老师方》也先后传入隋唐，对中国医学的发展作出了积极的贡献。

新罗统一朝鲜半岛后，中罗两国在医学上的交流进一步加强。孝昭王元年（692 年），新罗初设博士二人，教授学生学习《本草经》、《甲乙经》、《素问经》、《针经》、《脉经》、《明堂经》、《难经》。[①] 这里所提到的医药典籍都是从中国传过去的。至于医博士之设，无论是在三国时期还是新罗统一时期，都是沿自于中国，这应当是没有疑问的。

算学交流　在唐朝国学里，设有算学一科。学生要学习《九章算术》、《海岛算经》、《孙子算经》、《五曹草经》、《张丘建算经》、《夏侯阳算经》、《五经算术》、《周髀音义》、《缀术》、《辑古》，同时兼学《记遗》、《三等数》两书。其中，前二经学习期限共三年，其次二经学习期限为一年，再次二经学习期限为各一年，再次二经学习期限为一年，最后二经学习期限分别为四年、三年。在学学生，必须是官职八品以下之子及庶人通其学者。

在新罗，算学也有悠久的历史。据《三国史记》新罗本纪载，沾解尼师今王即位五年（253 年），汉祇郡有一个名叫夫道的人，家虽贫寒，但很有志气，从不低眉强笑取媚于人，工于书法和算学，在当世颇有名气。新罗设立国学后，同样开设有算学一科，圣德王十六年（717 年），开始置算博士一员。景德王六年（747 年），复置国学诸博士，其中自然也有算博士。算学科在学学生要学习《缀经》、《三开》、《九章》、《六

① 《三国史记》杂志第八。

章》四种算经。《缀经》即《缀术》,《九章》即《九章算术》,《三开》、《六章》拟应为上述唐十二算经某些算经的异名。算学科的学生与国学里的其他学生一样,职位自大舍以下至无位、年龄自十五至三十者皆可充之;学业期限为九年。经考查,如果是“朴鲁不化者”①,即要罢除其学籍,如果是有才气而暂时未按时达到要求者,则可以保留学籍继续学习,待达到职位升至大奈麻、奈麻的时候即可以离开国学。将上述两国的情况相比,无论在学习内容、学生资格、学习时间、学习管理上,其异同不难看出,交流的深浅程度亦不难看出。

第三节　建筑技术的交流

这里所谈的建筑技术的交流,主要是就宫廷、寺院的殿宇和佛塔建筑而言。

韩国现存的古建筑如王宫及寺院殿堂等,与中国的古建筑大同小异。但据《三国史记》杂志第二有关“屋舍”的记载,三国及统一新罗时期的宫廷建筑似与中国颇有差别,如规定:真骨(新罗自始祖至第二十八代国王真德王称圣骨,自二十九代国王武烈大王以后各代称真骨)所居住的房屋,室长不得超过24尺,而且不用唐瓦(琉璃瓦),不施飞檐,不用悬鱼,不用金银、黄铜作装饰,亦不绘以五彩,不磨街石,不设三重阶,垣墙不施梁栋。真骨以下的六头品、五头品、四头之室亦各有规定,其长度分别为不超过21尺、18尺、15尺,又不得做四方形大门,其余规定与真骨同。朝鲜的宫廷建筑趋同于中国应当是高丽王朝以后的事情了。

在寺院建筑方面,三国和统一新罗时代的殿堂楼阁早已荡

① 《三国史记》卷38《职官上》。

韩国佛国寺的歇山顶建筑

然无存，因此难考其形制特点。不过，从寺院建筑遗址发掘情况推断，其殿堂建筑似乎是从一开始就是仿中国形式建造的。兴轮寺是新罗国最早建立的寺院，至高丽王朝后期才彻底毁坏。考诸史册文献，兴轮寺的寺宇建筑有：寺前大道、金堂、寺门、寺南门、左右廊庑、左经楼、殿、塔、南池、异次顿墓及纪念碑，寺内设有弥勒像、弥陀像和普贤菩萨画像。从寺前有大道（即“寺前路”）这一点去判断，兴轮寺从一开始就应当是一个比较大的独立的建筑群落，这一建筑群落四周设有回廊（即“廊庑”）与俗界隔开，形状为一南北向矩形。与外界相通的寺门不止一个，即除寺南门外，其他三面或某一面还应当有门。寺院落成时，至少应当有两座殿堂，一座以弥勒像为主尊，另一座以弥陀像为主尊，其中，以弥陀像为主尊的殿堂称金堂，以弥勒像为主尊的殿堂则相当于中国寺院的天王殿。在殿堂前面有塔有池（放生池）。山门（南门）、放生池、塔、殿堂依次分布在南北中轴线上。在山门后中轴线左边有经楼，既有左经楼，与其相对称则应当还有右经楼，左右经楼相当于中国寺院的钟、鼓楼。异次顿之墓及纪念碑应在中轴线以外的某一显著地方。以上这些建筑都应当是创建时期的建筑。在兴轮寺建造之前，新罗京都庆州一地已先后修筑起金城、月城、明活城、南山城，而且，在建筑上早已使用瓦。这样，我们便由此可以推想：以瓦覆顶意味着梁、栋、椽、柱、石础的使用。寺院之主要建筑物既然称之为“殿”、“堂”，所以，其样式和特点与后世的殿堂相比亦应有其相似之处，即与传统式的庑殿顶、歇山顶、推山顶一类的建筑有相似之处。又如建于公元566—645年的新罗首都庆州皇龙寺，1976年发掘其遗址时，就曾清理出金堂、木塔、东金堂、西金堂、钟楼、经楼、回廊等遗址，重现了当初寺院的巨大规模；在此同时还出土了砖瓦、柱础等文物。这里所说的金堂相当于中国的大雄宝殿，东西金堂相当于东西偏殿（但不一定是左右相向），而以塔（公元645年始建）为中心的寺宇布局与长安城于隋代所建之禅定寺和大禅定寺相似。大体说，朝鲜早期的王宫是纯粹的民族化建筑；至于佛寺，无论是建筑风格特点还是整体布局，则从一开始就是模仿中国佛寺建筑建造的，但同时还应当具有一定的本民族的特点。宫殿和佛寺完全趋同于中国则应当是宋代以后的事情了。

在佛塔建造方面，朝鲜以石质塔为主，百济武王即位三十五年（635年）建造的弥勒寺石塔为此类塔之最高者。原塔7层，现残存6层，高14.24米，为仿木结构式塔。统一新罗时期所建石塔多为方形三层，取三国统而为一之意，一般高度在四五米左右，最健美的是庆州佛国寺石塔，被喻之为“美男子”。高丽王朝以后的石塔，层数一般都在三级以上，塔身或六面，或八面，塔顶装饰富于变化，与我国宋、辽、金、元时期的佛塔多有相似之处，有的还具有与藏式塔相同的特点。

这里特别需要提及新罗首都庆州芬皇寺的三级砖塔和皇龙寺的九层木塔。

韩国庆州芬皇寺内的密檐式塔

芬皇寺塔建于善德王即位之第三年（634 年），这是朝鲜境内为数不多的砖塔之一，而且在建造时间上也是砖塔中最早者。此塔共三层，但从塔基的宽度及塔顶的收势突然等情况推断，原计划的建造高度绝不止三层，而应当在五至七层左右。大概是由于技术上的原因，建至三层高度以后，便戛然而止了。最值得注意的是，此塔为方形叠涩出檐的密檐式塔，虽然在建筑技术、工艺等方面远不如中国的密檐式塔，但从其建造的时间、形状等特点看，这无疑是受唐代，特别是唐都长安密檐式塔影响的结果。

皇龙寺中的九层木塔建造于新罗善德女王十四年（645 年），至高丽高宗十六年（1229 年）被兵火焚毁。在新罗历史上，皇龙寺九层塔、丈六金像与真平王天赐玉带合称“新罗三宝”，曾被赋予镇护国家的神奇力量。无疑，皇龙寺九层木塔在韩国佛教史上占有极其特殊的重要的地位。皇龙寺塔之建，首先与新罗僧慈藏法师入唐求法有关。公元 638 年（唐贞观十二年），慈藏率弟子僧实等十余人入唐求法，西观大化，先至代北五台山谒文殊菩萨圣像，继而至都城长安，先后奉敕住胜光寺别院，在空观寺从法常法师受菩萨戒，寻乂到终南山云际寺东崖架屋而居，为四众授戒等。贞观十七年（643 年）奉本国国王诏还国。在五台山时，夜梦文殊菩萨摸顶授梵偈并付以袈裟、舍利等。在太和池旁，更有神人出而嘱咐："皇龙寺护法龙是吾长子，受梵王之命来护是寺，（你）归本国成九层塔于寺中，邻国降伏，九韩来贡，王祚永安矣。建塔之后，设八关会，赦罪人，则外贼不能为害。更为我于京畿南岸置一精庐，共资予福，予亦报之德矣。"① 还有一种说法：慈藏法师住长安南终南山时，曾于圆香禅师处"受建塔因由"②。慈藏法师还国后，以建塔事奏闻善德王，王与群臣会议后，决定从百济聘请名匠阿非知主持建塔工役。以上情况说明，慈藏建皇龙寺塔的大愿是在中国求法时萌发的，且与长安有着密切关系。

不仅如此，皇龙寺塔的形制和风格特点也与长安寺塔有着密切的关系。如前所述，慈藏入唐求法的地点，一是五台山，一是京师长安。在五台山受文殊菩萨嘱咐，这是归国建塔想法的萌动期；在京师长安的参学游访，应是皇龙寺塔的规模形状（包括造型及其他特点）在慈藏心目中形成并最后定型的阶段。隋朝一代，长安城中的著名佛塔有清禅寺塔、禅定寺塔和大禅定寺塔等。这些塔都是木质塔。清禅寺是隋文帝从高僧昙崇之请在京师所建九寺之一，原址为高唐公旧宅，由高僧慧胄主持建寺工役，所谓"草创基构，并用相委"者便是。寺建好后，"九级浮空，重廊远摄；堂殿院宇，众事圆成；竹树森繁，园圃周绕；水陆庄田，仓廪碾硙，库藏盈满……京师殷有，无过

①② 《三国遗事》卷 3"皇龙寺九层塔"条。

此寺”[①]。引文中所谓“九级”者，即九级佛塔也。禅定寺由隋文帝于仁寿二年为献后立，位置在永阳坊东半坊，寺中“架塔七层，骇临云际，堂殿高耸，房宇重森，周闾等宫阙，林圃如天苑，举国崇盛，莫有高者”[②]。宋敏求《长安志》谓：“宇文恺以帝城之西有昆明池，地势微下，乃奏于此（寺）建木浮图，崇三百三十尺，周回一百二十步，大业七年成。武德元年改为庄严寺。天下伽蓝莫比于此。”文帝死后，炀帝在永阳坊西半坊为之建大禅定寺，制度一依禅定寺，也就是说，大禅定寺内同样建有木浮图，且与禅定寺木浮图等高，也是七级。唐代，禅定寺（即庄严寺)、大禅定寺（即总持寺）仍存，释法琳撰《辩证论》说，大禅定寺“并式规大壮，备准宏模；起如意之台，列神通之室；仁祠切汉，灵刹干霄；宝树八行，和铃四角；岌岌三层之格，启自响之钟；布护千叶之莲，捧飞来之座；危吞琅琊之殿，陵跨鲁恭之宫。尽世珍奇，具诸文物”。又考诸《全唐诗》，张九龄、宋之问、崔湜、李峤、刘宪、孟浩然、岑参等著名诗人都曾到庄严寺、总持寺游赏并登寺阁。其中，张诗《登总持寺阁》有“香阁起崔巍，高高沙版开。攀跻千仞上，纷诡万形来”句；宋诗《奉和圣制闰九月九日登庄严总持二寺阁》有“风铎喧行漏”、“梵宇日生光”句；崔诗《登总持寺阁》有“升攀重阁回，凭览四郊明”句；刘诗《闰九月九日幸总持寺登浮图应制》有“城端刹柱见，云表露盘新”句；孟诗《登总持寺浮图》有“半空跻宝塔，晴望尽京华”句；岑诗《登总持寺阁》有“高阁逼诸天，登临近日边”、“槛外低秦岭，窗中小渭川”句等，这些唐诗描绘禅定寺、大禅定寺寺塔的形象是：塔势高标，上插云霄，从长安城的另一

① 《大藏经》第50册《续高僧传》卷30慧胄本传。

② 《大藏经》第50册《续高僧传》卷18昙迁本传。

端便可远远看见高高的塔柱，塔柱上有崭新的露盘；宝塔有重阁回廊，可以登临，近可望尽京城，远可极目八百里秦川。李唐立国，至新罗僧慈藏前来求法期间（贞观十二年至十七年），长安城内没有新建的佛塔，只在右扶风法门寺内重建了一座新的阿育王塔。贞观五年（631 年），太宗皇帝敕准开启法门寺阿育王塔所藏佛舍利，“既出舍利，通现道俗，数千人一时同观”，“京邑内外崩腾同赴，屯聚塔所，日有千数”。就在这次开启佛指骨舍利之后，因为古塔基“曾无上覆”，太宗皇帝于是下敕拆望云宫殿旧材以盖塔基，“构塔上尊严相显”①。张仲素《大圣舍利塔铭》则载：“太宗……加之重塔”②。此塔的形制特点，除上述提到者外，余无所知。1987 年清理法门寺塔下地宫佛指舍利及法器文物时，曾出土一鎏金铜精舍，方形，向上递缩的三重回廊，栏杆，丹墀，方形塔室，单檐，钻尖塔顶，露盘、相轮、宝珠等，一切齐全。文物专家认为，此精舍即贞观五年重建之宝塔按比例缩小的模型。上述隋之三寺三塔至唐初仍然存在，慈藏在长安游学求法时肯定亲眼目睹过它们的雄姿和风采。贞观五年开启法门寺阿育王塔遗址佛指骨舍利和重建阿育王塔，这在唐初是一件影响很广很大的事情，慈藏肯定也耳闻过供养舍利的盛况，甚至于还可能亲自前往瞻礼过阿育王塔。因此，慈藏应该是在综合了其在长安的所闻所见后确立其回国建塔和供养舍利的具体构想的。上述关于“于终南山圆香禅师处受建塔因由”的说法，具有一定的现实性和合理性。慈藏在皇龙寺塔瘗藏供养舍利与法门寺供养舍利也不应当是偶然的巧合。其实，在韩国的金石文献中，同样可以找到一些颇有参考价值的相关资料。《通度寺创建由绪》载，慈藏于

① 道宣律师《集神州三宝感通录》，《大藏经》第 52 册第 404 页。

② 《全唐文》卷 644。

长安终南山云际寺感得世尊（释迦佛）顶骨及舍利百枚、毗罗点金袈裟一领、贝叶经一卷还本国，在鹫栖山下九龙渊说法并填池筑金刚戒坛。[1] 而《释迦如来灵骨舍利浮图碑》（即《通度寺舍利塔碑》）也说慈藏入唐求法，于五台山受文殊菩萨所付舍利有“佛头骨”、“指节”；同碑另面（里面）文谓：唐玄奘法师自天竺求法奉佛顶骨、齿、指及大乘经而还，“上（皇帝）迎佛骨诸具安于凤翔法门寺，（复又）移安于终南山云际寺”[2]。将《原由》及《塔碑》这两处记载联系起来思考，至少说明一个问题，即慈藏自中国求法回国建塔、供养佛舍利这件事是与他在唐都长安的所见所闻分不开的，尤其与唐太宗开启扶风法门寺阿育王塔基下佛指舍利、重新建塔供养一事有关。由此可以进一步推定，慈藏还国后向善德王所提出的建塔方案，即塔的式样、特点，应该是以长安三塔与法门寺塔为样板的，换言之，是综合了以上四塔的风格特点而设计出来的。这样，皇龙寺塔的形制特点应当是：石砌塔基，木质塔身，方形楼阁式结构，有方形相轮塔心堂柱，级数去清禅寺塔之九级，高度（225 尺）比禅定寺塔、大禅定寺塔（300 尺）略矮；重廊远摄（每层都有回廊），四面设窗，有扶梯可供登临揽胜；琉璃瓦塔顶，灵刹干霄，八级风檐，四角和铃，九盘轮相，葫芦宝珠；塔内供奉佛舍利……考之于朝鲜历史文献，有关皇龙寺塔形制及风格特点的记载有：《三国史记》新罗本纪载，百济工匠阿非知应新罗的邀请，率小匠两百人前来施工，传说在神力的帮助下，竖起刹柱，最后“毕成”此塔。《三国遗事》转引安弘《东都成立记》说，皇龙寺塔共九层；《塔刹柱记》则谓，“铁盘（即露盘）已（以之误）上高四十二尺，已下一

① 日本忽滑谷快夫《韩国禅教史》。
② 见《朝鲜金石总览》。

百八十三尺”，总高 225 尺。慈藏法师将五台山所授舍利分三份奉安供养，其中一份即在皇龙寺刹柱中，其余二份则在通度寺戒坛及大和寺塔。从阿非知受命而来，“经营木石”、立刹柱的迹象推断，皇龙寺塔应为石砌塔基，木质塔身。又从《三国遗事》作者释一然赞诗“辉煌金碧动飞甍”句看，塔的檐椽斗拱、门户窗罳也应为丹青彩绘，黄色琉璃瓦层层覆顶。将此与上文根据长安寺塔的分析推论相比，可以发现许多相同点或近似点，因此又反过来证明分析推论所具有的科学性、合理性，因而又证明，皇龙寺塔与长安寺塔的确有着甚深的因缘。换句话说，皇龙寺塔的原样即是长安清禅寺塔、禅定寺与大禅定寺塔、扶风法门寺塔的综合产物。

隋代二帝在京师立塔，目的在为皇后、皇帝追福。唐太宗重建法门寺阿育王塔，则在于借之以护国佑世。牧岳岐州刺史张亮在奏请开启法门寺阿育王塔佛指骨舍利的奏文中有“相传三十年一示人令生善”[①] 之说，后来演变成“相传三十年一开，开则岁丰人安”[②]，借佛教护佑国家、护佑君主的色彩非常浓厚。慈藏受此思想影响，回国建塔的目的亦非常明确，是谓“镇护国家”。慈藏在叙述为何要到五台山来求见文殊菩萨时说：“我国北连靺鞨，南接倭人，（高句）丽、（百）济二国迭犯封陲，邻寇纵横，是为民梗。”[③] 他得到的指示是：护法龙受梵王之命护持皇龙寺，“归本国成九层塔于寺中，邻国降伏，九韩来贡，王祚永安矣……”[④]慈藏还国后于是奏请善德王建造皇龙寺塔，并以中国代州五台山所授舍利百粒分安于（塔）柱以及通度寺戒坛、大和寺塔中。果然，树塔之后，半

① 道宣《集神州三宝感通录》，《大藏经》第 52 册第 404 页。

② 《资治通鉴》唐宪宗元和十三年十一月条，中华书局，1956 年版。

③ ④ 《三国遗事》卷 3“皇龙寺塔”条。

岛“天地开泰，三韩为一”[1]。从此之后，皇龙寺塔成了新罗国的镇国“三宝”之一。从以上所叙述的情况看，皇龙寺塔初建时期的“镇敌”作用是使“邻国”降伏、“九韩”来贡、“王祚”永安；其所镇的“敌国”即“九韩”和“邻国”，也就是北边的靺鞨，南边的倭人，特别是高句丽和百济。而所谓海东安弘所撰《东都成立记》关于皇龙寺建九层塔所镇之敌国为“第一层（镇）日本，第二层（镇）中华，第三层（镇）吴越，第四层（镇）托罗，第五层（镇）鹰游，第六层（镇）靺鞨，第七层（镇）丹国，第八层（镇）女狄（真），第九层（镇）秽貊”之说则是后人的附会和篡改。[2]

① 《三国遗事》卷 3“皇龙寺塔”条。

② 详见陈景富《关于新罗皇龙寺九层塔的几个问题》，《当代韩国》2001 年第 4 期。

第八章

文学艺术的交流

在历史上，中国和朝鲜半岛诸国的文化交流是全方位的。本节所谈的文学艺术交流，具体指诗歌、音乐、雕刻、绘画、书法和棋术。

第一节　诗、赋、词的交流

中国诗歌历史悠久，源远流长，从诗经、楚辞、汉乐府到南北朝的乐府民歌、唐朝的律诗和绝句、宋词、元曲……直至于近现代自由体诗歌的出现，简直像一条浪花翻滚、奔腾不息的长河，一路低吟高歌，回荡在祖国壮丽山河上空，流润于古老民族心田深处。不仅如此，中国诗歌还远传异国，化作友谊的纽带，架设通好的桥梁，对密切中国与东邻的关系起到了良好的作用。

朝鲜半岛国家号称“君子之国”、歌舞之乡，这是由朝鲜民族富于智慧和创造力所决定的，同时也与他们善于学习的精神分不开。朝鲜半岛国家自建国时起就使用汉字，即使是在本民族文字创造出来以后的很长一段时间里，汉字、汉文仍在社会上通用、流行。这使得朝鲜民族了解中国文化有着得天独厚的有利条件，也为其学习汉诗打下良好的基础。据有关研究朝鲜汉诗的学者考证，朝鲜最早的汉诗就是仿效汉代的乐府创作的，例如古朝鲜人子高的妻子丽玉曾作过一首名为《箜篌引》① 的诗，其文是：

公无度河，公竟度河。
坠河而死，将奈公河？

又据《三国史记》高句丽本纪载，高句丽第三代王琉璃明王曾娶二妾，一名禾姬，鹘川人之女，一名雉姬，汉人之女。一次，王外出田猎，七日不归。禾姬辱骂雉姬，雉姬“惭恨亡归”。王闻之，策马而追，雉姬怒不还。王见黄鸟飞集一树，即兴吟下一诗，其辞是：

翩翩黄鸟，雌雄相依。
念我之独，谁其与归？

以上两首诗，无论从风格还是从形式上看，都与汉乐府无异。特别有意思的是，琉璃明王取汉家女为妾，说明他与汉民族有着密切的交往。那么，娶汉女与吟汉诗是不是有着一种内在的必然的联系呢！

有迹象表明，朝鲜半岛三国末期的诗歌创作开始受到唐初诗风的影响，如新罗真德王的五言织锦诗《太平颂》② 就是这样的作品。这首诗是这样写的：

大唐开洪业，巍巍皇猷昌。止戈戎衣定，修文继百王。

---

① 西晋崔豹《古今注》。
② 《三国史记》新罗本纪真德王。

统天崇雨施，理物体含章。深仁谐日月，抚运迈时康。
幡旗何赫赫，钲鼓何锽锽。外夷违命者，剪覆被天殃。
淳风凝幽显，遐迩竞呈祥。四时和玉烛，七曜巡万方。
维岳降宰府，维帝任忠良。五三成一德，昭我唐家皇。

高丽名宦、诗人李奎报在《白云小说》中曾盛赞此诗“高古雄浑”，李氏朝鲜的学者金万重在其《西浦漫笔》一书中也称此诗“全篇典雅”，甚至还怀疑这是用万金“购于华人”者。的确，这首诗是写得很有气势，“绝无夷裔气”；在写作方法上，则讲究对仗、工整，已经透出后来律诗的气息。然而，这只是事物的一个方面。另一个方面则是，此诗也沾染了唐初浮艳诗风的影响，尤其像当时唐朝的应制、奉和诗那样，内容空洞，一味追求辞藻的典丽以及歌功颂德词汇的堆砌。

此后不久，以沈佺期、宋之问为代表的讲究音韵、对仗和形式上力求工致的律诗宣告正式形成；而王绩及四杰（王勃、杨炯、卢照邻和骆宾王）的开拓，再现了汉魏的骨气与洪远；陈子昂的革新从理论到实践尽除形式主义的余垢，唐诗开始呈现出一片盎然的生机。“开元盛世”标志着中国封建社会繁荣时期的到来，经济上的繁荣带来文化的昌盛，唐诗创作从此进入其鼎盛时期。诗圣杜甫、诗仙李白的出现，以山水田园诗著称的孟浩然、王维、储光羲和以描写奇异风光、抒发豪情壮志的出塞诗独领风骚的高适、岑参、王昌龄、李颀等的纷纷登台，等等，使得整个诗坛一时成为群星闪烁、光辉灿烂的天空。这些星光不仅映照着神州大地，同时也映照着海东的山川原野。

盛唐及其后的唐诗影响于朝鲜半岛，路径大致有两条：一是唐朝的诗歌作品直接传入半岛，二是半岛各国派遣的入唐使者和留学生学成归国传播。无论通过哪一条途径，都使得李、杜的诗，白居易的新乐府，以及韩愈、柳宗元的散文等等，成为半岛国家朝野普遍欢迎，争相阅读、学习的作品。不仅唐朝诗人的作品传到了朝鲜半岛，连皇帝也以诗歌来传达外交信息。如前所述，“安史之乱”起，玄宗皇帝避难幸成都，新罗景德王闻之，特地遣使入唐，溯长江而上朝贡，玄宗皇帝非常感动，专门写了一首五言十韵诗回赐新罗王，[1] 以表达“患难见知交”的感慨。其诗为：

四维分景纬，万象含中枢。玉帛遍天下，梯航归上都。
缅怀阻青陆，岁月勤黄图。漫漫穷地际，苍苍连海隅。
兴言名义国，岂谓山河殊，使去传风教，人来习典模。
衣冠知奉礼，忠信识尊儒。诚矣天其鉴，贤哉德不孤。
拥旌同作牧，厚贶比生刍。益重青云志，风霜恒不渝。

高丽后期至李氏朝鲜前期，虽一度因倡崇北宋苏（东坡）、黄（庭坚）诗文而致使唐诗沉寂，但迨至16世纪中叶以后，学习唐诗的风气再度兴起。直到现在，在韩国还随处可以看见悬挂着用汉文书写的唐诗条幅。从现存的汉诗情况看，三国时代和统一新罗时代留存数量很少，作者也只有寥寥的几个；高丽时代和李氏朝鲜时代留存数量最多，作者数量也相当可观。下面继续将统一新罗时代及此后与长安有关的作者及作品介绍如下。

释慧超　事迹具见本书“佛教文化交流”的有关章节，这里仅叙述其与诗歌有关的部分。慧超大约在20岁前自新罗入唐求法，既而于唐开元七年（719年）前后自广州出发，循海路至印度巡礼圣迹。他从东印度沿海登陆后，依次游历了东天竺、中天竺、南天竺、西天竺、北天竺，然后取道中亚，横跨

① 《三国史记》新罗本纪景德王。

葱岭，经由丝绸之路天山南路之北道还至长安。时间为开元十六年春。在印度求法巡礼期间，慧超将一路上的所见所闻记录在册，取名为《往五天竺国传》，原文共三卷，现存残卷不足一卷。① 残卷中有汉诗五首：

不虑菩提远，焉知鹿苑遥。只愁悬路险，非意业风飘。
八塔诚难见，参著经劫烧。何其人愿满，目睹在今朝。

月夜瞻乡路，浮云飒飒归。缄书参去便，风急不听回。
我国天岸北，他邦地角西。日南无有雁，谁为向林飞。

故里灯无主，他方宝树摧。神灵去何处，玉貌已成灰。
忆想哀情切，悲君愿不随。孰知乡国路，空见白云归。

君恨西蕃远，余嗟东路长。道荒宏雪岭，险涧贼途倡。
鸟飞惊峭嶷，人去偏梁虽。平生不扪泪，今日泪千行。

冷雪牵冰合，寒风擘地裂。巨海冻墁坛，江河凌崖啮。
龙门绝瀑布，井口盘蛇结。伴火上垓歌，焉能度播密。

第一首写于中天竺摩揭陀国礼罢摩诃菩提寺圣迹之后，所抒发的是历尽千辛万苦第一次见到久已渴望的佛教圣迹时的喜悦心情。第二首写于南天竺国参礼龙树菩萨所造之大寺时，描写的是由目睹寺废僧散衰败景象所触发的艰辛求法者的一缕思乡之情。第三首是在北天竺国那揭罗驮娜寺为一位刚刚亡故的汉僧所写的一首悼诗，表达的是对道友“出师未捷身先死”的

① 《大藏经》第51册第975页《游方记抄》之一。

惋惜心情。第五首写于求法归途中的吐火罗国，咏雪言志，表达的是作者敢于克服困难、争取胜利的勇气和决心。第四首写于离开吐火罗国到达葱岭侧的胡密国都城时，描写的是路逢汉使入蕃，于是勾起对求法路上千般辛苦的回忆，眼看求法功德即将圆满，不禁激动得泪流满面的情景。这五首诗各自独立而又联成一气，逼真生动地反映出一个舍身求法者的复杂情怀，有欢笑，有热泪，既缠绵悱恻，又激昂慷慨，虽然没有刀光剑影、鼓角雷鸣，但却充满着出塞诗所特有的苍凉的奇观和壮烈的气概。在叙事抒情方面，自然而不做作，流畅而无堵滞；在技巧上也颇讲究对仗和工整，既有意境，又不乏兴寄。总体看来，算得上是一组成功的五言律诗。它们出自一位新罗僧人之手，应当说是非常难能可贵了。

崔致远 其生平事迹已见于“儒学东传”一章，这里仅就有关诗文的成就作些专门介绍。从以前的介绍中，可以知道崔致远的确擅长诗、赋和骈文，这里不赘。崔致远的诗歌成就，一方面是由其所具有的天资、才智决定，另一方面也缘于其能广结诗友，勤奋好学。如前所述，崔致远曾与江东诗人罗隐相知，也得到好友顾云赏识。顾云在赠别诗中，对崔致远表达了备极钦佩赞赏之情。崔致远还国前，顾云曾派人前来看望崔致远，崔致远写了一首题为《暮春即事和顾云友使》给顾云。此外，崔致远与进士张乔、吴恋、吴瞻、杨赡等也都有交往，而且都有诗相赠。最后，在此应当强调的一点是，崔致远在唐学习和金榜题名的地方正是当时的都城长安。进士及第之后，任官的地点先后在今江苏溧水县和安徽淮南等地，现存作品多为任官时所作，只有一首与古都西安有关，即《长安旅舍与于慎微长官接邻》，其内容如下：

上国羁栖久，多惭万里人。那堪颜氏巷，得接孟家邻。

守道惟稽古，交情岂惮贫。他乡少知己，莫厌访君频。

从这首诗中多少可以看出崔致远在唐都长安留学期间学习生活的单调、寂寞、清苦，经济上的贫寒，以及待人交友的虚己、坦诚心态。

统一新罗时代留下汉诗作品的人还有释地藏、王巨仁、留唐学生朴仁范、崔匡裕，但数量都不多；在唐进士及第的金可纪（又作“记”）和留唐学生金立之也只有零星诗句流传至今。在以上这些人中，只有崔匡裕诗一首、金立之诗数句与长安有关。

崔匡裕诗题为《长安春日有感》①，其内容为：

麻衣难拂路岐尘，鬓改颜衰晓镜新。
异国好花愁里艳，故园芳树梦中春。
扁舟烟月思浮海，羸马关河倦问津。
祇为未酬荧雪志，绿杨莺语太伤神。

这首诗应该是写在未中进士之前，即诗中所谓“未酬荧雪志”的时候。从诗中“鬓改颜衰”四字可以推知，作者入唐时间已经不短，但一直未能进士及第，因此一面有“梁园虽好，非久恋之家”的感觉，一面又因壮志未酬、不得不滞留而焦急、发愁的心情，即使面对“好花”、“莺语”这样美好的事物和动听的声音也排解不了心中那份郁闷与忧伤，就像一个风尘仆仆的旅人骑着一匹羸弱的瘦马，蹒跚踯躅在异国他乡的土地上，既疲倦，又不得不强打精神赶路、向前。一位在唐久考不第的新罗学子依然初衷难改地苦苦追求功名的形象跃然纸上。

---

① 转引自杨照全等《韩国汉诗选》第 56 页，学苑出版社，2000 年版。

金立之有《赠青龙寺僧》[1] 诗二句，即“绀殿雨晴松色冷，禅林风起竹声余”；又有《宿丰德寺》[2]诗二句，即“风过古殿香烟散，月到前林竹露青”。这些零星诗句一方面指示出金立之本人曾游过终南山沣峪口的律宗重要道场丰德寺及乐游原上的青龙寺，另一方面也显示出他在唐诗方面有一定的修养。

唐与统一新罗两国在诗歌方面的交流的另一种形式，是唐朝国都的诗人为新罗外交使节、学成回国的留学生、高僧大德、处士山人写下的众多赠别诗。拙著《中朝历史交往诗辑注》从《全唐诗》及《全唐诗补遗》等共辑录得这方面的诗歌61首，作者达47人之多。这些诗人及作品，大部分都出自于长安。诗的内容，主要包括以下几个方面：一是倾诉相互间的深情厚谊，二是歌颂新罗外交使节、留唐学生、游学僧道等不畏大海沧波入唐交好、游学的勇敢精神，三是对他们努力学习唐朝文化、传播中朝文化的热情表示钦佩，四是相互鼓励、共勉，为两国的世代友好多作贡献。例举数首如下：

张籍《送新罗使》：

万里为朝使，离家今几年？应知旧行路，却上远归船。
夜泊避蛟窟，朝炊求岛泉。悠悠到乡国，还望海西天。

章孝标《送金可纪归新罗》：

登唐科第语唐音，望日初升忆故林。

---

①② 转引自陈景富《中朝历史交往诗辑注》第227页，陕西旅游出版社，1977年版。

蛟窟夜眠阴火冷，蜃楼朝泊晓霞深。
风高一叶飞鱼背，潮净三山出海心。
想把文章合夷乐，蟠桃花里醉人参。

顾非熊《送朴处士归新罗》：

少年离本国，今去已成翁。客梦孤舟里，乡山积水东。
鳌沉崩巨壑，龙斗出遥空。学得中华语，将归谁与同？

皮日休《应新罗弘惠上人与本国同书请为灵鹫山周禅师撰铭毕送别诗》：

三十麻衣弄渚禽，岂知名字彻鸡林。
勒铭虽即多遗草，越海还能抵万金。
鲸鬣晓掀峰正烧，鳌睛夜没岛还阴。
二千余字终天别，东望辰韩泪洒襟。

这四首诗的赠别对象分别为新罗国使、留学生及僧、道，诗中既写到他们对久违故国乡关的思绪，也写到即将告别新朋旧友的怀恋之情；既洋溢着学成回国的无限喜悦，也剖露了面对归程艰险的坦然心态；既有对异国学习生活的回忆，也有回国后施展抱负的展望……朋友间的酬答也成了中朝两国诗歌交流的一种特殊形式，并且大大地丰富了交流诗的内容。

唐王朝灭亡后，政治中心东移，长安失去了国际文化交流中心的地位。此后，尽管高丽、朝鲜的各方面人士仍然继续络绎于途，与中国交往，但几乎没有人再涉足八百里秦川这块肥沃、富庶的帝乡后土。经过寂寞的检索，终于又在滔滔渭河岸边发现一位高丽名臣、著名诗人的足迹。虽然只有一人，而且还是匆匆过客，但却留下许多有关关中、有关古老西安的笔墨。这位高丽诗人名叫李齐贤。

李齐贤（1287—1367）　字仲思，自号益斋，也称栎翁。据李穑所撰《鸡林府院君谥文忠李公墓志铭》[①] 记载，李齐贤生于高丽王朝官宦世家，自幼明敏，持重有如成人。善作文，15岁中成均魁。当年礼试，又中丙科。但凡讨论《坟》、《典》，发言剖析，往往鞭辟入里，中肯至当，颇得儒学大家器重。17岁开始任官，屡获升迁，官至副令内府，事务杂而责任重，但操持无难色。元成宗大德十一年（1307年），高丽忠宣王在大都宿卫，助元爱育黎拔力八达（后之元仁宗）定内难（成宗死，左丞相阿忽台阴谋推皇后伯要真氏称制），迎立海山为武宗，功居第一，封沈阳王，因此，在武宗、仁宗两朝皆受宠遇。元延祐元年（1314年）正月，忠宣王请传位于忠肃王，自以"太尉"身份留住元京师，建万卷堂，大量收藏书籍、图画，以文史自娱。又以京师文学之士都是从全国选拔出来的名流，而自己府内却没有这等人才，深以为憾，于是于次年将李齐贤召至身边，用添光彩。这一年，李齐贤28岁。当时，元朝大儒如姚牧菴、阎子静、元复初、赵子昂等常到万卷堂来讨论学问，李齐贤周旋其间，耳濡目染，学问益进，颇得众大儒好评。二年，应选部议郎。是秋，拜成均祭酒，兼议郎。三年，奉命出使西蜀。当年使还，改判典校寺事。四年拜选部中典书。六年，忠宣王赴江南降香，李齐贤随侍陪同，所到之处，无论楼台风物，遇兴遣怀，每得佳篇。忠宣王非常满意地说："如此风景中不可无李生也。"七年，改知密直司事，负责有关朝贡事宜，时称得士，获赐端诚翊赞功臣之号。时年34岁。是年，奏授高丽王府断事官。元英宗至治二年（1322

① 高丽李齐贤《益斋集》附《拾遗墓志》，商务印书馆。

年)，自高丽还大都，未至，忠宣王被宦官伯颜秃古思谗贬西蕃（吐蕃撒思吉)。李齐贤先后上书元郎中、丞相，辩诬求赦，忠宣王于是被改流于朵思麻地。三年，李齐贤获准前往探望忠宣王。同年受职密直司事，寻转佥议评理政堂文学，又封金海君，领艺文馆事。元后至元五年（1339年)，高丽忠肃王死，政丞曹頔作乱，忠惠王率精骑平乱，但因曹頔的党羽诬陷而被执系至元廷，李齐贤愤然随往，并与国老上书元廷辩白，事始解，又功居第一。就在这一年，李齐贤自元还国，时年54岁。为避群小，屏迹不出。忠穆王即位元年（1345年)，进封府院君。四年，判三司事。恭愍王即位元年（1352年)，拜右政丞。二年，以府院君身份主持贡举事。三年，恢复右政丞之职。五年，齐贤70岁，受封金海侯，为门下侍中。六年，乞致士，封鸡林府院君。曾撰《栎翁稗说》，又前后参编忠烈王、忠宣王、忠肃王三朝《实录》。从以上叙述中知道，李齐贤曾分别于1316年出使西蜀、1323年赴西蕃探望忠宣王时，两次路过西安。这两次西行，或“所至题咏，脍炙人口”①，或“呕吟道中，忠愤蔼然”②。其中，吟咏陕西风物和人文历史的诗词有：《凤州龙湫》、《黄河》、《路上》《函谷关》、《二陵早发》、《崤陵行》、《函关行》、《题华州逆旅》、《题长安逆旅》、《关龙逢墓》、《汉武帝望思台》、《则天陵》、《唐肃宗陵》、《邠州》、《泾州道中》、《陈胜》、《项羽》、《田横》、《刘向》、《刘歆》、《韩信》、《萧何》、《曹参》、《张良》、《陈平》、《王陵》、《夏侯婴》、《蒯通》、《刘敬》、《陆贾》、《大江东去·过华阴》、《蝶恋花·汉武帝茂陵》、《人月圆·马嵬效吴彦高》、《水调歌头·过大散关》、《水调歌头·望华山》、《木兰花慢·长安怀古》。诗词皆录自《益斋集》中《益斋乱稿》；拙著《中朝历史交往诗

①② 高丽李穑《鸡林府院君谥文忠李公墓志铭》。

辑注》已收录诗歌部分。这里仅举诗、词数首以窥其文采。

《题长安逆旅》四首：

车马函关道，风尘季子裘。辙环天下半，心逐水东流。
万事唯呼酒，千山独依楼。青云有知己，未用叹悠悠。

倦客重游秦树老，佳人一去陇头赊。愁听杜叟三年笛，怅望张侯万里槎。梦里家山空蕙帐，酒阑檐雨落灯花。宦情已如秋云薄，胸次唯余一寸霞。

海上箕封礼义乡，曾修职贡荷龙光。
河山万世同盟国，雨露三朝异姓王。
贝锦谁将委豺虎，干戈无奈到参商。
扶持自有宗祧力，会见松都业更昌。

早信忠诚可动天，孰云仁圣竟容奸。
鸡竿曙色开旸谷，凤阙春光到雪山。
谶雨池蛙宣欲斗，唳云皋鹤倦思还。
区区吴薛何为者，自鼓咙胡彻帝关。

以上四首诗都写于长安旅舍中。这次自燕京西行，目的是赴西蕃探望被流放的国君忠宣王。第一首所表达的意思是，不管忠宣王的处境如何的艰难，诗人的心永远向着他，依靠他，把他当成可以信赖的知己。第二首所表达的意思是，“倦客”重游秦地，不辞关山万里，风雨兼程地赶路去探望被流放到陇头以西很远地方的“佳人”，并非是还有多少做官的欲望，而不过是为了表达自己心中那颗忠于国君的丹心而已。第三首写的是诗人在古都长安此一特定的地点，回想起海东国家自周武王封殷旧臣箕子到古朝鲜，历三国、统一新罗到高丽王朝，向来与中国友好、结为同盟的历史，坚信高丽与元朝的关系不会因伯颜秃古思之流的挑拨离间而受到损害，高丽王朝的前途也会是光明的。第四首写的是，元朝政府听纳诗人的谏辩，改判忠宣王的流放地，诗人在感谢"龙恩"的同时，也谴责了那些进谗取宠、挑拨离间的小人；同时表达了诗人厌倦政坛争斗，渴望远离是非之地的心情。

《则天陵》（即今之乾陵）：

久客万事慵，好古意未歇。停骖问遗民，枉道寻断碣。
关辅古帝畿，壮观不湮没。千年阿婆陵，百里见城阙。
根连陇坂长，气压秦川阔。麒麟与狮子，左右势驰突。
侍臣罗簪缨，猛士列铁钺。当时竭才力，虑欲固扃鐍。
兴废理难逃，久为狐兔窟。忆昔阴乘阳，四海忧祸烈。
牝鸣殷家索，燕啄汉嗣绝。文皇顺天心，百战启王室。
居然攘神器，肯念黄裳吉。叮咛双陆梦，黯惨虞渊日。
尚赖得忠贤，终能返故物。欧公信名儒，笔削未免失。
那将周余分，续于唐日月。区区女娲石，岂补青天缺。
拟作擿瑕编，才疏愧王勃。

这首诗应属新乐府体。前半段写访古游则天皇帝陵的所见所闻，写实，真切，具体，生动。后半段引经据典发议论，指出武则天之改唐为周，是"阴乘阳"，而古之"牝鸣"致殷商灭、"燕啄"使汉之社稷倾，则天之改统亦然。可幸的是有了狄仁杰这样的"忠贤"破解武氏"双陆不赢"之梦，劝复卢陵王之位，这才使唐运得以继续下去。欧阳修把武则天放在"唐纪"中，这是错误的。在诗人看来，女娲石是不能补天的。显然，诗人的这些观点是受了"作史必法《春秋》"思想影响的结果，其局限性是显而易见的。

《木兰花慢·长安怀古》：

骚人多感慨，况古国遇秋风。望千里金城，一区天府，气势清雄。繁华事，无处问，但山川景物，古今同。鹤去苍云太白，雁嘶红树新丰。夕阳西下水流东，兴废梦魂中。笑弱吐强吞，纵成横镜，鸟没长空。争如何犀首饮，向蜗牛角上任穷通。看取麟台图画，虽饮马鬣蒿蓬。

这首词的上阕是写景，下阕是发议论。在诗人眼里，长安作为中国历史上 13 个朝代的首都，周、秦、汉、唐是其最盛的时期。然而，随着不断的星转斗移，其“繁华事”自然“无处问”了，“但山川景物”还是“古今同”的，那就是：“千里金城，一区天府，气势清雄”，以及“鹤去苍云太白，雁嘶红树新丰”，无论是帝都气质，还是自然景物，都没有变，都同以前一样仍然具有无穷的魅力。不过，诗人从长安的盛衰变化中，悟出了这样一个道理：就像太阳要落山，水要东流一样，人世间的此兴彼废，是再平常不过的事了。这是“弱肉强食”、争夺生存空间的法则所使然，因此也就不难理解魏国的犀首公孙衍为什么主张对齐国要采取斩尽杀绝的措施了。这样的事实，这样的道理，史籍里有连篇累牍的记载，即使是普通民众，只要翻阅翻阅也会明白的。诗人从发展变化的事物中抽象出一般的规律，引申自然，令人信服。李齐贤诗词一般用典较多，往往让人有艰深之感。严格地说，这一首只用了一两个典，整体言之，较为通俗易懂。

朝鲜的汉文诗词汗牛充栋，数不胜数，佳作也不在少数。以上所举，或许不能称之为最好的，但已经可以看出朝鲜民族在学习汉诗，特别是唐宋诗词方面，造诣很深，即不但谙熟中国的历史文化，而且也深得吟诗填词的要领。尤其可喜的是，他们将诗词当作一种工具，一种手段，用来沟通中国与朝鲜半岛国家人民之间的感情，促进两地人民的团结与合作。不仅如此，他们也用诗词来赞美生活中的真善美，鞭笞社会上的种种黑暗现象，给诗词赋予民族性、社会性和现实性。

第二节　乐舞的交流

《史记·乐书》说，“凡音之起，由人心生也”；“乐（yuè）者，音之所由生也，其本在人心感于物也”。意思是说，心为物所感动而以声表达出来，声声相应则发生种种变化，将这些变化用文字形象地记录下来并标明其起止，于是就产生了音。比拟音的高低强弱缓急快慢而歌唱作乐（音 lè），同时舞动干、戚、羽、旄等兵器，这就叫做乐（音 yuè）。所以，归根结底，乐是心感于物的结果。古代乐的特点是歌、舞结合。太史公司马迁总结：上古明智的君王制乐的目的，不是为了娱心自乐、快意恣欲，而是为了使国家、社会得到治理。中国音乐起于何时，不可确知，或说伊耆（帝尧）曾裁苇为籥而发音，伏羲曾结罟（网）而歌咏，葛天作八阕之颂，舜作五弦琴“以歌《南风》”，舜之臣夔作乐以赏诸侯等等。可见中国音乐历史的源远流长。自汉以来，历代皆制乐，虽各有不同，但都遵守着大致相同的法则。各朝乐志所载详备，此处不赘。

朝鲜半岛音乐也有悠久的历史，据《三国史记》新罗本纪所载，新罗第三代国王儒理尼师今即位五年（28 年），民俗康乐，始制《兜率歌》，“此歌乐之始”。同王九年（32 年），更作歌舞百戏，名叫“俳嘉”。其做法是：国王使王女二人各率部内女子，分成若干组，自秋七月既望（十六日）起，每天早晨在总部的大庭院里集合绩麻，到夜里二更时分歇工，迨至八月十五日进行总结考核，看谁的成绩优，谁的成绩劣，分出胜负，负的一方置酒食谢优胜者，同时，歌舞百戏并作。其中，负方一女子起舞，不停地叹说“会苏，会苏”，音调哀雅。后人因其声而作歌，并取名为《会苏曲》。

中国和朝鲜半岛诸国乐舞的交流，据说是起于我国南北朝时期，刘宋和北燕都有高句丽、百济的乐舞。与古都西安的交流则发生在隋唐时期。文帝杨坚即位初年，设国伎、清商伎、高句丽伎、天竺伎、安国伎、龟兹伎、文康伎七部乐。大业（605—618）中，炀帝改清商伎为清乐伎，同时增加疏勒伎、康国伎二部乐，是为隋的九部乐。七部乐和九部乐中，都有高句丽伎。贞观十六年（642 年），增加高昌伎而成十部乐，高句丽伎仍在其中。高句丽伎中，歌曲有《芝栖》，舞曲有《歌芝栖》，乐器有弹筝、卧箜篌、竖箜篌、琵琶、五弦、笛、笙、箫、小筚篥、桃皮筚篥、腰鼓、齐鼓、担鼓、贝等 14 种，合成一部，共有乐工 18 人。唐初，沿用隋之九部乐之数，在内容上则去掉隋之天竺、文康二部，增加扶南、燕乐二部，其余不变。《新唐书》在介绍唐之高丽乐时，未谈到歌曲和舞曲，也未谈到乐队的人数；在乐器方面，除原有者外，增加了搊筝、凤首箜篌、义觜笛、葫芦笙、龟头鼓、铁版六种，其中在谈到琵琶时，解释很详细，说它是“以蛇皮为槽，厚寸余，有鳞甲，楸木为面，象牙为捍拨，画国王形”。又说伎中有胡旋舞，舞者立球上，旋转如风。唐朝除十部乐以外，还有其他一些邻国乐舞，百济乐舞即其一。《新唐书》礼乐志中说，中宗时朝廷中的百济乐工亡散，岐王出任太常卿后，奏复百济乐舞，但仍然“音伎多缺”。在百济乐舞中，舞者有二人，紫色大袖裙襦（短衣），头戴章甫冠（殷商时之玄冠，孔子曾戴之），衣履。其乐器有筝、笛、桃皮觱篥（同筚篥）、箜篌、歌等。由此可见百济乐舞比之高句丽乐舞要简单得多。据《三国史记》记载，高句丽灭亡后，其后裔曾于元和十三年（818年）遣使入唐献乐工。新罗乐舞，未闻有传于中国者。关于朝鲜半岛乐舞传入中国的情况，诗仙李白曾有诗记之，诗名为《高句丽》，诗前有短序说“唐亦有《高丽曲》，李勣破高丽所进。后改《夷宾引》者是也”。诗文如下：“金花折风帽，白马小迟回。翩翩舞广袖，似鸟海东回。”折风帽，高句丽特有之帽。据《北史》载：折风帽、大袖衫等都是高句丽特有的服饰，其中的折风帽，形状如中国古代之弁。这首诗，既写了舞者的装束，也写了舞蹈的形象，婀娜妖娆，生动、活泼、鲜丽、优雅。

唐朝乐舞传之于海东国家，见于《三国史记》本纪的有：新罗文武王四年（664年），曾派遣星川、丘日等28人至本国府城学习唐乐。

见于《三国史记》乐志的有：新罗乐器有三竹、三弦等。三竹即用竹制作的乐器，相当于笛，分大、中、小三种，其形制长1尺，47孔，皆模仿唐笛制作，既似唐而又有别于唐。中国之笛起源于何时，不得而知，宋玉已有《笛赋》之文，可见战国时之楚国已有笛；又说笛为汉武帝时丘仲所作；而唐代之笛，则来自于西羌。新罗笛应当是很有名的，其中的玉笛，即“万波息笛”是新罗“三宝”之一。三弦即玄琴、伽耶琴和琵琶。

玄琴，仿中国古琴而制作。传说伏羲氏做琴以修身理性。《琴操》称，琴长3尺6寸6分，广6寸，前广后狭，上圆下宽，有5弦、7弦之分。新罗古记载，晋人曾以七弦琴送高句丽，丽人虽知其为乐器，但不懂弹奏方法，后来，好容易才从国人中找到识其音、懂弹奏方法者，复又根据所存之样本，大加改易而制成具有本民族特色的新琴，同时又制曲一百首，奏之，音调动听，玄鹤来舞，于是取名玄鹤琴，后简称玄琴。

伽耶琴，仿中国的筝制作而成。中国之筝，传说由秦将蒙恬所作，古称“秦声”；形似瑟，长 6 尺，柱高 3 寸，上圆，下平，中空，原为 5 弦，以竹制成，后改为木质；复又由 5 弦改为 12 弦，准六合弦柱；至唐代，始定为 13 弦。新罗古记载，伽耶国嘉实王见唐之乐器而仿造之，又令乐师于勒根据本国方言异音造 12 曲而奏之。伽耶琴与筝制度大同小异。后来，于勒见本国将乱，于是携乐器投奔新罗真兴王，王受之，安置于国原，并令大奈麻注知、皆古、大舍万德传此乐。此三人以于勒 12 曲繁淫，非雅正之音，于是约为 5 曲。于勒初闻而大怒，既听而称赏，王听后也很高兴，此乐于是大兴于天下。伽耶琴有 2 调，即河临调和嫩竹调，共 185 曲。

琵琶，本西域胡人在马上所弹之乐器，长 3 尺 5 寸，4 弦。新罗的琵琶与唐朝的琵琶亦大同小异，有 3 调，即宫调、七弦调、凤皇调，共 212 曲。

《三国史记》乐志所载高句丽乐，除前文所述者外，又说，大唐武太后时所尚者有 25 曲，后来仅能习 1 曲。还说，高句丽“吹芦以和曲”。

中朝乐舞交流，特别是乐器交流，在两国文化交流史上是一个典型的事例。上文所提到的乐器，追根溯源，大部分都出自于中国，传到朝鲜后，或者直接使用，并和本土的民族乐舞一起再回传于中国，如高丽伎所使用的乐器；或者根据本民族的特点和需要对之进行一定的改造，使之变成具有明显民族特色的新乐器，如三竹和伽耶琴之属。这从一个角度反映出文化交流的双向性和互补性。世界文化正因为有了这样的交流，才变得更加丰富多彩。

第三节 绘画与雕刻艺术的交流

绘画、雕刻艺术交流是中国和朝鲜半岛诸国整个文化交流的又一个重要部分。

从绘画技术和画品交流角度着眼，两国的交流可以追溯到北魏时代。与古都西安直接相关的最早交流，就有文字可考者而言则发生在唐代。《三国史记》新罗本纪有这样一则记载：真平王（579—632）时期，新罗国自唐朝传得牡丹花图并花子，王之长女德曼（即后来之善德王）看见牡丹图后说："此花虽绝艳而必无香气。"王问其何以知之，德曼答道："图画无蜂蝶，故知之。俗话说，女有国色，男随之；花有香气，蜂蝶随之。牡丹花绝艳，而图画上却无蜂蝶，由此可以推知其必无香气。"后来试种的结果，确如其言。国人因此称颂她有见地、卓识。这则记载中所提到的《牡丹花图》是唐朝画品传于朝鲜的第一例。

《三国遗事》又有一则记载，说新罗众生寺、柏栗寺内的观音像是由中国的神匠塑造而成的。新罗古传载：唐天子有宠姬，美艳无双，即使是图画中也罕有如此容颜，于是命国中善画者为其写真。画成，画师不慎将赤色滴染脐下，欲改而不能。他心想，这必定是天生而成，于是将画献上。天子一看，形象的确逼真，但脐下之痣乃内秘，此画师如何得知？天子疑而震怒，欲加刑于画师。丞相以画师贤直，请赦宥之。天子说："他既然贤直，那么，就让他把我昨晚做的梦画出来，如画得像，就赦免他。"画师于是画了一幅十一面观音像呈上，果然暗符天子所梦。画师获赦免刑后，乃与博士芬节相约说："听说新罗国敬信佛教，我们一起渡海到彼国，同修佛事，求福于一方百姓，这不是一件很有意义的事吗！"后来，二人果真到了新罗国，并成就了以上两寺的观音尊像。又据《三国史记》新罗本纪载，真平王四十三年（621 年），唐高祖曾经以一面画屏风赐予新罗国使。

除了唐朝画师前往新罗传技及赐予画品外，也有朝鲜人入唐学画、摹画及购求画品者。《历代名画记》载，唐德宗（780—805）时有一位新罗籍的将军，名叫金忠义，曾任朝廷的少府监，学绘画，“巧绝过人”，“迹皆精妙”。此人是否学成还国，不得而知。迨至宋代，前来中国摹画、购画之风甚盛，高丽王朝甚至专门设阁收藏宋王朝所赐诏书、御笔书画之类，因与西安无涉，故从略。

韩国天台宗釜山三光寺佛教居士创作的水墨画

朝鲜的绘画艺术也有着悠久的历史，从三国时期的古坟中曾出土不少壁画。公元5至7世纪时，百济、高句丽、新罗都出现了著名的画家，其中，百济画家因斯罗我、阿左太子，高句丽画家昙征都曾渡海到日本作画；新罗画家率居在皇龙寺寺壁画老松，“体露鲜皴，枝叶盘出”，往往引得鸟雀飞投，及至，触壁，蹭蹬而落。其画技之高，自在不言中。中国画技、画品的传入，对朝鲜绘画艺术的发展、提高有着积极的作用。《画鉴》载：“高丽国画观音像，其源出于唐尉迟乙僧笔意，流而至于纤细。”尉迟乙僧，时人称为“小尉迟”，是唐初长安著名画家，善画外国人物及佛像，其笔法，尤长凹凸画，所作菩萨像，“小则用笔紧劲，如屈铁盘丝，大则洒落有气概”；画外国鬼神，奇形异貌，用笔“气正迹高”，“可与顾（恺之）、陆（探微）为友”。此外，他“用色沉着，堆起绢素而不隐指”。尉迟氏是初唐画坛新风的开拓者。《画鉴》中不仅记录了朝鲜画家学习唐朝画技的事实，同时也记录了其演变情况。《图画见闻志》在总结高丽时期的绘画时说：“皇朝（指北宋）之盛，遐荒九泽之来朝者，相属于路。唯高丽国敦尚文雅，渐染华风，至于技巧之精，他国罕比，故有丹青之妙。”这一评价既指出了中国与朝鲜半岛国家诸国之间画技上的密切关系，同时也盛赞了高丽画坛所取得的成就。

朝鲜画品多有传于西安者，其中，在北宋初期，长安临潼李虞曹家就有高丽国的《八老图》2卷，杨褒虞曹家亦有此国画于细布上之行道天王像。凡此种种，皆有风格。

在雕塑技术和有关艺术品方面，中国与半岛国家也有颇多的交流。其中，与西安有直接关系的交流有以下数次：第一次见于《三国史记》高句丽本纪，东晋咸安二年（372年）六月，前秦国主苻坚曾派遣使者及一名僧人（讳顺道）给高句丽送去佛像、经文等；第二次见于《续高僧传》，出身于新罗王族的僧人慈藏自唐求法还国时（贞观十七年），太宗皇帝曾送给他佛像及一部大藏经等。在雕塑技术方面，前面提到的造新罗众生寺和柏栗寺观音尊像是有文献可考的第一次。史学界有人说，新罗的“所有寺塔佛像金石，差不多都可以看出六朝的遗风和隋唐的形制”①。

上世纪末，佛教考古学者温玉成先生曾撰文谈到韩国庆州吐含山石窟庵造像的原形问题②，认为，石窟庵造像是布局完美、雕刻艺术高超的杰作。其中的十一面观音像属于唐高宗前期作品类型，即五花项圈，全身网状串珠璎珞，披帛绕两肩下垂后再横过腰腿间两道，身躯直立，乳部扁平。四天王像为唐

① 转引自朴真奭《中朝经济文化交流史研究》第45页，辽宁人民出版社，1984年版。

② 中国社科院韩国研究中心主办之季刊《当代韩国》2001年第1期。

高宗前期作品类型，即手中持武器；其足下之夜叉则为唐高宗时期的作品类型，即手脚做五趾型。主尊释迦像则属于武则天时期的作品类型，高螺结，坦右袈裟，面相丰腴，刀法简练流畅；大梵天、帝释天及文殊菩萨、普贤菩萨诸像也是武周时期的作品类型，身躯扭动，丰胸细腰，衣纹简练流畅。观音作二臂型及圆形坛场是依据玄奘三藏所翻译的《十一面神咒心经》而造。这一“十一面观音圆形坛场”，无论从建坛目的还是坛场特点看，都是模仿中国佛教华严宗三祖法藏和尚所设的“十一面观音道场”而建造的。公元 697 年，武则天为了退契丹兵，命法藏设十一面观音坛场作法却敌，法藏于是“约左道诸法”而为之。所谓“左道诸法”即后来系统传入的瑜伽密法。新罗国建造石窟庵这一坛场，目的也是为了御敌、退敌，坛场名字也与法藏所设者相同，而坛场也成圆形，并且以十一面观音为中心，全部造像都用白色石料做成。所有这些，都与密教的祈祷息灾护摩坛的要求是完全一致的。当然，新罗石窟庵在模仿学习的同时，也有自己的创造：一是将石窟庵的门朝东南方向开，二是将庵中天龙八部造像的天、龙顺序颠倒过来，以“龙”居先，而“天”随后，突出了龙的主导地位。在新罗，佛教为“护国龙”之说甚盛，因此，这种变动是刻意的，而并非无意之举。庵门东南向，是为了正对文武大王的葬身之地——大王岩；而文武大王生前曾运筹帷幄，完成了半岛的统一大业，死前曾对智义法师说：“朕身后愿为护国大龙，崇奉佛法，守护邦家。”后复遗言依印度法火化后葬于东海大石上，且果真化为龙，因此，俗指其石为大王岩。8 世纪中叶，新罗面临日本与渤海二国的联合入侵，而石窟庵修建于此时，又作如上设计，其用心再清楚不过了。

统一新罗时期，朝鲜的佛教造像艺术进入其发展的黄金时代，吐含山石窟庵造像无疑是其代表作。也正是在这一时期里，朝鲜半岛造像开始传入中国。新罗景德王时期（762—779），以唐代宗皇帝尤崇释教，于是命巧匠雕《万佛山》献之。据《三国遗事》载，这《万佛山》以沉香木及明珠美玉做成假山，高达丈余，置于五色氍毹（地毯）之上。假山上雕出峻岩、怪石、洞穴；又将整座假山分成若干单元，各设伎乐歌舞、列国山川形象；微风入户，蜂蝶轻舞，燕雀飞翔，隐约视之，莫辨真假。假山之上还雕有万佛，大者寸余，小者八九分，其头大如巨黍，小如半菽，螺结白毛，眉目的皪，相好悉备，只可仿佛，莫得而详。此外，假山中还有用金玉雕镂而成的流苏幡盖、菴萝薝蔔、花果庄严、百步楼阁、台殿堂榭等等，形虽小而气魄宏大，活脱逼真，栩栩如生。假山的前面有旋绕比丘像千余躯，下列紫金钟三簴，皆阁有蒲牢，鲸鱼为撞，风过钟鸣，旋绕比丘于是一齐扑地而拜，同时有梵音隐约。《万佛山》这件木雕，容大千于方丈，万象森罗，千姿百态，雕镂穷奇，玲珑剔透，充分显示了统一新罗时期精湛的雕刻技术和高超的艺术水平。唐代宗见后不禁惊叹：“新罗之巧，天造，非巧也。”于是以九光扇加于万佛山之岩岫间，称之为“佛光”。继又于四月八日佛诞节命左右两街僧徒于内道场礼《万佛山》，敕密宗大师不空三藏念诵密部真诠一千遍，以示庆贺。新罗景德王献《万佛山》于唐代宗这件事，成了中朝佛教文化交流史上传唱千古的一段佳话。

此后，新罗宪德王于即位次年（810 年）又遣王子金宪章入唐献金银佛像等。这是朝鲜的金属造像第一次传入中国。

第四节　棋艺、书法的交流

中国与朝鲜半岛诸国棋艺的交流所指为围棋奕技的交流。

中国围棋之起始很早。据《博物志》记载，围棋由尧帝所造，当时善奕者有丹朱。唐以前，棋盘纵横各 17 道，合 289 道，白、黑棋子各 150 枚；唐代柳宗元则说纵横 18 道；今则纵横各 19 道，合为 361 道。古代有关围棋的著述有邯郸淳的《艺经》，梁武帝命柳浑编写的《棋品》3 卷，宋刘仲甫所撰之《棋诀》，《隋书》经籍志所载的《棋势》、《棋图》，宋张拟的《棋经》13 篇，元晏天章之《玄玄经》；清代的著名奕手范西屏、施定庵、梁魏今、程兰如四家皆有著述，其中施氏之《奕理指归》是围棋的入门之作。

朝鲜的棋艺也堪称历史久远。三国时代的高句丽、百济、新罗都有善奕者。《三国史记》高句丽本纪有这样一则故事：高句丽长寿王（413—491）阴谋攻取百济，找人充间谍，深入敌营做分化瓦解工作。僧人道琳自荐应募，伪装负罪潜逃于百济。百济盖卤王（455—475）好博奕，道琳投其所好，进宫禀报说："臣自少学棋，颇得其妙，愿在王身边侍事。"盖卤王召入对奕，果然技艺高超，堪称国手，相见恨晚。自此之后，尊为上客，亲昵之极。道琳见时机成熟，于是建言盖卤王大兴宫室，借以虚耗其国力。盖卤王言听计从，终于招致杀身之祸。故事的主题是讲政治，但故事发展的关键词却是一个"棋"字。撇开政治不谈，从中可以看到，高句丽、百济二国早在 5 世纪中叶，围棋作为一项娱乐项目已经很普及，其棋艺也已达到很高的水平。

到了统一新罗时期，朝鲜的棋艺又有了进一步的提高，其国人善奕之名声也传到了唐朝。新罗圣德王死，唐玄宗闻讯，于是于开元二十六年（738 年）派遣左赞善大夫邢𪻺以鸿胪卿的身份前往吊祭，除交代他要用心宣传儒教之外，又以新罗国人善于奕棋，特诏府兵曹参军杨季膺为副使，与邢𪻺同往。因为杨季膺不仅是一位奕棋高手，而且，唐朝的奕棋高手亦都出自其门下。从唐朝廷如此挑选出使人选这件事上可以看出新罗国棋艺的高超水平。实际上，新罗有很多棋手曾经越海入唐，一面传艺，一面学习。《全唐诗》载诗人许浑有一首《送友人罢举归海东》诗，全文如下：

沧波天堑外，何岛是新罗。舶主辞番远，棋僧入汉多。
海风吹白鹤，沙日晒红螺。此去知投笔，须求利剑磨。

诗中叙述这位“友人”原本是一位从新罗入唐赶科举考试的棋手，但未能考中登第，于是遁入空门，成了一名僧人。许浑在诗末嘱咐说：“此去知投笔，须求利剑磨。”意思是说，你已经罢举为僧，要好好修习佛法，用智慧这把利剑去斩断一切烦恼。诗中“棋僧入汉多”一句，说明像这位“友人”一样的善奕者到唐朝来，不只是一个，而是很多，其中不少都是僧人身份。这在一定程度上说明两国棋艺交流之盛。

有些新罗棋手还在唐朝廷里充任“棋待诏”一职。《全唐诗》载，著名诗人张乔曾给这样一位棋待诏写过送别诗，题目叫《送棋待诏朴球归新罗》，全文如下：

海东谁敌手，归去道应孤。阙下传新势，船中覆旧图。
穷荒回日月，积水载寰区。故国多年别，桑田复在乎？

这首诗前四句写朴球这位棋待诏棋艺非常高明，而且极善于钻研。不久前在皇宫里刚刚传授过一着新招，可说不定在归船中又想出更新的招式来摧折它（旧图）。这位棋待诏应当是在国内时就是一位奕棋高手，到唐朝廷任棋待诏后，经过继续学习钻研，棋艺更精更高了。所以，回国后，能够和其过招的人恐怕不会太多了。这很典型地说明，中朝两国棋手相互学习、共同提高的本质。

中国与朝鲜半岛诸国的书法交流也很有气势。

中国自有文字以来，经过几千年的长期演变，先后形成了篆、隶、楷、宋、行、草等多种字体，一字多体，这本身就很富艺术色彩，而各体的书写在结构、布局、运笔等多方面又有其独特的讲究。从某种程度上来说，写字与绘画并无二致。然而，虽然人人都会写字，但却并非每个人都能写得好，其中决定性的因素就是有无艺术素养。所谓书法者，讲的就是这一特殊的艺术素养。中国的书法名家，汗牛充栋，数不胜数，魏之钟繇，晋之三王（王羲之、王献之、王珣），唐之欧阳询、褚遂良、张旭、颜真卿、怀素、柳公权，宋之苏轼、黄庭坚、米芾，元之赵孟頫，明之文征明、董其昌等等，无一不是书法界的大手笔。仅仅一部《三希堂法帖》就足以看出中国书法艺术的洋洋大观。

中国的近邻朝鲜半岛诸国自古就使用汉字，即使在其本国文字“训民正音”产生后的相当长时间里，汉字对其影响仍然是不可低估的。在通用汉字、汉文的基础上，这些国家也出现了很多有名的书法家，而其中最有名的就是统一新罗时期的金生和姚克一二人。据《三国史记》列传第八记载，金生生于唐景云二年（711年），自幼能书，平生不攻他艺，年过88岁，仍操笔不休，隶书、行草皆出神入化。一直到高丽王朝时期，他的书法真迹仍然存在。宋崇宁中（1102—1106），高丽学士洪灌将金生的行草书法一卷携带入宋，出示给宋翰林待诏杨球、李革二人看，杨、李不禁惊呼：“不曾想到时至今日还能看到王右军之手书！”洪灌解释说：“这不是王右军的手书，而是新罗人金生的手书。”杨、李二人笑着说：“除右军其人，谁还能有如此妙笔？”洪灌一再解释，杨、李终不信。金生之学右军，竟至于达到“乱真”的地步，实在名不虚传。姚克一在仕途上曾官至侍中兼侍读学士，其笔法遒劲，颇得欧阳率更之书法要领。

迨至元代，高丽王朝特别盛行银金书写佛经，元朝统治者经常请高丽国僧人书写大量金银经。因此事已与西安无关，这里不赘。

近年，笔者曾三次出访韩国，宾馆旅舍内随处可见水墨画和汉文书法的装饰。即使在佛教寺院里，也同样有从事水墨画、书法艺术学习研究之书画社团。于是，不禁感叹中国与朝鲜半岛诸国文化交流源远流长。

第九章

军事文化的交流

中国与朝鲜半岛国家文化交流的又一个重要方面是军事文化交流。这一交流特指唐军旅中的半岛国籍将帅和两国间的军事技术交流两个方面。本节所叙述的只限于与西安有关者。

第一节　海东在唐宿卫人员及武职封赠

所谓唐代军旅中的海东籍将帅，即已编入唐朝军籍，奉唐朝政府的差遣，担任京城、宫廷卫戍，或在镇抚边疆、平定内乱的军事活动中统军作战的首领人物，以及受封于唐朝皇帝，获得名誉军事职衔者。至于唐朝政府在周边属国设立羁縻州敕封属国君王为都督之属以及高句丽、百济亡国君臣受封之属，都不在本文讨论之内。

首先谈新罗在京师长安的宿卫人员。宿卫者，即值宿禁闼担当警卫任务之人也。在古代，朝鲜半岛国家向中国历代王朝遣使朝贡、贺正的历史，可以追溯到姬周建国初年，那时，殷商旧臣箕子受封朝鲜之后不久，即备礼入朝至镐京（今陕西西安）朝觐。这是有据可查的朝鲜入朝中国之始。至于派遣王族或贵戚子弟为质（史称质子或侍子）兼宿卫，则是唐代时的事情了。据《三国史记》记载，半岛三国中，只有新罗曾向唐朝廷派遣过宿卫侍子，而高句丽和百济则只派遣过王族子弟入唐国学学习，并没有派遣过宿卫侍子。究其原因，主要是由于三国与唐朝政治关系各不相同所使然。概而言之，高句丽由于与中国直接为邻，扰边军事活动较多，加之又有吞并半岛的野心，因此与唐朝的矛盾深刻，由来已久。唐朝建立后不久，两国之间即处于战争状态，高句丽表面上虽然表示愿意和好，但实际行动则往往反其道而行之。百济也有吞并半岛的野心，而且在唐与高句丽的矛盾斗争中又往往态度骑墙，凡事持两端，企图坐收渔人之利。唐朝劝和而不能，于是不得不诉之于军事行动，改变策略，把斗争的矛头转向百济，先灭百济，以牵制、孤立高句丽，并最后消灭之。新罗则不同，她在三国中原本力量最弱，备受高句丽、百济的侵凌，为求自存、自强、自我发展，乃至于最后消灭其他二国，完成半岛的统一大业，其惟一出路在于与当时东亚乃至世界上最强大的唐王朝发展友好关系，向唐朝学习，并尽快地与之结成稳固的政治、军事同盟。太宗武烈大王金春秋就是实施此一重要战略的伟大人物。公元 648 年，金春秋奉真德王之命，以伊飡的身份，与其子文汪一起入唐朝觐见唐太宗，请求唐太宗允许到国学参观祭奠先圣先师孔子的盛典，听儒学大师讲论。唐太宗见其仪表英伟，又虚心好学，因厚待之，赐予甚多，还设宴招待。当唐太宗问到其有何抱负时，他乘机道出了新罗受到邻国侵略，以及新罗存殁与唐朝的利害得失关系，再次提出向唐朝"借天兵剪除凶恶"的请求。在达到借兵目的之后，金春秋又立即"请改其章服，以从中华制"，同时第一次提请将其子文汪与大监二人入质于唐，"使不离圣明宿卫"，藉此将构想中的缔结政治军事同盟计划向前推进一步。继文汪、大监二人之后，金春秋的第二子金仁问于公元 651 年被遣入唐，代文汪留宿卫，时年 23 岁。此后，金仁问在新罗由一个被欺凌的弱国到发展壮大、最后统一半岛这一非常历史时期里，长住京师长安，往来协调唐罗两国的军事行动，或率军征战于对丽、济二国用兵的疆场，或为唐守土保疆，使其父开拓的唐罗合作事业得到不断的巩固和发展，从而保证了新罗统一事业顺利地向前推进并最后取得胜利。金春秋与金仁问父子不啻为缔造中韩友好关系的两位最伟大先驱者。

自真德王时期金春秋提议向唐派遣宿卫侍子之后，新罗文武王、圣德王、景德王、惠恭王、哀庄王、宪德王、兴德王、僖康王、文圣王、景文王等都曾派遣王族或贵戚子弟入唐宿卫，这几乎可以说是新罗国对唐外交政策的一项十分重要的内容。至今可考的宿卫侍子，除前面提及者外，尚有汉林、三光、德福传、风训、金守忠、金嗣宗、金志满、金思兰、金忠信（圣德王时期，734 年）、金志廉、梁悦、金献忠、金士信、金义琮、金忠信（僖康王时期，837 年）、金因。此外，宪德王十七年还有十二人入唐宿卫，知名者仅有三人，即金允夫、金立之、朴亮之。文圣王二年（840 年），唐文宗曾敕鸿胪寺放还新罗质子及年满合归国学生 105 人，其中究竟有多少人为宿卫侍子，不得而知。

唐朝廷先后授予新罗宿卫侍子、留学生、入朝使实际领兵将帅职衔或名誉武职职衔的人员有：

金文汪，左武卫将军；

金仁问，唐讨伐百济大军之副大总管、神丘道副大总管、右骁卫员外大将军；

智镜、恺元，将军；

日原，云麾将军；

守中，郎将；

金䜣质，郎将；

金嗣宗，果毅将军；

金思兰，委以出疆之任；

金忠信，左领军员外将军；

金端，卫尉少卿；

金相，卫尉卿；

金标石，卫尉员外少卿；

金文蔚，工部员外郎沂王府咨议参军。

以上这些人大多数所受封的是名誉职衔，受职之后即还国，并不参与什么军事活动；少数为实际的统军将领，但其征战的疆场多局限于朝鲜半岛，其中又以半岛统一战争时期赴任者为多。

第二节　唐朝军旅中的海东籍将帅

本节所要着重叙述的又一类人物是在唐朝本土腹地或边疆地区征战的有关海东籍将领。他们的事迹略述如下：

黑齿常之　《旧唐书》、《三国史记》有专传。史载，常之为百济西部人，身材高大，骁勇而有谋略。在本国时曾任达率兼郡将，相当于中国的刺史。唐罗联军攻灭百济后，常之应唐高宗诏谕，率众附唐，初任左领军员外将军，后因功累迁，先后任左武卫将军，兼检校左羽林军；左武卫大将军，仍兼检校左羽林军；受封燕国公。垂拱三年（688 年）在受命为大总管率军反击突厥入寇时，因其他将领的卤莽而导致军败，被酷吏周兴诬构谋反罪下狱，自缢而死。

常之在唐所建之功，在军事方面表现为成功地抵御、击败了吐蕃、突厥的犯边；在边疆建设方面则表现为在河源军辖境置烽燧七十余所，度开营田五千余顷，从而解决了边防转运困难的问题。为保卫唐朝边疆安全，常之功不可没。从人品方面去评价，一是智勇双全，老谋深算，身先士卒，敌人闻而胆寒；二是不以功高自傲，能够怜恤将士，前后因功所得赏赐金帛，悉数分给将士；所骑战马为士兵所损，请加鞭笞，常之则认为不能因“损私马而决官兵”，悉皆赦宥而不问。常之死，时人深表痛惜。

泉男生、泉献诚父子 男生为高句丽宝藏王（642—668）宰相（莫离支）盖苏文之长子。盖苏文死，男生代为莫离支。因兄弟阋墙，同根相煎，被迫据国内城自保，复又率其众与契丹、靺鞨兵附唐。之前，先遣其子献诚入唐诉于朝廷，唐高宗拜献诚为右武卫将军，赐乘舆、马、瑞锦、宝刀等。唐高宗授男生平壤道行军大总管，兼持节安抚大使，次年应诏入朝，迁辽东大都督、玄菟郡公，赐府第于京师。与唐罗联军一起平定高句丽后还京，进封右卫大将军、卞国公，赐予甚多。仪凤二年（677年），奉诏安抚辽东，轻徭薄赋，宽政安民。死后，帝为之举哀，并立碑记功。调露初年（679年）十月，单于大都护府突厥阿史德温傅、奉职二部先反，二十四州酋长接着响应而叛，众达数十万。朝廷先遣鸿胪卿单于大都护府长史肖嗣业等领兵征讨，不胜。于是再拜礼部尚书裴行俭为定襄道行军大总管，泉献诚充定襄讨击大使，领兵继讨。既破而还，朝廷录献诚功，授上柱国。此事两《唐书》及《资治通鉴》皆不录，惟见于《丙寅稿·泉献诚墓志跋》[1]。天授中（690—692），献诚进位右卫大将军兼羽林卫。则天皇帝曾出金币，命宰相、南北牙群臣选举善射者五人比试，胜者给予赏赐。内史张光辅举泉献诚，献诚让右玉钤卫大将军薛吐摩支，摩支坚决辞让。献诚对则天皇帝说：“陛下所挑选的善射者都不是华人，臣恐唐官因此而感到羞愧，不如取消了这次比赛。”则天皇帝采纳了他的意见。来俊臣曾向泉献诚索贿，献诚不从，于是被诬谋

① 《突厥集史》上册卷7。

反而缢杀。则天皇帝后来知其冤枉，赠右羽林卫大将军，以礼改葬。

沙吒忠义 原名沙吒相如[1]，与黑齿常之一同附唐，在平定契丹首领李尽忠（后制改为李尽灭）的叛乱和反击突厥的攻掠中屡建奇功：万岁通天元年（696 年），营州旁契丹首领李尽忠与妻兄归诚州刺史孙万荣杀都督赵文翙，举兵反，尽忠死后，其党孙万荣（后制改为孙万斩）带领其众，相继攻陷冀州、瀛州。次年，右武威卫大将军沙吒忠义奉命为前军总管，与大总管、副大总管一起率军二十万讨平之。圣历元年（698 年）八月，突厥默啜假借反武（则天）复唐之名，自将十万骑南击靖难军、平狄军、清夷军，进围妫州（今河北怀来县）、檀州（今北京市密云县），右武威卫将军沙吒忠义为天兵西道总管配合天兵中道、天兵东道等军共击之。默啜继又破蔚州之飞狐，进而残害定州，杀刺史孙彦高，将其庐舍焚烧一空；再围赵州，又杀刺史高睿，更进攻相州。沙吒忠义又奉诏为河北道前军总管，与李多祚、嵎夷公福富顺（新罗籍）一起共同讨击。默啜闻风，将在赵、定二州所掠男女八九万人尽坑之，然后出五回道遁去，所过之处，人畜、金币、子女尽行剽略。嗣圣元年（684 年），中宗始即位，默啜又进攻鸣沙，时任灵武军大总管的沙吒忠义又奉命率兵征讨，但不能胜，士卒死者三万人。默啜更纵兵入掠，然后北撤。此后，沙吒忠义不再见于史册，故亦不知其所终。

高文简、高拱毅 唐睿宗景云中（710—711），又有突厥默啜的女婿高句丽莫离支高文简、高句丽大酋高拱毅等率众附唐，有诏安置于黄河之南，并分别拜文简为左卫大将军、辽西郡王，拱毅为左领军卫将军兼刺史、平城郡公，多有赐予。

---

① 《三国史记》百济本纪。

王求娄、王毛仲父子 高句丽籍。王求娄原为官奴，生毛仲，隶属于玄宗李隆基。隆基为临淄王，常服侍事左右。景龙三年（709 年），隆基还长安，毛仲与李宜德挟弓矢为羽翼。韦后篡政称制，隆基起兵平乱，毛仲临事避而不预。事定数日，毛仲始归，隆基非但不责，反而加授将军。隆基被立为皇太子并监国，改左右万骑左右营为龙武军与左右羽林军，总称北门四军。按："万骑"在太宗皇帝时称为"百骑"。贞观中，从官户的蕃口中选取少年骁勇者一百人，令其骑豹纹鞯，着画兽纹衫。皇帝每出游猎，"百骑"便持弓矢于御马前射生。则天皇帝时，人数扩大，称为"千骑"，分隶左右羽林营。中宗孝和皇帝时称为"万骑"。玄宗改名龙武军后，以福（富）顺等人为将军，毛仲则专管东宫驼马鹰狗等坊，不久迁大将军，阶位为三品。先天二年（713 年），太平公主与中书令肖至忠、侍中岑羲等阴谋作乱，毛仲参与平定有功，授辅国大将军、左武卫大将军、检校内外闲厩兼知监牧使，进封霍国公，实封五百户。开元七年（719 年），进位特进，行太仆卿，余并如故。九年，使持节充朔方道防御讨击大使。因毛仲部统严整，畜牧业发展很快，牲畜繁衍数量比前增加数倍，刍粟之类亦多有盈余。有一年，扈从玄宗皇帝东封泰山，毛仲调集诸牧之马数万匹，以色分队，远望犹如云锦。玄宗因此大喜，敕张说作《监牧颂》褒扬其美，并加开府仪同三司。因毛仲之功，玄宗先后赠其父求娄秦州刺史、益州大都督。

起初，毛仲为人做事尚能奉公正直，不避权贵，属下官吏皆惧其威；营田作务，收成丰溢。又毛仲虽有皇帝所赐庄宅，奴婢、驼马、钱帛不计其数，但却常住在闲厩旁边的内宅；凡侍候皇帝宴赏，则于御幄前连榻而坐，颇博皇帝的欢心。后来，毛仲骄纵，求为兵部尚书，玄宗不许，由是怏怏不乐，怨心见于言表。又与福（富）顺、宜德、唐地文等数十人相善，多为不法，中官因此恨之入骨。后因向太原军器监索要甲仗而事发，玄宗下诏远贬瀼州，复诏于永州缢杀之。其子守贞、守廉、守庆、守道亦被远贬。

高仙芝 高句丽籍。亦将门之种，其父曾官至安西四镇十将、诸卫将军。仙芝善于骑射，骁勇果敢。初因父功授游击将军。20岁出头即拜将军，权位与父同。开元末（741年），出任安西副都护、四镇都知兵马使，在反击吐蕃对安西四镇的寇掠、解除吐蕃对大小勃律等国的控制，使拂林、大食诸胡72国重新归附于唐，款塞朝献，功勋卓著。制授仙芝鸿胪卿、摄御史中丞，代替夫蒙灵詧为安西四镇节度使。天宝八年（749年）入朝，加特进，兼左金吾卫大将军同正员。九年，复将兵讨平石国，获其国王归长安，有诏拜开府仪同三司。不久又以之为右羽林军大将军。十四年，进封密云郡公。安禄山叛乱，仙芝出任讨贼副元帅，继封常清之后奉命率师出潼关进讨，仍兼御史大夫。出师日，玄宗皇帝慰劳于望春亭。封常清兵败汜水，安禄山攻陷东京（洛阳），西京（长安）危在旦夕。封常清与高仙芝自陕州退守潼关，缮修守具，又分兵守善和戍。贼至关下，知有备而退去。潼关暂保，京师之危稍解。但由于监军边令诚对守务事横加干扰，并诬奏仙芝减截兵粮及赐物等而被枉杀。

王思礼 亦高句丽种属，出身将门，自小从戎军旅，先后充任王忠嗣、哥舒翰军中押衙，管领仪仗侍卫。复因功迁右金吾卫将军，充关西兵马使，兼河源军使。天宝十一年（752年），又迁云麾将军。十四年，加金城太首。“安史之乱”起，哥舒翰出任元帅，奏请加王思礼开府仪同三司，兼太常卿同正员充元帅府马军都将，共同决断军务。但因潼关失守，便桥之战又不利，虽免死而除为关内节度使，守武功、扶风。后在收复西京（长安）、东京（洛阳）以及绛郡等战役中屡屡建功，于是官迁户部尚书，受封为霍国公，实封三百户。乾元二年(759年)，在围攻相州安庆绪叛军的战役中，官军溃败，惟王思礼与李光弼两军独存。有诏以思礼为太原尹、北京留守、河东节度使兼御史大夫，不久又加守司空。自李唐王朝建立以来，三公中无兼任宰辅者，至思礼而破例。据《册府元龟》载，唐朝廷曾于西京（长安）赐给王思礼“庄、宅各一区”。上元二年（761年）四月，王思礼病故，有诏辍朝一日。赠太尉，谥武烈，葬事隆重。史家在评价王思礼时说，他长于用计而短于用兵，但立法严整，士卒不敢犯。时议多有褒辞。

从上述介绍中，可以看出，唐代军旅中的海东籍将帅在保卫、建设唐朝边防，平定内部叛乱，安定社会等方面都多有贡献，他们的军事技术、战略战术以及管理技能，也大大地丰富了中国军事文化宝库，使之变得更加绚丽多彩。

第三节　新罗兵器及弓弩制造技术传入唐朝

有关兵器的交流，在前面有关经济交流的章节中实际已夹杂谈到，为了对此一问题有一个整体的了解，这里再不厌其烦地略叙如下：

如前所述，在朝鲜的考古发掘中，曾出土过秦戈，这是有实物可证的中国最早传于朝鲜半岛的兵器，同时也是有据可查的惟一一例。但在实际上则绝不止于此，卫满之奔朝鲜，汉、隋、唐等对半岛之用兵过程，等等，其实都是两国兵器之大交流。

朝鲜半岛方面传于中国者也只有百济的明光铠、铁甲、雕斧、金甲等为数很少的几样。

关于军事制造技术的交流，《三国史记》新罗本纪有这样一则记载：新罗国自真兴王时起兴花郎道，凡男子尚习武，人多有善射者，其弓弩制造技术亦甚精湛，其中最有名的弩师叫仇珍川。文武王九年（669 年），唐朝廷遣使至新罗，召仇珍川入唐，令其造木弩。仇珍川遵命造出木弩，但只能射出 30 步远。唐高宗问他："听说你在本国所造木弩可射千步，而现在所造的却只能射三十步，这是什么原因?"仇珍川回答说："这是因为木材不好，如果用本国的木材，则可以制造出能射千里之箭。"皇帝听此一说，随即遣使到新罗国求取良材。新罗国于是派遣专使大奈麻福汉前来献木。皇帝命仇珍川重造，但第二次造出来的弓弩也只能射 60 步。皇帝再追问原因，仇珍川回答说："这我也弄不清楚了。会不会是从海上运过来时，被湿气所侵的缘故?"皇帝怀疑仇珍川故意保守技术机密，不愿为其制造良弩，治之以重罪，而仇珍川则始终把制弩技术关节秘而不宣。

这个故事后来如何发展，不得而知。但仅从上面的叙述中却已经可以看出新罗国有着制造弓弩的高超技术以及唐罗两国军事技术交流之一斑。由于弓弩在古代的兵器中也算得上是"远程"、"轻型"武器了，所以，仇珍川从维护本民族国家利益出发，没有完全拿出真本事为唐高宗制造良弩，这是完全可以理解、无可厚非的。

第十章

佛教文化的交流

朝鲜半岛佛教由中国传入，这是一个不争的事实。中朝佛教文化交流不仅是全面系统的，而且具有双向性和互补性。佛教文化交流是以两国间政治上的密切关系和经济、文化上的广泛交流为大背景，为前提，为基础，反过来又起到加深两国间友好关系，促进经济、文化交流的作用。中朝两国佛教文化交流时间长，内容丰富，人员往来频繁，影响广泛，是世界文化交流史上的一种罕见现象。长安作为中国古代13个朝代的首都，不仅是当时全国的政治、经济、文化中心，同时也是佛教的弘传中心，因此，在中国与朝鲜诸国整个佛教文化交流中，长安是最主要的重镇，无论是初传时期还是义学兴盛阶段都是如此。

第一节　海东佛教的源头在长安

佛教传播朝鲜半岛，始于公元4世纪70年代，相当于朝鲜三国时代的中期。三国之中，高句丽居半岛北部，百济居半岛南部之西，新罗位于半岛南部之东南。从社会生产力发展角度看，高句丽最高，百济次之，新罗最落后。从与中国交通方面看，高句丽为中国的毗邻，百济越西海（即黄海）与中国之吴越通，新罗与中国通则必须经过高句丽或百济。以上这些因素决定了三国接受中国文化的先后。仅从佛教传播方面而言，也是高句丽接受在先，百济其次，新罗居后。而高句丽佛教则是由长安僧人首先传过去的。《三国史记》高句丽本纪载，高句丽第十七代国王小兽林王即位之第二年（372 年）六月，前秦国主苻坚曾派遣使者及僧人顺道送佛像、经籍给高句丽，小兽林王则以方物回谢。苻坚是一位既崇儒，又奉佛的君主，他南伐攻陷襄阳时，曾将在那里传教弘法的著名高僧道安及一位名士习凿齿带回长安，对左右说，我以十万之师取襄阳，所得不过“一人半”而已。左右问他“一人半”指谁，他回答说，安公为一人，习凿齿为半人。① 可见他对高僧道安的尊重。道安既入关，他的万余名弟子也跟着北至长安，长安的佛教势力因此迅猛增长。道安在长安主要的工作是把那里的中、西僧人昙摩难提、僧伽提婆、僧伽跋澄、昙摩鞞、法和、竺佛念、道整等组织起来翻译佛经，对翻译经验进行总结，撰写经疏，同时还建议苻坚将龟兹高僧鸠摩罗什迎请至长安，共同发展长安的佛教事业。这些事实说明，前秦的国都长安是当时北方的佛教弘传中心。因此，苻坚派遣送经像到高句丽的顺道和尚为长安僧人，这是没有疑问的。又据梁慧皎《高僧传》昙始传载，关中僧人昙始是一位颇具神异色彩的和尚，他于晋孝武帝太元末年（386 年）携带佛教经、律典籍数十部前往辽东高句丽宣化，既讲授“三乘教义”，而且还在当地建立出家受戒制度。于是，长安佛教第二次传播于高句丽。义熙（405—418）初，昙始还归关中，继续弘法化导众生。

继高句丽之后，百济于枕流王即位元年（384 年）从来自东晋的胡僧摩罗难陀接受佛法，并于次年建寺度僧。

① 《大藏经》第 50 册第 351 页梁僧祐《高僧传》道安本传。

新罗则晚至5世纪中后期始从来自高句丽的僧人阿道接受佛法。至此，中国佛教传遍朝鲜半岛三国。而从源头上看，是长安僧人首开朝鲜佛教的先河。

第二节　长安地区的海东求法请益僧总览

中国佛教传入海东之后，很快对半岛三国统治者及民众产生广泛的影响，皈依信奉者日益增加。但由于佛教初传，经典尚少，疑义甚多，修行弘法实践中遇到种种难题，极待解决，于是有人开始到中国游学，求法请益。而统治阶级在信奉中也发现佛法能够起到教化民心的作用，可以作为朝政的一种补充，于是对民间的游学求法活动也大力加以支持、鼓励，甚至由国家出面加以组织。这样，海东僧俗入华游学求法便逐渐地形成为一项广泛持久的活动。求法取代了传法，海东佛教由第一阶段进入第二阶段。而正是由于求法请益活动的兴起与发展，海东佛教开始迈开了迅速发展的步伐。

公元4世纪后期至14世纪末期，海东入华游学求法的僧俗可谓数以千计，至今有名号或事迹可考者尚有三百人左右。在游学求法兴盛阶段，即隋灭陈统一中国（589年）至唐亡（907年）阶段，海东僧俗的入华游学求法活动尤其与长安有着密切的关系。此一阶段的游学求法僧俗共有185人，其中到长安游学求法者达76人，而这些人又多集中在中国佛教义学兴盛、宗派勃兴的时期，即唐初至“会昌法难”开始（845年）前。这些到长安游学求法的僧人是：圆光、缘光、安含（弘）、圆安、慧灌、道登、惠通、明晓、印法师、慈藏、僧实等十余人、圆胜、神昉、圆测、道证、道伦、胜庄、智仁（忍）、神廓、玄范、义寂、连义、义湘、均如、孝忠、胜诠、崇济、信诚、金思让、神行、慧业、玄照、慧轮、阿离耶拔摩、玄太、玄恪、求本、玄游、二新僧、慧超、玄超、不可思议、均亮、惠日、义林、悟真、弘印、崔仁滚、弘惠、无相、无漏、审祥、梵修、如海、梵日、道亮、无染、无著、行寂、雅觉、元弘、崔致远、慧昭、玄昱、云居和尚等。这些僧人大部分学成还国，把中国佛教的众多经典、宗派学说等佛教文化等传播于半岛，为促进海东佛教的发展、为推动中国与海东佛教文化交流作出了巨大的贡献。少部分僧人终生留居长安，有的成了造诣很深、影响一方的法门领袖，有的为中国佛教的译经事业贡献了毕生的精力。

圆测

海东僧人入华游学求法的特点，拙著《中韩佛教关系一千年》曾将其概括为以下几点：

一、对中国佛教的发展动态高度关注，追踪时学，及时调整求法请益的方向和重心。海东僧俗十分注意观察中国佛教的发展变化情况，一旦发现新经典的译出，新学说的出现，新宗派的酝酿、成立，等等，立即就会有海东僧人前来投师请法，在一定的时段里形成学僧风从的现象。从后面拟要介绍的各宗各派的求法学僧的文字中，将会明显地反映出这一倾向来。

二、崇尚中华主体文化，随中华主体文化中心的转移而确定求法的去向。中国是一个由多民族组成的大家庭，中华文化是由汉民族文化及各少数民族文化共同组成的多元性文化。在历史上，由于多方面的原因，各民族的政治、经济发展是不平衡的，既不同步，水平也不一样，因而造成文化上的先进与落后的差别也是不可避免的。由于数量、质量和对整个社会影响程度上的不同，中华文化在客观上又存在着主体文化和非主体文化的差别。汉民族是中国的主体民族，在社会发展阶段上曾经率先走在国内各民族的前列，其所创造的文化无疑也便成为中华文化中的主体成分，并且较之于其他元系文化丰富和先进。这一主体文化最初起源并发展于黄河中下游地区，随着中国封建社会出现第一次大分裂，北方少数民族入主中原，汉民族政权播迁江南，这一主体文化也开始南移并获得进一步发展，以至使南方政权获得“文国”的称号。由汉民族建立的隋唐统一政权重新奠都北方，这一主体文化于是再由江南向更广阔的地域发展，而当时的国都长安、洛阳则再次成为主体文化的中心。主体文化的这种变化，直接影响着海东僧俗游学求法行踪，也就是说，他们所向往的游学求法地点是主体文化区域，特别是主体文化的中心。纵观整个求法请益活动的历史，求法请益僧绝少到过少数民族政权统治的地区。造成这一倾向的原因，应当是佛教在与汉文化中的儒、道学说融合后逐渐呈现出主体文化的色彩，更容易被海东僧俗接受和理解。

三、求法请益主从明确，讲求高效率和好效果。所谓主从，包括两个方面：一是以入华求法请益为主，赴西域求法请益为辅；二是以求取汉译佛教三藏典籍为主，直接从事胡、梵经典翻译为辅。佛教传播也包含教典的传播，在中西僧人的艰苦努力下，大量胡梵佛经被翻译成汉文，再经过汉僧的注疏诠释，不仅阐明了佛教的真义，而且还有了新的发展。而当时的海东国家通用汉文，既可在中国就地解决弘法中遇到的难题，掌握佛法真谛，又有现成的汉文经典可供研究诵读，省时省力，便捷快当，所以，遵循主从的原则行事，理所当然，势所必然。但印度终归是佛教的发祥地，对虔诚释子也具有相当的吸引力，因而有些僧人或直接从半岛出发，或来到中国后再寻找机会到印度求法和巡礼圣迹。但碍于路途遥远，困难重重，敢于或者能够迈出这一步的僧人为数并不多。在可考的数百名入华求法请益僧中，继续西行者不过十数位而已。

四、在全部入华求法请益僧俗中，从海路来者占绝大多数，从陆路来者非常有限，在中国社会处于大分裂、大动荡时期尤其如此。这种情况的出现，大致有以下原因：一是海路比之陆路通关验牒少，人为障碍少，往来近便；二是通过海路无论从登州或明州登陆，都可以直达中国主体文化区域。

第三节 研习三论宗之求法请益僧

三论宗是中国佛教最早成立的宗派，它所依据的经典是高僧鸠摩罗什在长安译出的《中论》、《百论》、《十二门论》，此外还有《大智度论》。三论宗属大乘空宗，阐述弘扬的是印度大乘佛教的中观思想理论。所谓中观，也称中道，即既“非有”，亦“非空”的认识论。在佛教看来，世间乃至宇宙的一切事物（诸法）都是由因缘和合所生，并无自性（亦即无实体)。既无自性，也就无所谓生灭；既无生灭，则“断”与“常”、“一”与“异”、“来”与“去”也就无从谈起，也就是“一切皆空”。所谓的“有”，其实只是一种“假有”，而所谓的“空”，也不是一无所有的空，只有这样的“空”才是“真实”。佛教将这种认识论称为第一义谛。但是，众生“无明”，作虚妄想，认为这些“因缘所生法”都是真实不虚的，是真有。这就是所谓的“世俗谛”。为了引导众生克服“无明”，认识“一切皆空”的道理，而说“假有”，这个“假有”（或称“假名”）就是“中道”。换一种说法，就是“空”则非“有”，“假有”则非“空”，非有非空，是为中道。三论宗的最高的修持目标就是证得诸法性空的中道实相的认识境界。

将鸠摩罗什的三论思想继承并弘扬开来的人是僧肇，高句丽僧人僧朗传得僧肇的法脉，再传之于僧诠，僧诠传于法朗，法朗传于吉藏。法朗以前，三论的弘扬中心在金陵的栖霞寺和兴皇寺。吉藏继承法朗的法席后，先后在会稽（今绍兴）的秦望山嘉祥寺、扬州慧日寺、长安日严寺等处说法注疏。其中，吉藏于开皇大业之交到达长安，至唐武德六年（623 年）入寂，总共在长安居住弘法长达二十多年。大业四年（608 年），吉藏最后完成《三论》、《百论》、《十二门论》的疏释，从而开创了中国佛教史上的第一个宗派——三论宗。南朝陈将亡之际，高句丽求法僧印公与同国僧实法师在金陵东安寺研习三论学说。实法师入寂后，印法师自江陵入蜀，继续弘扬三论，后来，偕同其弟子灵睿到长安继续游学，即所谓“入京流听诸法”[①]。印公是否学成还国，无从考证。

又据日本《本朝高僧传》记载，高句丽求法僧投嘉祥大师吉藏研习三论者有慧灌和道登二人。慧灌大约于吉藏移住扬州慧日寺时投其门下习法，后复随师前往京师长安。吉藏去世后，慧灌于武德八年（625 年）随日本朝贡使至东瀛，奉敕住元兴寺弘扬三论空宗，后被推为日本三论宗的始祖。史载，道登入唐时间为高句丽荣留王十年（627 年），而从嘉祥寺吉藏大师受三论玄旨，后随日本遣唐使赴东瀛。这条资料与吉藏的

① 《大藏经》第 50 册第 539 页《续高僧传》灵睿本传。

生平事迹颇有矛盾，但从大体上看，在唐初入唐是比较符合事实的。道登到了日本，与慧灌同住于一个寺院，后来也成了日本佛教史上的一代名僧。慧灌、道登生在高句丽，学在中国长安，法益流润日本而无缘传灯于故国。

第四节　研习律学的求法请益僧

释迦牟尼所说法，包括戒、定、慧三学。三学之中，戒律为先，守戒则能入定，既定则智慧生发，于是觉悟可期，最终达到证性成佛的目的。

佛教戒律共有五部，中国已传四部，而盛行昙无德部之《四分律》，故中国律宗又称四分宗。四分宗又分为南山宗、相部宗和东塔宗，后世所尊者为南山宗。《四分律》本为小乘佛教之戒律，但南山宗的创始人道宣律师将其与大乘佛教教义会通起来，使之成为大乘佛教四众接受并共同持守的律条。道宣律师上承智首、道洪、道云、慧光，其后则分为资持、会正两支。

海东求法请益僧在长安研习律学最有成效的是新罗僧慈藏和圆胜二人。

慈藏出身于真骨品贵族之家，父母亡丧后即捐妻子田园而建寺庙，自己则避居深山幽险处修白骨观，后又感天人授五戒，自此以之化导一方。新罗善德王即位五年，即唐贞观十年(636年，《续高僧传》作十二年)，奉敕率门人僧实等十余人入唐求法，先至代北五台山礼文殊菩萨，梦受梵偈、舍利、袈裟。然后经大和池（五台山北台）前往京师长安。唐太宗派专使抚慰，并安置于胜光寺别院居住，赐予既厚，供给亦殊。后为求安静，又上表请入京城南之终南山，于云际寺东崖架屋而住，时达三年之久。后下山复入京，太宗又赐绢200匹充衣费。贞观十七年，慈藏奉本国国王之命还国，太宗敕准，并召引入宫，赐纳一领、杂彩500匹，东宫太子赐缎200匹。又于弘福寺设斋度僧，敕太常九部乐供养，表示隆重欢送。慈藏乞赐《大藏经》一部并诸多幢幡花盖，太宗一皆应允。慈藏在长安七年，既受法，又传法。他来到长安后，即从空观寺大德法常受菩萨戒，尽礼师事；采撷新兴的华严学和弥陀净土说。住云际寺时，则为人传戒，长安远近僧俗每天都有数以千计的人前往请其授戒。《三国遗事》沿引《乡传》说，慈藏曾应太宗之请，入宫讲授《华严经》等等。慈藏还国后，国王任命其为大国统，主管全国一切僧尼事务。他针对新罗佛教传来后“仪轨阙如”之短，采取多项措施整顿僧团，在全国范围内建立健全的护戒受戒制度，仿照道宣律师的做法，在通度寺创设全国第一座戒坛，有力地推动了新罗佛教走向成熟。从此之后，国人十之八九受戒奉佛，削发请度为僧者日益增多。其间，慈藏还大力弘扬《菩萨戒本》、《十诵律》、《四分律》。他在律学方面的著述有《四分羯磨记》1卷，《十诵律木叉记》1卷。总的看，慈藏的律学思想是新旧兼弘，数律并存，不拘一本。这一特点正与唐初律宗正式创立前后的律学形势相同。由于慈藏定律，使新罗佛教跃上了新台阶，因此，后人推崇他为海东律学的鼻祖和新罗佛教史上的“十圣”之一。

圆胜入唐时间比慈藏早，但还国时却是一路同行的。他在长安的行迹不明。还国后曾大开法门，讲说律部，与慈藏一样名重于当时。他的律学撰述有《梵网经记》1卷、《四分律羯磨记》2卷、《四分律木叉记》1卷。

慈藏与圆胜都是首先在新罗弘扬《四分律》的先驱人物，其律学思想特点也基本相同。道宣律师对此二人评价颇高，认为新罗佛教是从慈藏与圆胜二人传弘律学后，戒、定、慧三学才开始兼备，他们都是通法、护法的重要人物。

除以上二人外，新罗求法请益僧在长安研习律学的还有智仁（忍）、道伦、胜庄、义寂四人，他们在律学上都有专门著作，其中，智仁有《四分律六卷抄记》，道伦有《四分律诀问》，胜庄有《梵网经述记》2卷（或作4卷），义寂有《梵网经疏》和《梵网经文记》。

第五节　研习华严学的求法请益僧

华严学指对《华严经》及相关经典的教义、思想的研习与修行。中国华严学之滥觞，可以追溯到对《十地经》、《十住经》的研习等。迨至东晋义熙十四年（418年）佛陀跋驮罗在建业译出六十卷本《华严经》以后，随着它的流传，江南、河北的华严学也进一步兴盛起来。至唐初，在京师长安形成华严学的中心，大约于唐高宗、武则天时最终形成宗派。正式创始人为贤首国师法藏，所以，华严宗又称贤首宗，上推杜顺和尚为初祖，智俨为二祖，法藏之后的澄观为四祖，宗密禅师为五祖。“会昌法难”之后，华严宗与其他一些宗派开始衰落，北宋时复有长水子睿、晋水净源师徒继其法脉，号称“中兴”。

华严宗所依据的主要经典是《华严经》，主弘“法界缘起”说。这里的“法界”是指法性、佛性。所谓“缘起”，即待缘而起，因缘而起。华严宗认为，“一真法界”（简单地说就是“法性”）是世界的本源，世间的一切事物（即“万有”）都是由这“一真法界”派生出来的，而宇宙万法，包括有为法（因缘所生之法）和无为法（非因缘造作之法）、无知觉的物质（色）和有感知的意识（心）、有情众生（正）及其所依止的世间一切事物（依）等“诸缘”，彼此等同（相即），互相融摄（相入），一法可以起一切法，一切法可以起一法，万有缘万有而起，无穷无尽，如因陀罗网（传说为装饰帝释天宫殿之网，此网之线与珠玉交络，相互环扣照映，重重影现，隐影互彰，重重无尽)。法界缘起说承认世界万物为客观存在，但都是由“一真法界”所造，属客观唯心主义哲学范畴。法界缘起是对华严宗思想的总概括，而举六相、十玄作具体解析。在华严宗正式创立之前，其判教（五教）、六相、十玄说已经出现，但尚处于游移不定之中，至法藏才最后确定下来，以后各祖师虽有发展，但大旨未变。

海东求法请益僧在长安研习华严学者有慈藏、义湘、胜诠、孝忠、梵修、连义六人，主要者为慈藏、义湘、胜诠、梵修四人。

慈藏事迹已见于律学一节，这里仅就其华严学思想作一简单陈述。前文说过，慈藏在唐都长安曾讲过《华严经》，回国后也弘扬过华严学，即在本国仿建五台山开弘华严学说和在亢宁寺讲《杂华》10万偈。《杂华》即《华严经》。他所讲的华严学当不出在五台山所受梵偈的范围。史载，慈藏在五台山礼文殊菩萨像时，梦文殊摸顶受梵偈，偈文是：“了知一切法，自性无所有。如是解法性，即见卢舍那。”① 这四句偈文的意思是：彻底地认识到宇宙万有都是由“一真法界”派生出来的，诸法的自性就是“缘起”，而各自并无分别的一定自性；如果以这样的观点去解释佛法的真如法性，就一定能最后修成正果。卢舍那（佛）是华严教所尊奉的本尊，见卢舍那佛即见性，见性即成佛。梵偈所表达的意思实际上就是对华严宗的法界缘起说的解析。慈藏是在新罗境内研弘华严学的先驱者。

在求法请益的华严学僧中，最有成就者当属义湘。他于唐高宗龙朔二年（662年）入唐至长安，从终南山至相寺智俨法师研习华严学，与后来创立华严宗的法藏和尚有同学关系，同为俨师的入室弟子，一起学习的时间达十年之久。十年中，义

① 《大藏经》第49册第953页《三国遗事》卷3“台山五万真身”条。

湘不懈地探询华严要义，剖析幽微，钩深索隐，克发新致，史称其“德瓶云满，藏海嬉游”[①]。最后在总结学习心得时写成《华严一乘法界图》1卷，内容包括“书印”和“略疏”两部分，其理论高度仍不出智俨的学说水平。就在撰成《法界图》的当年，智俨入寂，义湘亦于不久后（671年）还归故国，创建浮石寺弘扬其师智俨的学说。这是新罗弘扬中国华严宗学说的第一阶段。二十年后，义湘思念同学，托入唐学僧孝忠转送白金九分给法藏，法藏收到后，

义 湘

非常感谢，惟以不得书信而抱憾。就在这一年，法藏门下之新罗僧胜诠将还国，法藏托其给义湘捎去自己的新作《华严探玄记》等多部章疏，并送给西国国王所赠澡罐一口，借以表示微诚。义湘收到法藏的文稿后，即掩室披阅，有如再次亲聆俨师之训诲；经过数旬探讨，复教授于众弟子。接着又创建十所寺院，专门弘扬法藏学说，即成熟了的中国华严宗宗旨。这是新罗弘扬中国华严学的第二阶段。基于义湘弘扬华严学取得的成就，后人推尊其为海东华严宗的初祖和新罗佛教十圣之一。

① 《宋高僧传》义湘本传，《大正藏》第50册729页。

胜诠为义湘的弟子，受师之嘱渡海入唐，至长安从贤首法藏研习华严学，“领受玄指，研微积虑，慧鉴超颖，探赜索隐，妙尽隅奥”①。学成后于唐天授三年（692年）还国，受法藏之托，将法藏新出章疏抄写携归给义湘，自己则在尚州建寺弘法，以石髑髅为徒众，开讲《华严经》。他是比义湘稍后在新罗弘扬华严学的重要人物，史称“圆融之教晦，遍洽青丘（即朝鲜半岛），实师之功也”②。

继胜诠、孝忠之后，新罗僧梵修也于贞元十四年（798年）前后入唐至长安研习华严学。其时，华严宗四祖澄观法师正奉敕在终南山圭峰草堂寺撰成《新译华严经后分经疏》10卷。梵修及时地请得此10卷《经疏》，并于贞元十五年（799年）携归本国弘扬。澄观的华严学在维护法藏正统学说的同时，又将华严教义会通于天台、禅两宗，将“法界”与“一心”联系起来，使华严宗的法界缘起说与天台宗的“一念之心具三千法界”的三谛圆融说相契合；在此同时，还以“即圣心而见凡心”、“如来不断性恶”、“佛心中有众生”等说教，将华严宗原来的“背性起恶”说与天台宗“性具善恶”说协调一致；在肯定华严宗在判教上的五教说的同时，将南北禅宗的顿、渐法门同判为顿教，以华严宗的藉教悟宗、洞彻法界（即“造解成观”）、证果成佛比拟于禅宗的“三界兴起，同归一心，前佛后佛，以心传心，不立文字”的宗旨，会通禅教，强调禅教一致。《新译华严经后分经疏》是澄观的后期著作，拟应包括了其上述观点。这也就是梵修归国所弘的华严学。是为新罗传习中国华严宗学说的第三阶段。第四阶段是高丽义天法师所传晋水净源的华严学，但这是后话，且与长安无关，故此处不赘。

①② 《大藏经》第49册第953页《三国遗事》卷4“胜诠髑髅”条。

第六节 研习法相唯识学的求法请益僧

法相唯识学之“法相”，指的是具有同一理性的诸法的各自不同相貌；“唯识”指的是宇宙万有皆由心识所变现。以识别诸法同具一性而呈现不同相状、阐释万法由心变现的道理的学说叫法相唯识学。在中国，弘扬法相唯识学的宗派叫法相唯识宗，也可简称法相宗或唯识宗。由于此一宗派由玄奘法师及其弟子窥基创立，所以此宗又称慈恩宗。此宗所依据的经典主要有《解深密经》、《瑜伽师地论》和《成唯识论》等。其传承，在印度可以追溯到弥勒菩萨，继承者最早有无著、世亲兄弟。唐代时，玄奘三藏西行求法，在那烂陀寺从戒贤法师处学得此法，并奉师命传于中国。

在朝鲜半岛国家的入华求法请益学僧中，研习法相唯识学者大约十人左右。

在唯识宗创立以前，前来研习早期唯识学（即《十地经论》和《摄大乘论》所宣说的唯识学）的学僧有义渊、智晃和圆光，其中的圆光就与西安有着密切的关系。《摄大乘论》有印度无著撰述，世亲、无性曾为之作论释。《摄大乘论》在中国有北魏佛陀扇多、陈真谛、唐玄奘三藏三种译本。世亲的《释论》也有真谛、玄奘和达磨笈多三种译本。摄论学所依据的是真谛于陈天嘉四年（563 年）在广州译出的《摄大乘论》3 卷和世亲《释论》12 卷。真谛在世时，摄论学说未为时人所接受。直至隋初，真谛的弟子道尼及高僧昙迁等人来到京师长安积极宣讲，摄论学才终于兴盛起来。陈亡（589 年）后，新罗入华学僧圆光从姑苏（今江苏苏州）来到长安，投师学习

《摄大乘论》，慧解超人，一时宣誉京华。[1]

到了唐代，师从玄奘法师研习唯识学的新罗僧人更多，计有神昉、圆测、智仁、玄范、义寂、神郭、胜庄、道伦、道证等。

神昉入华时间不详，贞观十九年（645年）前已是长安法海寺（位于布政坊西门之南）的大德。当玄奘法师自印度求法还国，并奉命在弘福寺组织译经场时，房玄龄为之从全国选调谙解大小乘经纶、为时辈所推的十二名大德赴京担任译经证义工作，神昉即在其列。自此之后，他一直跟随玄奘，协助翻译，与译场相始终。其参与翻译的佛经有《大毗婆沙论》（200卷）、《大般若经》（600卷）、《缘起经》（1卷）。玄奘圆寂后，神昉又重返大慈恩寺继续弘法活动。寂后在大慈恩寺建塔供养，武三思为其撰塔铭，时为证圣元年（695年）五月。[2]他在玄奘译场内工作达二十年之久，这在新罗乃至各国入华学僧中是绝无仅有的。神昉在译经的同时，还勤奋撰述章疏，有关唯识学的有《唯识要集》13卷、《种性差别集》3卷、《成唯识论文记》10卷、《顺正理论文记序》24卷。在唯识宗内部矛盾斗争比较激烈的情况下，神昉能够安然在玄奘译场里工作如此长时间，这说明他的唯识学思想或者是比较平和公允，或者与慈恩大师窥基的观点相同。

智仁是玄奘译场内的又一名新罗学僧，他协助玄奘译经达数年之久，但有关其年寿、入华时间及还国与否等项皆不详。智仁参与翻译的佛经有《因明入正理论》1卷、《般若波罗密多心经》1卷、《因明正理门论本》1卷。此后，智仁继续在玄奘译场工作了数年，主要是从事章疏的撰述，有关唯识学的著

① 《续高僧传》圆光本传，《大正藏》第50册523页。

② 《宝刻丛刊》卷7第197页，商务印书馆。

作有《佛地经论疏》、《显扬论疏》和《阿毗达磨杂集论疏》。

圆测（613—696），讳文雅，其先人为冯氏燕国王族，后移居朝鲜半岛新罗庆州之牟梁里。襁褓出家，15岁入唐请业，时为贞观二年（628年）。先就京师长安法常、僧辩二法师习法，此二师皆长于《摄论》。后来，由太宗皇帝敕度为僧，住玄法寺，古今章疏，无不娴晓，由此声名蔼著。其中又特长于《地论》和《摄论》，在唯识学方面早有深厚的功底。玄奘法师早圆测一年师从法常、僧辩二师习法，所以，二人曾为同学，属师兄弟。贞观十九年（645年），玄奘求法还国，在京师从事佛经翻译，弘扬印度戒贤一系的唯识学。自此，圆测在旧学的基础上又接触、研习了玄奘带回的唯识新学。显庆三年（658年）六月，高宗敕建的延康坊西明寺落成，玄奘奉命移住此寺，圆测等五十名大德亦奉敕同住是寺，佐奘师弘法教化。但玄奘率译经班子赴玉华宫译经，圆测并未同往。所以，没有迹象可以证明圆测曾参与过玄奘译场工作。玄奘法师于麟德二年（665年）圆寂后，窥基法师重新回到大慈恩寺弘法和整理旧撰章疏，慈恩系势力呈增长态势；圆测与窥基在学说上观点不同，存在矛盾，为了避免与其公开冲突，于是离开西明寺，入终南山云际寺及离云际寺三十里处闲居，“静志”八年，[①] 后复被西明寺僧迎请还原寺弘扬西明系唯识学。这意味着西明系学说势力开始超过慈恩系。于是，窥基也为了避免与圆测发生公开冲突，自咸亨四年（673年）开始，两次离京躬游河东和五台山，将弘法重点由长安转移到东部地区。第二次从五台山回来之次年（682年），即告入寂，唯识宗之慈恩系因失去主将而从此日趋衰落。唐高宗上元至万岁通天年间（674—696），圆测进一步活跃在中国佛教舞台上，武则天时，

① 《大周西明寺故翻经大德圆测法师舍利塔铭并序》。

尤其备受殊荣，史谓“武后尊贤，实重之如佛，每遇西天开士，则征东海之异人，俾就讨论，因兹演畅。是以谈经则必居其首，撰疏则独断于心，栖幽则灵感荐臻，升座则法音随应……”① 自仪凤初（676年）以后，先后参与地婆诃罗、菩提流志和实叉难陀等人组织的译场工作。万岁通天元年（696年）七月二十二日圆寂于洛阳佛授记寺，终年84岁。此时，他所参与的80卷本《华严经》的翻译尚未功毕。武则天掌政时期是圆测弘法生涯中的黄金时代。圆测圆寂前已被尊称为“海东法将”，寂后起塔于河南洛阳龙门香山北谷，其西京学徒如西明寺慈善法师、大荐福寺新罗胜庄法师等从香山葬所分得骸骨1节，以宝函石椁盛之，葬于终南山丰德寺东岭上；墓上起塔，塔内安舍利49粒。宋政和五年（1115年）四月八日，同州（今陕西大荔县）龙兴寺仁王院沙门广越法师复从丰德寺塔分出部分供养物及舍利在少陵原南沿兴教寺玄奘塔侧起塔，与窥基塔一左一右，以袝奘公。三塔至今巍然。圆测一生撰述多达十几部，诸如《成唯识论疏》、《仁王经疏》、《般若波罗密多心经疏》、《解深密经疏》、《因明正理门论疏》、《广百论疏》《百法论疏》、《二十唯识论疏》、《成唯识论别章》等，其中，《解深密经疏》由昙旷携带至敦煌，由法成法师翻译成藏文，在甘州一带流传，后收编入藏文大藏经《甘珠尔》内。后来，汉文《解深密经疏》第10卷缺失，复由藏文《甘珠尔》译为汉文补之。圆测的唯识学源自陈之真谛，亦得益于玄奘。他所代表的西明系与窥基所代表的慈恩系的根本分歧，按传统的说法是对“五种性说”各持异见，即慈恩系主五种性之“一阐提人”无佛性，永远不能成佛；西明系则主五种性人即一切众生

① 崔致远《故翻经证义大德圆测和尚讳日文》，韩国成均馆大学校大东文化研究院编印之《崔文昌侯全集》第230页。

皆可成佛。圆测的学说由其弟子道证传归新罗，太贤继之，此后因无传人而衰落。

胜庄生卒年及入华时间等项皆不详，武则天时期已是长安开化坊大荐福寺的大德。圆测圆寂后，其曾与西明寺慈善法师等从香山葬所分其骸骨1节在终南山丰德寺东岭起塔供养。综合《宋高僧传》、《开元释教录》和《贞元新定释教录》的记载，胜庄曾先后参加义净和菩提流志两个译场工作，在翻译约50部经典中充任证义大德。胜庄的撰述有8种数十卷之多，其中以唯识学方面的章疏为主，如《唯识论注枢要》、《阿毗达磨杂集论疏》、《成唯识诀》、《正理门论述记》等。从胜庄与圆测的密切关系估计，其学说思想应属西明一系。

道证也是新罗国学僧，入唐时间不明。武则天如意元年（692年）还国，上天文图于王。后在忠州创月光寺弘法。道证在唐时从圆测研习唯识学，还国后将唯识西明系学说传于高足太贤。道证的著述有《成唯识论要集》14卷、《成唯识论纲要》13卷、《摄大乘论世亲释论疏》16卷、《辨中边论疏》3卷、《大因明论》2卷等十余种。

玄范与玄奘同时出，或谓其门人。他自小出家，受学于当时名匠，专通唯识学，精探因明，曾住长安普光寺从事撰述，章疏多达十余种，如《成唯识论疏》20卷、《杂集论疏》16卷、《解深密经疏》10卷、《辨中边论疏》6卷、《摄论疏》7卷、《因明入正理疏》1卷等。则天久视元年（700年），玄范还参加了于田三藏实叉难陀主持的译经工作，在翻译《文殊师利授记经》（3卷）时充任笔受。

义寂、神郭、道（或作“遁”）伦等人或为玄奘门人，或师事于窥基。其中，义寂宗西明学说，著述宏富，有《成唯识论未详诀》2卷、《百法论总述》等二十种。神郭的撰述有《摄论无性释论疏》11卷、《摄大乘论章》5卷等三种。道伦的撰述有十七种，即《瑜伽师地论记》48卷、《大般若经略记》、《成唯识论要诀》2卷等。

在唐代，入华研习唯识学的新罗僧还有行达、智凤、智鸾、智雄等人，因与西安无关，故不述。

唯识学传播于新罗，途径有二，即除了通过入华学僧研传外，还有经籍的流布。《朝鲜佛教通史》载，唐太宗曾应新罗王之请，赐予新译出的《瑜伽师地论》100卷，“于是应理圆融之学渐盛于斯土”①。一些未入华的新罗僧人在本土研习唯识学，应当就是凭借这一类典籍。其中学有创新，影响于中华者有元晓、顺璟、太贤三人。元晓兼通成实、涅槃、摄论、三论、唯识、律宗、华严、净土八宗，号称海东佛教“八宗之祖”，对“三界唯心，万法唯识”的说教尤有心得。他的《起信论疏》曾传入中国，淮南法藏、清凉澄观及贤首之弟子慧苑都受到此《疏》的影响。顺璟则在本国接触到玄奘的“真唯识量”因明学见解，认为不妥，于是立“决定相违不定量”②。乾封间（666—668），他的此一观点传到唐都长安，窥基看后认为虽“唐突”了奘师，但却是一种独到的见解。对其本人则给予了颇高的评价，说顺璟法师声振唐蕃，学包大小乘，推崇迦叶所继承的佛陀教宗……传道于东夷，名与道日新，缁素钦仰，独步海外等等。太贤法师，虽未入华，但其学说在中国也颇有影响。传说太贤是道证的弟子，被推尊为“海东唯识之祖”③。他的著述很多，有不少流传到中国，长安大荐福寺的道峰法师曾制序总冠于太贤诸文之首，④ 序文中称赞他是继佛

① 朝鲜李能和《朝鲜佛教通史》中篇195页。

② 《宋高僧传》顺璟本传，《大正藏》第50册728页。

③ 《三国遗事》卷4“贤瑜伽海华严”条。

④ 参见《大正藏》第45册915—918页《菩萨戒本宗要》序。

五百受记弟子之后而出现的一位大师。

在此值得顺便一提的是：从上面的叙述中可以了解到，这些唯识学僧不仅在宗派学说的弘扬上成绩斐然，而且在中国佛教的译经事业上也作出了突出贡献。参与译经的僧人除上文提到者外，还有无著、慧超、惠日三僧，他们也在长安参与过译经工作，只是数量都很少。总而观之，对朝鲜入华学僧参与中国佛典翻译的活动可以作出这样几点概括：

一、八位预译僧分别前后参加了玄奘、义净、地婆诃罗、实叉难陀、菩提流志、善无畏、金刚智等七个译场的工作。有的甚至参加了两个以上译场的工作，如圆测、胜庄等；有的预译时间长达二十年左右。这些译场的主译者都是一代佛教大师或高僧大德。这些译场不仅是唐代的主要译场，而且在整个中国佛教翻译史上也占有重要地位，能够应选参与这些译场的工作无疑是一种殊荣，而享受此一殊荣的条件是必须具有精博的学问和为众推重的德行。

二、据不完全统计，以上七位主译者共译出经典达 232 部 1904 卷，其中的 76 部 1273 卷包含着八位海东学僧的智慧和心血。一些经典部帙浩繁，属长篇巨制，如《大般若经》、《大毗婆沙论》、《大宝积经》、《华严经》等，颇能考验其恒心与毅力。

三、唐代译经已进入成熟阶段，译场组织完备，分工精细。各个译场的译经班子虽有大小之不同，但一般均设译主（主持翻译工作、宣传梵本者）、笔受（翻梵音为华音，并记录下来者）、证义（与译主评量梵文词、句之义者）、缀文（在笔受的基础上增删文字、组织词句，使尽经义者），此外由于译主的梵、汉语水平不同，预译大德知识面的差异，往往还设有证梵语、证梵文、证文、证译、字学、润文、监译、监护等职事。除译主之外，笔受、证义是译经班子中最重要的职位，必须华、梵语皆通，大小乘、内外学、经律论三藏俱娴者才能胜任。缀文者则要求有较高的中国文化水平，特别是语言文字方面的修养，对于外籍僧人来说，这也不是一件容易做到的事。预译的八位海东学僧中，大部分是充任笔受和证义之职，他们在译经班子中的地位和作用自不必说。

四、比较无疑是最能说明问题的。不少国家都有入华求法请益僧，但没有哪一个国家像海东诸国那样，有那么些僧人参与了译经工作。这不仅说明了这些学僧在研究佛学以及中国文化方面所达到的广度、深度和高度，同时也充分反映了他们对中国佛教的翻译事业、中国佛教以及中国文化的发展所作出的杰出的贡献。

五、八位预译僧都是朝鲜半岛三国时代的新罗僧，因此说，海东求法僧对中国佛教唯识学的贡献，其实就是指三国中之新罗入华求法僧对中国唯识学的贡献。

第七节　研习密教的求法请益僧

中国佛教之密教分杂密和纯密，纯密又称瑜伽密。杂密始传于魏、蜀、吴三国时代，绵历时间达数百年之久，许多中外佛教名僧都翻译过杂密经典。大概是由于三国时代的杂密尚未引起世人的重视，所以一般都以东晋的帛尸梨密多罗为杂密之首传者。杂密的要旨，“不过祀鬼神，驱邪妄，为人禳灾释患而已”[①]。它所据的经典多为陀罗尼禁咒类，其法一般是设坛、持咒或咒、印结合作法，为人驱鬼禳灾，祈福求佑等等。纯密所指为继杂密之后出现的以弘扬胎藏界、金刚界两部大法为主旨的瑜伽密法。瑜伽密的教义包含理、事二门。所谓理门，即

① 《佛祖历代通载》卷 13，《大正藏》第 49 册 593 页。

指有密典经疏阐述的诸法皆空、寂然无相的义理，含有“摄持”之义，即一切事相，各各摄持其体，这个“体”指地、水、火、风、空、识六大法界。理门实即智慧门。所谓事门，即修行实践门，事即事相，指一切有生灭的有为法；一切显浅的事相都包含着深奥的道理，亦即真如、佛性。按照密教的仪轨，通过结印（身密）、念咒（口密）、入定观想（意密），“三密”相应相契，获得佛力的加持，最后显现自己本具的佛性（即诸法皆空、寂然无相的道理或境界），达到证菩提的目的。胎藏界密法强调以大慈大悲为根本，生发出菩提心（即求真道、求正觉之心），从菩提心成就菩提行，最后证性成佛。金刚界密法则强调一切众生都具有无比坚固的“如来金刚性”，通过修行，即可获得这种金刚性亦即“毗卢遮那大自在身海性功德”，最后证得正果。瑜伽密宗由“开元三大士”善无畏、金刚智、不空共同创立，其所依据的根本经典有《大毗卢遮那成佛神变加持经》（即《大日经》）、《金刚顶瑜伽中略出念诵法》等。

在杂密、纯密盛行的两个阶段，都有海东僧人前来请益研习，这些僧人是明朗、惠通、明晓、玄超、慧（惠）超、不可思议、义林（或谓自唐赴海东弘法者）、悟真、惠日、均谅（又作亮）和弘印等十余人。其中除玄超、慧超、悟真卒于中国外，余僧均以所学传之本国，且多有贡献。此十余位僧人的入华，都集中于唐朝一代，并贯穿于其始终。所传者为初期的杂密、中期的纯密。由于五代以后不再有习密的求法僧，故宋初由法天、天息灾、施护等传入的印度晚期密教并未在海东诸国流播。

释明朗，字国育，新罗沙干才良之子。善德王元年（632年）入唐求学密法，但在唐的行迹不明。善德王四年回国，创建金刚寺弘扬密教。新罗统一半岛后，与唐朝发生矛盾，唐朝廷拟兴师“问罪”，新罗则起兵拒之。释明朗应朝廷请求，于神文王十一年（671 年）在庆州狼山南麓神游林依据白尸梨密多罗所译《佛说灌顶伏魔封印大神咒经》设密坛，念咒施法，拒唐兵于海上。[①]

继释明朗之后入华习密的僧人是惠通。通属新罗籍，氏族不详。出家后曾入唐谒善无畏三藏请业。三藏以惠通为“嵎夷之人”，不堪法器，故不授。惠通在三藏身边服侍三年，仍不如愿，于是愤立庭院，头顶火盆，须臾顶裂如雷作响。三藏来视，并撤去火盆，以指按裂处，同时诵咒，疮合如常，结痂如王字，因号“王和尚”。三藏自此深器通，传与印诀。之后，惠通曾受唐高宗请，代三藏为宗室公主诵咒作法治病，还国后亦曾变神兵，逐蛟龙，为神文王（681—692）咒愈背疽，劝王创信忠奉圣寺以解祟等等。孝昭王（692—702）以惠通精于密教，神通广大，于是拜之为国师。惠通事迹见于《三国遗事》“惠通降龙”。其中有一处明显的错误，即：善无畏至开元四年（716 年）始入唐传法，而唐高宗，新罗神文王、孝昭王御宇均在善无畏入唐之前，惠通虽入唐，但诚不能就教于善无畏门下。故知有关文字或为后人妄加，或为张冠李戴。由此进而可以推定，惠通的秘法仍属杂秘范围，并非善无畏的“胎藏界”秘法。

在杂密传播的阶段，最后一位前来习密的海东僧人是明晓。据《开元释教录》卷 9 记载，圣历三年（700 年）三月，在唐求法的新罗僧人明晓准备起程还国，正在这时，他发现福寿寺沙门波仑手中有梵本《不空罥索陀罗尼经》，专门讲咒术和有关供养法、造像法、作坛法、供养次序等等，第一次记载了根本陀罗尼咒及其功能，内容已经超出了一般杂密的范围，

① 《三国遗事》卷 5“明朗神印”，《大藏经》第 49 册 953 页。

而属于纯密胎藏界密法的经典。于是，他便殷勤邀请正在两京从事佛典翻译的蓝波国沙门李无谄将此经译出，以便带回本国弘扬，“使彼边维同闻秘法”[①]。此经译出后，明晓复又请罽宾婆罗门大德迦弥多罗对照梵本进行校勘，然后写出流行。

纯密在中国之兴起，始于玄宗时期，至唐亡而告衰。此间，海东入华僧研习瑜伽密教者亦不少。由于长安是密宗祖庭的所在地，因此，这些入华学僧都与这个都城有着不解的因缘。

慧超为新罗国人，20岁前去国入唐求法，大约在南天竺国高僧金刚智来华（719年）前后从中国出发到印度巡礼求法，历尽艰辛，游遍五天，最后于开元十五、十六年（727、728年）还至长安，时年约30岁。开元二十一年正月一日辰时，在大荐福寺道场内从金刚智三藏受《大乘瑜伽金刚五顶五智尊千臂千手千钵千佛释迦曼殊室利菩萨秘密菩提三摩地法教》，之后跟随奉侍三藏达八年之久。二十八年四月十五日，金刚智自寺中上奏玄宗皇帝，请翻译瑜伽密典。五月五日，有诏许之。于是金刚智三藏亲演《大乘瑜伽千臂千钵曼殊室利经》梵文，慧超充当笔受。至十二月十五日译讫此经。天宝元年二月十九日，金刚智三藏付书并此经梵本于梵僧目叉难陀婆伽代致南天竺狮子国宝觉阿阇梨，但时至大历中仍无回音。大历八年十月，慧超复于大兴善寺从不空三藏谘启，决择大教瑜伽心地秘密法门，并且成为其六上足之一。大历九年二月，慧超奉敕往周至县玉女潭祈雨。事后曾给代宗上表汇报经过。同年六月以前，恩命赐钱于大兴善寺造大圣文殊阁功毕，中置梵夹并御经。为此，僧慧朗、慧超、慧璨、慧海、慧见、慧觉、慧晖等同上表请于当院灌顶道场常为国转敕赐一切经。六月十

① 《开元释教录》卷9，《大正藏》第55册。

五日，不空入寂。此后，慧超依旧留在大兴善寺灌顶道场继续为国念诵。至建中元年（781 年）四月十五日，慧超将上述于荐福寺旧译唐言汉音经本携往五台山乾元菩提寺再行抄录，写出《一切如来大教王经瑜伽秘密金刚三摩地三密圣教法门》，并制序叙述此经之秘义。① 这一分五法门、九品共 10 卷的长篇密典所以广布流通，乃至传之于今，实赖慧超之力。慧超是新罗入唐学僧中第一个研习金刚界教法并卓有成就的人。尽管最后寂灭于中国，但其事迹及研究成果必为后来入华之海东僧所知悉和传之于故国，因此，他对于海东诸国密教的发展仍有不可抹杀的作用。

玄超是善无畏的嫡传弟子、胎藏界密法传入中土后的第一代传人。玄超事迹没有专传记载，惟见于《两部大法相承师资付法记》② 和《大唐青龙寺三朝供奉大德行状》③。《两部大法相承师资付法记》云：善无畏三藏将《大毗卢遮那大教王》传付于大兴善寺沙门一行和新罗国僧玄超。一行撰有《大毗卢遮那义释》7 卷、《略释》2 卷、《大毗卢遮那形像图样坛仪》1 卷、《标识坛仪法》1 卷、《契印法》1 卷，此外还有《金刚顶经义诀》3 卷。但由于他同时忙于天文一科，又每每随侍玄宗皇帝行座，讨论经国大事和参与译经工作，无暇带徒传法。这样，玄超便成了善无畏学说的关键性继承人和传播者。后来，青龙寺的惠果从玄超受法，并且将它广泛地传播开去。《行状》则明载，惠果从玄超所受者有《大悲胎藏毗卢遮那大瑜伽大教》、《苏悉地大瑜伽法》及《诸尊瑜伽法》等。惠果弟子众多，通过他们，胎藏秘法广传中土，甚至于远及海东诸国、日

---

① 见《大乘瑜伽千臂千钵曼殊室利经》，《大正藏》第 20 册 724 页。

② 《大正藏》第 51 册 783—787 页。

③ 《大正藏》第 50 册 294—296 页。

本和东南亚各地。在中国瑜伽密教的发展过程中，玄超作为一名外国人却起着一种承上启下的作用，其贡献和地位是不言而喻的。玄超入唐年代不详，与慧超一样终生留居中国。显然，他也没有直接把胎藏密法传归本国，但后人传播于海东诸国的则是由他延续下来的法脉。

除玄超外，又有僧不可思议和义林两人亦曾入唐在善无畏门下习法。上述海云所撰金、胎两部大法的法统都未提到此二人。不可思议僧是《大毗卢遮那经供养次第法疏》的作者。此《疏》中在叙述“言行学处品”的来由时称：“所谓小子者，厥号善无畏三藏和上即是。小僧不可思议多幸，面谘和上所闻法要，随分抄记。”《疏》末更明“此文造人”为“新罗国灵妙之寺释僧不可思议”，撰《疏》的目的是“愿此文见独知于本不生理中证”[①]。是知其的确入唐拜善无畏为师。《供养次第法疏》是《大毗卢遮那成佛神变加持经》（即《大日经》）的第7卷。世谓《供养次第法疏》为“不可思议疏”。此《疏》是海东僧人撰述的胎藏类的最早经疏，不可思议是将胎藏秘法直接自中国介绍、传播于新罗本土的第一人。

义林的国籍至今难定，或说为新罗僧，或说为中国僧，其事迹语焉不详。日本《智正大师（圆珍）全集》中的《胎金血脉图》在表述胎藏师资相承时，指义林为新罗僧，从善无畏受法，又付法于唐顺晓和尚，顺晓和尚复传于日本最澄和尚。或说义林曾于新罗哀庄王六年（805年）以超百岁高龄入唐就学于善无畏三藏，这在时间上明显不符实际，难以凭据。或说其为唐僧，从善无畏学胎藏秘法，然后赴新罗传教，此说可能出自日本《本朝高僧传》最澄传，传文谓，最澄于唐贞元二十年（804年）入唐求法，次年在越州龙兴寺遇见顺晓和尚，并从

① 《大正藏》第39册第790页。

“受三部灌顶密教”，顺晓曾对最澄说：“昔开元朝，三藏善无畏从佛国大那烂陀寺传大法轮，转至大唐国，传付传法弟子义林，是国师大阿阇梨也，年一百三十岁，现今在新罗国，转大法轮。又付大唐弟子顺晓，亦是镇国道场大德阿阇梨，复付日本国供奉大德弟子最澄转大法轮。最澄是第四付属（嘱），令佛法永不绝焉。”从这段文字判断，义林从善无畏受胎藏界秘法是在 30 岁左右，他是唐朝的一位国师大阿阇梨，后来到了新罗国传法，至最澄入唐求法时还健在，已经有 130 岁。义林未到新罗时已传法于顺晓，顺晓复传于最澄。这个判断是否正确，可以讨论。但不管怎么说，义林的确是把胎藏界秘法传播于新罗的重要人物。

如果僧不可思议是新罗胎藏界秘法的第一代传人，那么，僧惠日就是此法的第二代传人。而就金刚藏的传播而言，惠日则同时又是回新罗传法的第一代传人。在中国，瑜伽密教发展至第三代传人时，金、胎两藏的法统开始合二为一，这主要集中体现在青龙寺惠果身上。他一方面从善无畏的弟子玄超和尚那里求授《大悲胎藏毗卢遮那大瑜伽大教》、《苏悉地瑜伽法》、《诸尊瑜伽法》等，另一方面又从大兴善寺不空三藏那里求授《金刚顶大瑜伽大教王经》、《诸尊瑜伽密印》，从而成了金、胎两藏大法的继承人。此后的传承，一般地说都是两部同时授受。自惠日开始的新罗入唐习密僧基本上亦皆如此。唐建中二年（781 年），惠日带着信物入唐至长安惠果所住之青龙寺，求授金、胎两部大法，苏悉地并诸尊瑜伽法 30 本，经过研习，达于精通，惠日这才带着经籍归国，“广弘大教，精诚绝粒持念”，至于“悉地现前”[①]。这样，继不可思议僧首传之后，胎藏秘法由惠日再次传播于新罗，而金刚藏秘法则是至此首传。

---

① 《大唐青龙寺三朝供奉大德行状》，《大正藏》第 50 册 294—296 页。

其时当为新罗宣德王时期（780—798）。与惠日同年入唐谒惠果的新罗僧尚有悟真一人。他先从惠果受胎藏法，后又赴中天竺求《大日经》梵本，贞元五年（789 年）于返途中卒于吐蕃境。其殉道的精神可嘉，但却无缘传法于鸡林。

惠日、悟真之后，又有新罗僧均谅（亮）入唐，住长安会昌寺，向青龙寺僧义操求金刚界大法。义操是惠日的同学，事迹不详，撰有《胎藏金刚教法名号》1 卷、《千臂军荼利梵字真言》1 卷、《两部金刚名号》2 卷，存世至今。当时均谅从其所受法或者就包括这些内容。均谅的同学有净住寺之海云、玄法寺之法全等十三人。弘印是至今可考的新罗最后一位入唐习密僧，他从法全受法，与日僧圆珍、圆载、圆仁是同学。弘印当大约在大和开成年间（827—840）入唐，会昌五年（845 年）五月后归国。均谅入唐当早于弘印。

新罗僧入唐研习纯密者虽然不少，回国弘扬者亦有之，但纯密在新罗乃至于后来的高丽、李氏朝鲜王朝都未形成气候，更多的是方术性的咒技普及民间，例如十一面观音信仰的流行就是一个说明。此外，真圣女王当政时（887—897），角干魏弘等几个宠臣擅权乱政，国中“佞幸肆志，贿赂公行，赏罚不公，经网坏弛”①。国人于是作陀罗尼隐语诅咒这种恶政，指斥国王、佞臣乃亡国之祸根。总而观之，朝鲜半岛国家的密教偏于行事而不甚重视教理。

第八节　海东入华学僧与长安禅法

禅者，定也，居“三学”之中，为“六度”之一，是证性的必由之路，为入佛的漫道雄关。禅经的译出，最早在东汉，

① 《三国史记》新罗本纪。

禅法在中国形成气候则是在南北朝时期，其标志是以僧稠为首的邺京和以僧实为首的长安两大禅法中心的形成。当此之时，南天竺高僧菩提达摩前来中国传法，传统的观点以其为中国佛教禅宗初祖，四传至弘忍，所弘皆藉教悟宗的渐悟法门，弘忍的旁出弟子神秀继承此一法门，传法于普寂、义福，是为所谓的"北宗"；弘忍的嫡传弟子慧能回南方创立顿悟法门，此后演化出南岳、青原两系共五家七宗，是为所谓的"南宗"。也有学者认为，中国禅宗专指慧能法系。

从四祖道信禅师开始，即有朝鲜学僧前来研习禅法，随后乃至于成为求法请益的主流，人数之众，过于他宗，而与长安有关者则相对较少，原因之一是长安非禅宗祖庭之所在地，之二是"会昌法难"以后，特别是唐亡以后，弘法中心东移，禅法主要发展于河东、江南地区，长安不再是佛法的重镇。下面将与长安有关的朝鲜禅僧扼要叙述之。

一、无相禅师与玄宗皇帝的殊胜因缘

无相禅师俗姓金，传说为新罗国王第三子，在本国落发出家后，于唐开元十六年（728年）入唐求法。到达长安后，得到玄宗皇帝接见，并奉敕隶名京师禅定寺。后来，无相入蜀，到资州德纯寺礼谒智诜禅师遗迹，拜唐和尚处寂为师。处寂知其为非常人，遂引为入室弟子，密授袈裟信衣，并改其法讳为无相。处寂圆寂后，无相应邀住成都静众寺开弘禅法。"安史之乱"发，玄宗皇出幸蜀中，敕无相禅师规划设计，在成都建造一座大寺。寺院建成后，共有96院，房屋8500余间，玄宗御笔提写"大圣慈寺"额。[①] 无相禅师与玄宗皇帝真是有着不解的因缘。

---

① 《佛祖统纪》,《大正藏》第49册376页。

禅宗五祖弘忍的嫡传弟子慧能，创立顿悟法门，是为中国禅宗的正脉。弘忍还有“旁出”的十大弟子，各为一方领袖，智诜即是其中之一。智诜的法脉由唐和尚处寂继承，处寂传法于无相，无相将此一系禅法总结为新“三句用心”说。

所谓“三句”，一为“无忆”，二为“无念”，三为“莫忘”。宗密禅师在其《圆觉经大疏抄》[①] 中解释，“无忆”的意思是不追忆已过去的“境”，即事相。“无念”的意思是对未来的荣枯等事物不去预先念虑，所以，无念也可以理解为“无欲”、“无愿”；“莫忘”的意思是不昏迷，不错乱，使“心”与无忆、无念之“智”相应和。莫忘也可理解为不忆外境，不念内心，寂然无寄。将“三句”配三学，无忆相当于戒，无念相当于定，莫忘相当于慧。这样，“三句用心为戒定慧”就成了本系禅法的宗旨。按照“三句”去修证，也就是说，以“三句”为标准去检验自心，就能最后证性成佛，即心即佛。无相禅法的修习特点是不礼忏，不念诵经典，只是随便闲坐。“开缘”授法与“受缘”是本系禅僧传承法脉所必须履行的一种特定仪式。

无相圆寂后，由其弟子无住继承法席。但由于无住在投无相门下前，曾从居士陈楚璋研习慧能的南宗顿悟禅法，继又从慧能的弟子自在和尚继续习此法门，因此，在成为无相的当然继承人之后，便将“三句用心”说中的“莫忘”改为“莫妄”，将原来的“用心”改为“灭识”、“灰心”，认为不分别善、恶，无是、无非、无心即是极妙。无相禅比之于无住禅具有更多的传统禅的特点，换句话说，无住禅比无相禅更接近于慧能禅。

---

① 《续藏经》第14—15册。

二、慧昭与宗密禅的关系

慧昭是新罗入唐习禅僧中之佼佼者，在唐师事沧州神鉴，自称“曹溪之玄孙”，但神鉴法系不明。在韩国佛教史上，慧昭虽享誉当时、流芳百世，却与韩国禅宗九山并无关系，因而是一个很值得研究的人物。

慧昭的事迹略见《新罗故智异山双溪寺真鉴禅师碑铭并序》。昭师俗姓崔，父名昌元，母顾氏。其先汉族，原籍为今中国之山东。隋代二帝先后征辽，军旅多没于骊貊，崔氏遂为“遐亡者”，定居之地在全州金马境。慧昭家贫无斗贮，双亲亡丧之后，即皈衣佛门，并于贞元二年（804年）诣岁贡使，求为“榜人”（摇船人，即船夫）入唐求法。至中国后，即告别国使，至沧州投神鉴大师门下削染，并受印契。其领悟玄旨，“若火沾燥艾，水注卑原”，故被禅侣称为“东方圣人”[①]。又因其形貌黯然，于是也称为“黑头陀”。元和五年（810年），昭受具于嵩山少林寺琉璃戒坛。之后复归横海（即沧州）。这时，昭师的道性已经超过其师傅，所谓“闻一知十，茜绛蓝青”是也。其先，有乡僧道义访道于华夏，昭师与之不期而遇，于是结侣南游，四处参寻，证佛知见。道义师还国后，昭师即入长安南之终南山，登万仞之峰，饵松实，行止观，经于三年。复出紫阁峰，当四达之道织芒鞋广施，如此又经三年。时当文宗皇帝大和四年（830年），乃还归故国，传大觉之乘，昭新罗之仁域。兴德大王降书迎劳说：“道义禅师晌已归止，上人既至，为二菩萨。昔闻黑衣之来，今见缕褐之英，弥天慈威，举国欣赖，寡人行当以东鸡林之境，成吉祥之宅也。”昭

① 《新罗故智异山双溪寺真鉴禅师碑铭并序》，《朝鲜金石总览》上册第65页。本节其余引文出处同上。

终南山云际寺所在的云际山峰

师先憩锡尚州露岳长柏寺，广接玄侣。后至康州智异山花开谷故三法和尚兰若遗址修建堂宇，开设新的弘教据点。开成三年(838 年)，闵哀大王继位，继续推崇佛教，降玺书，赐斋费，至智异山禅所求愿。昭师对以“勤修养政，何用愿为”等语，使者回报于王。王闻之愧悟，复遣使赐师号为慧昭，贯籍于京师皇龙寺。星使往复交辔而征之，昭师终未违志从命。不数年，前往智异山请益者稻麻成列，以至于空无立锥之地，于是不得不向南岭奇境扩展。以昭师为曹溪之玄孙故，建六祖慧能影堂，彩饰粉墉，广资诱经；又绮错绘众像，以悦众生。此地形势爽垲，仰倚露岑，俯压云涧；清眼界者，隔江远岳；爽耳根者，迸石飞湍。至如春溪花，夏径松，秋壑月，冬峤雪，四时变态，万象交光，百籁和金，千岩竞秀，一似庐山之东林，移归海表。禅宇内架竹引流，环阶四注，因以“玉泉”为寺名。大中四年（850年）正月九日，昭师坐灭于此，时当文圣大王（839—857）之时。报年77岁，夏腊41载。《碑铭》载，宪康大王恢弘至化，仰钦真宗，追谥真鉴禅师、大空灵塔，仍许篆刻，以永终誉。同时改玉泉寺为“双溪寺”。

后人以《碑铭》谓慧昭为六祖慧能之玄孙，又建六祖影堂，因此指其所弘者即南宗顿悟法门。这其实是欠全面的。慧昭在华游学二十七年，头七年先后在沧洲印悟、嵩山少林寺受具，继此之后的十四年云游天下，最后的六年在终南山及其附近习禅行道，所接触、所禀受的不仅仅是曹溪禅，而且还有其他流派的禅，其中与宗密的华严禅的关系尤其值得注意。宗密既是华严宗的五祖，同时又有“圭峰禅师”之称。元和年间（806—820），宗密于京师长安就学于华严宗四祖澄观，后在终南山诸寺如智矩寺、草堂寺、丰德寺等撰成大量有关华严宗、禅宗方面的经疏。长庆年间（821—824）即入草堂寺南的圭峰习禅，影响很大。在关中地区，他的“禅师”名气要大于华严宗五祖的名气。由于宗密禅师长期住在草堂寺习禅弘法，至宋代，原来作为华严宗祖庭的华严寺甚至于变成了草堂寺的“下院”。宗密禅的特点是：（1）仅将禅定视为“六度”之一，但禅定又具有“一切妙用”，离此不能求得“圣道”；（2）将所有禅划分为深浅不同的五个层次，其中又特别推重“最上乘禅”，亦即如来清静禅，达摩禅就属于这一最高层次的禅；（3）将整个佛教归纳为教三种与禅三宗，三宗三教一一相对而证，即可达到修行成佛的目的，这是典型的“禅教一致”说；在此同时，还主张顿、渐同趣，顿悟资于渐修；（4）在修习方法上，主张藉教悟宗，即“恳情于心宗”与“虔诚于教义”两不误。在习禅的同时又不舍万行，六度兼修，修证与修行不偏不废。

宗密虽然是荷泽神会的四世法嗣，但其禅旨已与荷泽异趣，严格地说已不属南宗的顿悟禅。慧昭入终南山柴阁峰习禅，地点正与宗密相同，时间也是一致的，而且又是宗密最享盛名的时候，因此，难免不受其影响。考其事迹，并多有相同之者，诸如在出紫阁之后于四达之道织芒鞋而广施、回国后屡次迁移道场、兴建寺宇、雅善梵吹等，都与宗密的“不守禅行”、“不舍万行”[①] 种种无别。因此，有理由认为，慧昭虽就学于南宗大鉴禅师，但同时也研习过宗密的禅法，就其主流而言，受宗密禅影响要大于受南宗禅的影响。

三、玄昱与章敬怀晖

韩国禅宗之凤林山派由审希正式创立，上溯其源，则审希承玄昱之印，玄昱承中国百岩禅师之印。是知其源在大唐帝都长安。

百岩禅师即长安章敬寺之怀晖（或作“恽”），俗姓谢，泉州人。贞元初（785 年）师事江西道一禅师，受佛语心法，“志在《楞伽》，行在曹溪，得圆明素净之本，去妄想因缘之习，百八句义，照其身心，心离文字，化无方所”[②]。据《宋高僧传》怀晖本传载，他先在彭城与刘济互相推证，继而潜居于徂徕山，复寓于齐州灵岩寺。徂徕与齐州皆在山东境内。后移太行山百家岩（又作百岩），此地泉石虽奇，但深为禅子请问所苦，遂又迁至中条山开法。或说在居徂徕之前，曾抵清凉（五台山），下幽都（今河北宛平县西南）。元和三年（808 年），奉宪宗诏入住京师章敬寺毗卢遮那院，颇受殊遇，道俗推重。元和十年十二月十一日灭度。敕谥“大宣教禅师”。怀

① 西安户县草堂寺《唐故圭峰定慧禅师传法碑序》。

② 权德舆《唐故章敬寺百岩大师碑铭序》，《全唐文》卷 501 第 5103 页。

晖的禅趣是：人的自性本来湛然、清净、皆空、无相、无愿，因此也就不染、不碍、无累，既不要“强习他事以为功能”，也不用“徒自疲劳枉经劫数”①，一句话，不用修行，只要保持一颗平常心，任运自然，就能“即凡成圣”，即心即佛。

俗以新罗玄昱为百岩之弟子，这大概是确定无疑的，但却不是一切都合乎情理。据《祖堂集》载，玄昱俗姓金，父讳廉均，官至兵部侍郎。母朴氏，贞元三年（787 年）五月五日生大师。年至壮而出家，元和三年（808 年）受具，长庆四年（824 年）入唐，先后住太原府二寺，自以为己志已成，于是随本国王子金义宗东归，时当开成二年（837 年）九月。先居于武州会津南岳实相寺。闵哀王（838—839）、神武王（839—857）、宪安王（857—861）皆执师礼，每入王宫必命敷座讲法。开成末年（840 年）始结苑于慧目山。景文王（861—875）复命居高达寺，供其四时所需。九年夏，嘱弟子于其化后毋忘报百岩禅师之恩。次年三月十五日寂灭，享年 82 岁，僧腊 60 夏。以《祖堂集》的记载与怀晖的行迹比较，可以看出，玄昱入唐时间和师事百岩二事，必有一种是讹误的。如果肯定为长庆四年入唐，则百岩已卒九年，师事无从谈起；如果师徒关系属实，则玄昱入唐必在元和十年以前。两相比较，后者的准确性较大，因为至元和九年时，玄昱已达 28 岁。因《祖堂集》明载玄昱是在太原府历住二寺时从百岩受法的，则其入唐时间不但要在元和十年以前，而且要在元和三年百岩奉诏入居长安以前。即使这样，玄昱也已过了在冠之年，二十岁前后的年龄入唐的韩国僧人并不在少数。据此似乎可以断定，《祖堂集》关于玄昱的受具和入唐时间均属错讹。从其至开成二年才归国的情况判断，玄昱应当曾随怀晖禅师同往京城长

---

① 《景德传灯录》卷 7，《大正藏》第 51 册 252 页。

安。

俗以玄昱的弟子审希继承师之法印，于孝恭王世（897—912）创建凤林寺，“国主归依，时人敬仰”，终于发展成一大山门，称凤林山派，以凤林寺为本山。凤林山派是海东佛教禅门“九山”之一。

第九节　崔致远与长安佛教

崔致远的事迹大部分已见于前面有关章节，这里仅谈其与长安佛教的关系。

崔致远所处的时代，堪称“衰世”。当其在仕途上到处碰壁、历尽坎坷之后，终于遁入空门。此后，他在逍遥自放于山林之下、江海之滨，栖迟偃仰、啸吟风月的日子里，写下了不少有关佛教的碑、传、序、赞、记、文等文字，对研究中国与海东佛教都很有价值。其中，《新罗故智异山双溪寺真鉴禅师（慧昭）碑铭并序》、《新罗故两朝国师大朗慧和尚（无染）白月葆光之塔碑铭并序》、《新罗故凤岩寺智证大师（道宪）寂照之塔碑铭并序》和《大崇福寺碑铭并序》被韩国学者统称为“四山碑铭”。《朝鲜佛教通史》作者李能和先生对此评价说：“其文，皆六朝骈俪之体，而无一字无来历，词达而意圆，实为海东碑文之祖，而亦为禅宗之史也。”这一评价既高而又中肯。仅就最后一句即“亦为禅宗之史也”而言，这是最切实不过的了。

拙文《朝鲜金石总览与中韩禅宗关系史研究》[1] 曾就《朝鲜金石总览》与中国佛教禅宗文献《祖堂集》、《景德传灯录》作过比较研究，所得的结论是：朝鲜佛教金石铭文不仅是研究

① 《韩国史学》第37期《曹永录教授定年纪念论丛》第487—516页。

朝鲜禅宗史极为重要的资料，而且也是研究中朝、韩佛教禅宗关系史不可或缺的资料。设若没有像《新罗故智异山双溪寺真鉴禅师（慧昭）碑铭并序》、《新罗故两朝国师大朗慧和尚（无染）白月葆光之塔碑铭并序》、《新罗故凤岩寺智证大师（道宪）寂照之塔碑铭并序》一类的碑铭，我们就无法描绘出两国间丰富多彩、生动活泼的禅宗关系史和交流史。四山碑铭中的慧昭、无染、道宪碑都直接、间接地与中国佛教、长安佛教有着密切关系。前文已引述，此处不赘。

“四山碑铭”之外，崔致远还撰写有《唐大荐福寺翻经大德法藏和尚传》[1]、《终南山至相寺（智）俨尊者真赞》[2]、《翻经证义大德圆测和尚讳日文》[3]、《终南山（智）俨和尚报恩社会文》[4]、《海东华严初祖（义湘）忌晨愿文》[5] 等，这些传、赞等文字都是研究长安佛教非常珍贵的资料。例如《法藏传》，撰于今韩国境内之海印寺华严院，分十科详细地叙述了中国佛教华严宗三祖法藏和尚的生平事迹。作者本着“旧史所无，我书则传”的原则，采新捃异，为其他有关传记、碑铭等所不能比。不仅法藏事迹详细，而且还有其他文献所无的有关长安佛教的资料，如关于武则天于长安四年（704 年）迎奉扶风法门寺佛指舍利入宫供养一事的记载，可谓“只此一家”。在本《传》的“跋”中，作者讲了这样的一件事：他在写此《传》时，有阵阵异香扑鼻，“继续再三”，“寻无来所”；《传》成之夜，又做一梦，一老僧手执一卷书对他说：“永徽，是永粲元

---

① 《崔文昌侯全集》第 242 页。

② 《崔文昌侯全集》第 220 页。

③ 《崔文昌侯全集》第 230 页。

④ 《崔文昌侯全集》第 233 页。

⑤ 《崔文昌侯全集》第 240 页。

年也。”他自解梦意为：此《传》自“今”起即“永振徽音”。徽音，即懿美的德音。为了证明自己所解是否正确，又制短简二签，分别书“是”、“非”二字，然后将签交掷于地，“取裁再三”，独得“是”字。去掉这一“自述”的神异色彩而看其实质，那就是反映了作者对自己撰述所怀的坚定自信心。至于其余之文，或在记述圆测和尚的原籍、弘法业绩、与唐朝廷及新罗王室的关系方面，或对华严宗二祖智俨、三祖法藏的评价方面，或在记载海东华严初祖义湘入唐及归国时间方面，都有独到见解或比其他史载更为准确之处。加之这些文稿比之其他大部分有关文稿在写作时间上要早，同时又出自一位在唐朝生活了十六七年，对中国历史、中国佛教了解很深，对新罗与唐朝佛教交流颇为关心的留学生之手，这就更增加了其权威性、可信性。这些文稿，特别是碑铭的思想特色主要是熔儒、释、道于一炉。这从他对以前碑铭的批评中可以得到印证，是谓：“……国重佛书，家藏僧史，法偈相望，禅碑最多。遍览色丝，试探锦颂，则见无来无去之说，竞抱斗量；不生不灭之谈，动论车载。曾无鲁史新意，不用周公旧章。是知石不能言，益验道之云远。”[①] 从这段评论中，我们不难从其反面看出他主张沿儒入佛的志趣。

第十节　在长安求法的其他海东学僧

在长安求法请益的海东学僧，除以上各宗派学说的研习者

---

① 《新罗故凤岩寺智证大师（道宪）寂照之塔碑铭并序》，《崔文昌侯全集》第 168 页。四山碑铭中之《新罗故智异山双溪寺真鉴禅师（慧昭）碑铭并序》、《新罗故两朝国师大朗慧和尚（无染）白月葆光之塔塔碑铭并序》分别在第 129、89 页。

外，还有许多不明宗派者，以及或明宗派，但其求法的重点地区却不是长安者，为了从全貌上描绘出海东学僧在长安求法请益的盛况，故将这一部分僧人亦一一介绍如下。

安含　又作安弘。据《海东高僧传》卷2载，俗姓金，新罗人，诗赋伊飡之孙。真平王二十二年（600年）与高僧惠宿一起从泥津浦乘船渡海入隋求法，至涉岛，遇风浪，不果而返。次年，朝廷颁旨简选堪成法器者入隋求法，安含预其列。到达都城长安之后，皇帝引见，并敕住大兴善寺，从师研习佛法，旬月之间，洞解玄旨；五年之中则学通“十乘秘法”、“玄义真文”。至唐贞观元年（627年）偕同于田沙门毗摩真谛、农伽陀等还归鸡林。崔致远所撰《义湘传》则说，安含回国是在真平王建福四十二年，即公元625年，同去的西域僧人为北天竺乌长国毗摩罗真谛（44岁）、农伽陀（46岁）、摩豆罗国佛陀僧伽（46岁）。此外还有汉僧二人。他们到了新罗后，住于皇龙寺，与新罗本籍僧人昙和等合作，译出《旃檀香火星光妙女经》。按：皇龙寺创建于慈藏自唐还国（643年）后的第三年（645年），不管安含于625还是627年还国，都不可能住于皇龙寺。由是知《海东高僧传》和《义湘传》关于安含还国时间、弘法地点的记载，必定有一处是错误的。

圆安　新罗人，高僧圆光的弟子。唐初，取道丸都，东折至不耐（汉时为乐浪郡东部都尉治所，在今朝鲜德源、永兴一带），然后西经燕、魏旧地，最终到达唐京师长安。一路上深入了解各地的风俗人情，收集佛教的经论典籍，不仅掌握其大纲要领，而且力求洞悉其奥义纤旨，后来由教科转入禅门，以心学为归宿。开始，圆安住在长安的僧寺，以道法闻名京城。后经特进肖瑀向朝廷奏准，请住于其在蓝田所建造的津梁寺，并供给所需一切。圆安曾对长安僧俗讲述其师圆光在新罗弘法教化的事迹，事见《续高僧传》卷13圆光本传。

释玄太　梵名萨婆慎若提婆，新罗人，入唐时间不明。据《大唐西域求法高僧传》载，永徽年间（650—655），玄泰取吐蕃道，经泥婆罗（尼泊尔）到中印度巡礼兼求经论。回来的路上，在吐谷浑遇道希法师，复相引至印度大觉寺瞻礼。后归唐朝，但行迹不明，亦不知所终。道希病故于印度。①

释玄恪　新罗人，贞观中（627—649）与长安大兴善寺玄照法师出流沙，至印度大觉寺巡礼。既申礼，不幸病故于异国他乡，时年40余岁。②

二新罗僧　不悉名姓，曾从长安出发，经南海往印度求法。在路经室利佛逝国西婆卢师国时，不幸病故。③

慧业　新罗人。贞观中到印度巡礼圣迹。到过大觉寺，又住那烂陀寺学习很长时间。后终老于该寺，所写梵本亦留在寺中。④

释慧轮　梵名般若跋摩，新罗人。在本国出家后，渡海入唐，在闽越沿海登陆，复徒步而届长安。奉敕充侍者随大兴善寺僧玄照法师西游印度。遍礼圣迹后，住菴摩罗跋国信者寺，时达十年之久。后又移住吐火罗国为本国僧而建的犍陀罗山茶寺。义净法师到印度求法时曾在此见到慧轮，其时年约40岁，既善梵言，又粗通《俱舍》。不知所终。⑤

阿离耶跋摩　新罗人，贞观中自长安王城出发到印度巡礼圣迹，住那烂陀寺，学习律藏，抄写众经。70余岁寂于该寺。⑥

释审祥　新罗人。据日本《本朝高僧传》载，审祥曾入唐至长安求法，为中国佛教华严宗实际创始人贤首国师法藏的弟

①②③④⑤《大藏经》第51册第1页《大唐西域求法高僧传》相关各传。

⑥《大藏经》第51册第1页《大唐西域求法高僧传》本传。

子。学成后，离开长安东渡日本，住大安寺，于公元740年开讲《华严经》，被推尊为日本华严宗初祖。

释无漏　俗姓金，新罗国王第三子。据《宋高僧传》本传载，无漏入华求法时间不详。天宝中（742—756）发愿赴天竺参礼佛教八大灵塔。至葱岭，患脚疾，虽愈而已感体力不支，于是还归中夏，在贺兰山白草谷结庵栖止。“安史之乱”中，肃宗召其至灵武行在，念宝胜佛于御前。乱平，肃宗迎至京师，置内道场供养。乾元元年（758年），入寂于右阁门。遗表乞归葬于白草谷。诏准归葬建塔，一切葬务费用皆由公出。

释无染　新罗僧，俗姓金，武烈大王八世孙。幼有“海东神童”之称。出家后，于雪岳五色石寺师事法性禅师数年，复从浮石寺澄大德研习《华严》。长庆初（821年），在唐恩浦搭乘朝正使王子昕船入华，于之罘山登陆后，步行至京师长安，到终南山至相寺听讲《华严》。一老者对他说：“远欲取诸物，孰与认尔心（佛）?”无染闻言大悟，于是弃经教而从心学。先投洛阳佛光寺从如满禅师问法，如满介绍他去投蒲州麻谷宝澈禅师。宝澈引为入室弟子，授予心印。宝澈入寂后，无染四处参访，不避寒暑，如是者二十余年。会昌五年（845年），唐武宗发动中国佛教史上最惨烈的一次灭法运动，外国僧人一律被敕令还国，无染也就在这一年回到新罗。适值王子金昕辞官为山中宰相（隐居），因以祖父临海郡公金仁问封域内之熊川州乌合寺施给无染禅师居住弘法，后改名为圣住寺。在文圣王、宪安王、景文王、宪康王的大力护持下，终于发展成为一大禅林，列海东佛教禅宗九山之一，专弘中国禅宗南岳怀让一系禅法。[①]

释梵日　或称品日，新罗国僧。兴德王十一年（836年），

① 《朝鲜金石总览》第72页《圣住寺朗慧和尚塔碑》。

王子金义琮入唐朝贡，梵日随船前往。既至，从杭州盐官海昌院齐安禅师传南岳禅法，为怀让下三世法嗣。会昌六年（846年）还国，开创海东禅宗九山之一的阇崛派。真圣王三年（889年）入寂。在华求法期间，曾欲前往京师长安观化。适值“会昌法难”，东西奔走，窜身无路，辗转至商山，隐居禅定，野果充饥，流泉止渴，九死一生。后强行出山，到韶州礼六祖慧能禅师灵塔。既了大愿，遂起还乡之念。①

释行寂　新罗人，俗姓崔。其先人为姬周文王四友之一的姜子牙（封于齐）的远裔。后出使玄菟郡，因留居鸡林（新罗）。行寂幼而出家，24岁时（855年）受戒，并礼梵日大师为师，传南岳怀让系禅法。景文王十年（870年）入唐求法，先至长安，奉敕住左街宝堂寺孔雀子院。懿宗皇帝诞辰，行寂面奏天子，请求允许周游神州，遍礼灵迹，参访禅伯，以便传灯于青丘（新罗）。获准后，先后参礼了五台山、成都静（净）众寺，然后到谭州（今湖南长沙）石霜山寺拜庆诸和尚为师，传青原系法印。复又南游南岳，巡礼曹溪。前后在唐游学十五年，至光启元年（885年）还归故国，同时弘扬南岳、青原两系禅法。先后被孝恭王、神德王礼为国师。终年85岁。②

除以上十三人外，还有崇济、信诚、润琳、连义、雅觉、弘惠等僧亦到过长安，因事迹阙如，这里从略。

① 《高丽大藏经》第45册第233页《祖堂集》。

② 《朝鲜金石总览》第181页《太子寺朗空大师碑》。

第十一章

长安与朝鲜半岛的道教文化交流

道教的基础是鬼神崇拜、神仙、方术、黄老学说中的神秘主义。其所依据的理论要典有《老子》(即《道德真经》)、《庄子》(即《南华真经》)、《列子》(即《冲虚真经》)等，宗教理想（或者说宗教目标）是通过严格的修炼而达到羽化飞升、延年益寿、长生不老、护国安邦。

中国的神仙、方术产生于先秦时期，最早可以追溯到夏、商、周三代。秦汉时期由于帝王的推崇而达于鼎盛，迨至东汉而为黄老之学所取代。之后不久，神仙说者借尸还魂把黄帝和老子神化，从此奠定了道教的理论基础并确定了自己的最高教主。由道家思想发展到道教教团的最新形态是太平道与五斗米道，此后经历了南天师道、北天师道、正一教、全真教等阶段。在长期的演变过程中，日微月渐地与儒教、释教取得调和，并实现最终的融合。

在道家思想和道教发展上的每一阶段，它作为一种特定的信仰文化形态，大都对近邻朝鲜半岛国家产生过影响，然后通过她又影响于东瀛日本。而作为 13 个朝代国都的长安的道家文化和道教文化，与半岛发生关系则主要出现在周、秦、汉、唐四个朝代。

第一节　道家及道教文化传播朝鲜半岛概述

在道教产生以前，为求神仙而与海东交往的先躯者是谁？韩国学者据《史记·五帝本纪》关于“（黄帝）东至于海，登丸山”的记载，认为黄帝其人曾经到过朝鲜半岛，理由是“丸山”即其境内之“太伯山”之异称。这种说法不一定符合历史事实，因为黄帝东巡虽“至于海”，但却未出今山东辖境，故所谓“丸山”（或谓“凡山”）也就不可能是韩国境内之太伯山。

考诸比较可靠的文献记载，神仙术士与朝鲜半岛发生关系应当是在嬴秦时期。史载秦始皇为求长生不老，笃信海上仙山有不死之药，于是先后派出徐福、韩终（众）、卢生、侯公、石生等方士入海而求之。其中的徐福、韩终二人似乎登陆过朝鲜半岛，至今在韩国庆尚南道南海郡尚有传为徐福的题名石刻“徐市起礼”。当然，这件事是真是假，尚须稽考。关于韩终，《史记》始皇本纪仅说过“去不报”，未明去之何方；晋王嘉的《拾遗记》则说，他在朝鲜半岛南部建立了“三韩”之一的马韩国，他的儿子韩稚曾于汉惠帝二年（前193年）入汉至长安谒见皇帝，自称是“东海神仙”的使者，并演示了一些法术，之后不知去向。为此，惠帝曾在长安城北专门为其建立了一座仙馆——司韩馆，以资纪念。这些记载或许可以说明，徐、韩二人确曾到过朝鲜半岛，但却不能说明朝鲜半岛就是神窟仙源。因为，徐福本人并未访到神仙，也未找到仙药，而韩稚也只不过自称“东海神仙”，而并非“海东神仙”，而且是只显示了一些“异术”之后便不知去向，他是否是韩终的儿子，是否是来自于马韩又还归马韩等，都是疑问重重的事情。

道家思想和典籍之传入朝鲜半岛，最早可能在秦灭六国前后。如前所述，当时一部分齐、鲁、燕的遗民为逃避战乱，或越海，或跨江，来到朝鲜半岛，并被安置在半岛的东南部定居下来，后来与当地原住民共同构成了辰韩国的居民，所以，历史上又称辰韩为“秦韩”，他们可能就是传播道家思想和典籍的先驱者。

特别值得注意的是，汉武帝对半岛的用兵及最后设郡统治，这应当是道家思想和典籍传播海东的重要历史时期。一方面，在汉朝的东征军旅中，除了广大士兵之外，还有不少文臣武将等高层人物，他们中有些人可能就是道家思想的信仰者或随身带有道家典籍；另一方面，在设郡统治之后，半岛与汉中央朝廷的联系进一步加强，这无疑为包括道家文化在内的华夏文化的东传大大地创造了条件和机会。这应当是不言而喻、可想而知的事实。

据日本文献《古事记》、《日本书记》、《日汉三才画集》等记载，日本应神天王十五、十六年（284、285年），百济的阿直岐、王仁到日本传授《论语》、《千字文》、《孝经》、《山海经》等，日本学者黑板胜英据此推测，王仁所传来的书籍中还包括有道教的典籍，这件事说明在此之前，道教典籍已经传到百济。朝鲜学者李能和在其《韩国道教史》一书中不仅支持黑板胜英的观点，而且进一步推论说，当时盛行于中国东北部的天师道及道教的各种术数也已传到了百济。当然，这些都是间接的资料，而且多为猜想或推论。

从有明确文字记载而言，朝鲜半岛在公元4世纪末，道家思想已经深入民间，如百济大将莫古解深谙道家学说，曾引《老子》“知足不辱，知止不殆”[①] 劝近仇首王（时为太子，375—383年在位）停止对高句丽入侵军的越境追击。据此可

① 《三国史记》百济本纪近仇首王元年。

以推知，道家典籍在此之前已经传到了百济，否则如何能“常闻道家言”并引用来劝政呢？

唐朝一代，是道家思想、典籍及道教教义、仪轨传播海东的重要时期，这时，有关道家典籍及道教传播海东的记载有以下数次：

高句丽荣留王七年（624年）唐高祖李渊遣道士沈叔安到高句丽，送天尊像及道法，并讲《老子》，国人听之。“五斗米为国人争先信奉。”[1]

荣留王八年，高句丽派人入唐学习佛、道二教，帝敕准。[2]

高句丽宝藏王二年（643年），莫离支盖苏文以“三教犹如鼎之三足，缺一不可”，而今日高句丽“儒、佛并兴，而道教未行，不可谓天下之道术兼备”为由，建议国王遣使入唐请求道法，“以训国人”。宝藏王从其请。唐太宗于是派遣道士叔达等八人前往传法，并送《道德经》。国王非常高兴，将叔达等人安置于僧寺。[3]

新罗孝成王二年（738年），唐玄宗派遣邢璹送给新罗《道德经》。[4]

在这一阶段里，据说前来中国研修道法的人不少，海东道教典籍提到的有：僧慈惠（即义湘法师）、僧玄俊、金岩、金可记、崔承祐、崔致远等。

关于金岩习道法之事，《三国史记》卷41有些许记载，即：金岩为新罗名将金庾信的后代，是新罗花郎道的郎将，颇娴新罗异术，著有《遁甲立成之法》，介绍隐身之术，后入唐

---

①② 《三国史记》高句丽本纪卷20。

③ 《三国史记》高句丽本纪卷21。

④ 《三国史记》新罗本纪卷9。

习道，学得“八阵兵法”，回国后教与国人，又运用道法灭蝗。

金可记在唐修道的情况也有明文记载，下文将具体讨论。此外的有关入唐习道的记载疑点颇多，下文也将一并辨析，此处暂时从略。

除以上数人外，尚有不知名之处士、山人多见于《全唐诗》中，如顾非熊《送朴处士归新罗》中的朴处士、马戴《送朴山人归新罗》中的朴山人和贾岛《送楮山人归日东》中的楮山人等。可惜除了从诗题中知道他们的身份外，其他事迹皆无从稽考了。

从《全唐诗》以及其他历史文献记载看，入唐游学僧人人数要比道士人数多得多，这从一个方面说明，终唐一代，朝鲜半岛的佛教要远远盛于道教。这时，半岛的道教甚至还没有自己固定的根据地或大本营，直至高丽睿宗六年（1111 年）才开始建立了半岛上的第一座道观福源观（院）。[①]

在整个三国、统一新罗时期，半岛受中国道家思想和道教文化影响，一是表现在本土固有的花郎道思想、精神变得更加丰富多彩。花郎道对儒、释、道文化的吸收是毋庸置疑的。花郎道是 8 世纪末以前新罗国家选拔人才的方式、制度，信奉花郎道的郎徒按照儒释道三教的要求去修行锻炼，把自己培养成国家的栋梁之材，在保卫国家、统一半岛的事业中作出了不可磨灭的贡献。二是道家要典《老子》被列为国学的必修课程之一。据《三国史记》载，神文王即位二年（682 年），新罗开始创立国学，至元圣四年（788 年），以读书三品出身制取代弓箭取士制，国学里教授的课程就有“诸子百家书”，换言之，老庄的经典也在教科书之列。可见，道家思想继续在为培育国家人才方面发挥作用。三是道教的方术包括咒术、占卜，及阴

① 《高丽史》睿宗世家。

阳、谶纬、五行说、斋醮仪式等，开始被用作为国家、王族祈福求佑、消灾袪祸的手段。

道教对朝鲜半岛国家产生更为深刻、广泛的影响，那是高丽王朝以后的事情了。而朝鲜半岛境内关于道教的研究及有关著作的出现，则又更晚了。

第二节　对海东道教典籍有关记载的评析

海东文献《冰渊斋辑》、《海东传道录》载：释慈惠、崔承祐、金可记（又作“纪”）等人于唐开成年间（836—839）入唐，在钟离权门下受道书及口诀诸如《青华秘文》、《灵宝毕法》、《金诰》、《入头岳诀》、《内观玉文宝箓》、《天遁炼磨法》等，虔修三年而终于成丹（即得道）。对于这些记载，有必要作些具体分析。

按：释慈惠，即义湘法师，这是海东佛教史上的著名人物。他既是海东华严宗初祖，又是新罗佛教十圣之一，中国与海东历史文献如《宋高僧传》、《三国遗事》都有其专传，崔致远也曾为其写过《忌日文》，综合这些文献记载，可以清楚地判定，其入唐求法时间为唐龙朔二年（662 年），归国时间为唐咸亨三年（672 年），显然与“开成年间”、“入唐”说法不符。此其一。又据《三国史记》列传第六明确记载，崔承祐入唐时间是在唐昭宗龙纪二年（890 年），此后不数年，即唐景福二年（893 年）便在侍郎杨涉下科举及第，后来撰有骈文集《四六集》5 卷，自序中称为《餬本集》。这也说明，崔承祐入唐时间并非“开成年间”。此其二。至于金可记，他入华、擢进士第及归国的时间，虽然史无明载，但从章孝标给他的一首赠诗中可略窥其端倪。这首诗的题目是《送金可纪归新罗》，诗的全文是：“登唐科第语唐音，望日初生忆故林。鲛室夜眠阴火冷，蜃楼朝泊晓霞深。风高一叶飞鱼背，潮净三山出海心。想把文章合夷乐，蟠桃花里醉人参。”① 章孝标，元和十四年（819年）登进士第，授秘书省正字（校正书籍之官），大和中（827—835）试大理平章事（大理寺的议事官），其他事迹不详。从诗的内容及金可记归国时的身份（登科进士，但未受官职）判断，这首赠诗应当就是章孝标在出任秘书省正字或大理平章事时所写的。由此可以推知，金可记擢第及归国必在819年以后835年以前。金可记的其他事迹，《太平广记》本传中略有介绍。传文说，金可记在唐进士及第后，曾到长安城南终南山子午谷结茅修道，历三年，然后还新罗。后来再次入唐，并正式入道，继续到子午谷旧所修炼道术，“精勤为事”。至大中十一年（857年）十二月，上表宣宗皇帝说，自己已经接到玉皇的诏书，被任命为英文台侍郎，将于次年二月二十五日羽化“飞升”……综上所述，金可记的第一次入唐时间也不是在“开成年间”；第二次入唐时间也可能不是“开成年间”。此其三。最后，关于以上人等从钟离权习法问题也是极值得辨析的。钟离权的传说，至五代、宋时始出现，李养正著《道教概论》认为，钟离权是五代后汉人，其得道时间是在五代，何得在唐“开成年间”便已传法？以上几点足证韩国道教文献的有关记载是与事实不符的。

《冰渊斋辑》和《海东传道录》还说：金可记曾向新罗入唐留学生崔致远、李靖等传授口诀，后仙去。按：崔致远出生于大中十一年（857年），次年年初，金可记仙升，二人无缘谋面，何传授之有？自然，这一记载亦非信史。僧人玄俊，据说也曾入唐学习尸解派的秘法，并撰写出《步舍游引之术》。或说崔致远回国后曾从玄俊学习尸解法，也曾从崔承祐学习道

① 《全唐诗》卷506第5753页，中华书局，1960年版。

法，与权清一起磨炼道法，著有《参同契十六条口诀》、《伽耶步引法》、《量水尸解》和《松叶尸解》等道书，因此，韩国、朝鲜推尊其为本国道教的鼻祖。但这些说法都未注明资料来源，也未见于韩国、朝鲜早期的历史文献，《崔文昌侯全集》也没有谈到这些事情，故笔者以为，这些说法同样是不足凭信的。

第三节　子午谷《金可记传》摩崖铭文刻石年代略考

如上所述，《太平广记》卷53有金可记的专传，为了便于与摩崖铭文作比较，这里特将传文照录如下：

> 金可记，新罗人也。宾贡进士。性沉静好道，不尚侈华；或服气练形，自以为乐，博学强记，属文清丽。美姿容，举动言谈，迥有中华之风。俄擢第，于终南山子午谷葺居，怀隐逸之趣。手植奇花异果极多，常焚香静坐，若有思念。又诵《道德》及诸仙经不辍。后三年，思归本国，航海而去。复来，衣道服，却入终南，务行阴德。人有所求，初无阻拒，精勤为事，人不可偕也。唐大中十一年十二月，忽上表言："臣奉玉皇诏，为英文台侍郎，明年二月二十五日当上升。"时，宣宗极以为异，遣中使徵入内，因辞不就。又求玉皇诏，辞以为别仙所掌，不留人间。遂赐宫女四人、香药金彩，又遣中使二人专伏（服）侍者。可记独居静室，宫女、中使多不接近。每夜，闻室内常有客谈笑声。中使窥之，但见仙官仙女各坐龙凤之上，俨然相对。复有侍卫非少。而宫女、中使不敢辄惊。二月二十五日，春景妍媚，花卉烂漫，果有五云、唳鹤、

翔鸾、白鹄、笙箫、金石、羽盖、琼轮、幡幢满空，仙仗极众，升天而去。朝列士庶，观者填溢山谷，莫不瞻礼叹异。(出自《续仙传》)

终南山子午谷拐山崔《金可记传》摩崖石刻（沟中之大石头）

今长安县南子午谷内数里拐儿崖谷道水边，有巨石，大小如屋，上有摩崖铭文，竖刻，前为杜甫诗《元逸人石坛歌》(是谓：故人昔隐东蒙峰，已佩含景苍精龙。故人今居子午谷，独在阴崖结茅屋。屋前太古玄都坛，青石漠漠常风寒。子规夜啼山竹裂，王母昼下云旗翻。知君此计成长往，芝草琅竿日应长。铁索高垂不可攀，致身福地何萧爽)，诗下面是《金可记传》文。诗、传字迹大小、特点相同，应为同时刻凿。诗题目下方有后来人补刻铭文，亦竖刻，字体比诗、传小得多，文谓“此碑唐以来关中金石记皆未载□□□□□□因升河南布政司经历子午谷口访谒之因记岁月以俟好古者咸丰三年孟春古平江爱珊姜荣书石”。《传》文约二百字，但多已漫漶，可辨读者惟半，具如：

金可记传　　金可记者新罗人……子国……擢进士第性沉默有意于……因隐终南山子午谷好花果于所居……及炼形服气凡数年归本国未几……隐修养愈有功大中十一年十二……玉皇诏……英文台侍……二月二……宣宗异之……不起又……以……使……可记独居……仙……明果有五……空……填溢……

那么，摩崖石刻与《太平广记》传文孰先孰后，两者之间又有何异同点呢?

首先谈异同点。将摩崖石刻与《太平广记》传文作一比较，可以发现：(1) 摩崖石刻前段文字比较口语化，带有明显的原始性，而《太平广记》传文则通篇显示出加工、修饰的痕迹；(2) 在事迹叙述方面，摩崖石刻铭文先叙名字、国别，既而提到“子国”(即“君子国”) 的情况，既而再依次叙擢进士第、性格特点、修道的愿望、隐居行动如种花育果、炼形服气“凡数年”，然后“归本国”……很像一本流水账；《太平广记》传文则是在叙述人名国籍之后，即总结性地交代“宾贡进士”的身份，然后再从头谈性格、爱好、品德、学问、进士及第、隐居、还国等等，行文明显地经过了构思、组织；(3) 自“大中十一年 (857 年) 十二月”起，两者的叙述虽在文字的详略上仍然有异，但叙事顺序及内容则已基本一致。据此可以认为：第一，摩崖铭文刻石时间要早于《太平广记》的编撰成书，因为《太平广记》金可记传文来源于《续仙传》，所以，换句话说，《续仙传》中的金可记传文是以摩崖铭文为基础加工整理而成的；第二，《太平广记》编撰刻板于宋太平兴国年间 (976—984)，而《续仙传》则早在五代之南唐时 (937—

975）即已由沈汾撰成流行，由此可以推定，摩崖铭文的刻石时间应在唐大中十二年二月二十五日金可记成道“飞升”之后至南唐建国之前，大约在公元858—937年之间。第三，沈汾为南唐人，他本人撰《续仙传》不可能亲自从南方到北方直接临写摩崖铭文而进行加工，所以，在《续仙传》之前，尚应有其他抄本流传；又从金可记得道“飞升”的轰动效应判断，摩崖铭文石刻出现在唐末数十年间的可能性更大，甚至有可能就在金可记得道“飞升”后不久，而摩崖石刻地点也应当就是金可记“葺居”修道及“飞升”地或近旁。第四，分析了解一下金可记“飞升”的历史背景，也许对肯定上述观点会更有好处。金可记“飞升”前十几年，唐武宗信宠道士赵归真，并在赵归真的挑拨煽动之下发动了史无前例的灭佛运动，使佛教遭到了几乎是毁灭性的打击。但宣宗继位之后，立即杖杀了赵归真等数人，下诏复兴佛法。本来，道教由于武宗时期气焰万丈的赵归真者流筑望仙台以示“飞升”骗局的失败，已经蒙受了一次无端的打击，现在再面对佛教的复兴，心中的挫折感无疑地要进一步增强。当然，唐宣宗之杀赵归真等并不意味着他要同道教势不两立，实际上，就在杀掉赵归真等人的当年年底，皇上便又受道箓于衡山道士刘玄静。但不管怎么说，道教在宣宗时期是处在一个落潮阶段。在这样的情况下，金可记奉玉皇诏而“飞升”事件所产生的“轰动效应”无疑给刚刚摔了一跤的道教打了一支强心针，而道教徒及其拥护者无疑也想借这个事件大造声势，以资鼓舞士气。这样，在金可记“飞升”后不久出现子午谷摩崖石刻就是势所必然、理所当然的事情了。

第十二章

海东人在长安活动的遗址略述

由于西安在历史上与朝鲜半岛有着十分密切的关系，自姬周至蒙元一代，特别是在中国封建社会鼎盛时期的唐代，前来长安从事政治、经济、文化、军事活动的朝鲜人，真可称得上是成千上万，他们中的许多人在这里流淌过汗水，留下了事业，留下了友情，留下了声名，无疑地也就留下了足迹。就至今可以考证者言之，他们曾经生活过的遗址有：

新罗馆

唐朝廷在京城长安开设的专门用来接待新罗使者的馆舍。文献对新罗馆的具体地址没有明确记载，估计应在鸿胪客馆范围内。唐设鸿胪寺，专掌朝贺庆吊之赞导相礼。鸿胪寺之下设鸿胪客馆，地点在皇城含光门内东侧，其南为城墙，东为鸿胪寺公廨，北为太史监，西面隔街与大社相对，即今含光门内省财政厅、省税务局一带。

新罗马道

据崔致远代新罗王所写的《遣宿卫学生首领入朝状》[①]

① 《崔文昌侯全集》第56页。

载：新罗学生入唐学“四术”，期限为十年（十冬）。当时，“登笈之子分别住在东西两京，憧憧往来，多多益办”。为了方便这些新罗学子，唐朝廷专门在国子监内四门馆北廊中开设了一条马道供他们使用，故名新罗马道。国子监位置在唐长安城务本坊西南角，即今西安南门外广场东南角，亦即原陕西省体育馆一带。

王毛仲宅

王毛仲事迹参看本书第九章第二节。其宅在唐长安城兴宁坊十字街西南部靠北处，即今康复路与长乐路交叉点之西北。

泉男生宅

泉男生事迹参看本书第九章第二节。其宅在唐长安城兴宁坊东南角，清禅寺以东，其东南不远处即唐长安城通化门，即今兴庆路与长乐路交叉点之东南紧靠长乐路处。

高仙芝宅

高仙芝事迹参看本书第九章第二节。其宅在唐长安城宜阳坊东门南侧、净域寺之北，即今雁塔路与友谊东路交叉点之西北，陕西省测绘局东北。

高丽曲

宋张礼《游城南记》载：长安县有高丽曲，“因高丽人居之而名也”[①]。今户县东南境有村名“高力渠”。俗传因高力士在此修渠而得名，但此解释颇为勉强，同时也无事实为依据。笔者以为，“高力渠”即“高丽曲”的谐音，也就是说，现在

① 《文渊阁四库全书》史部 11 地理类九 593—1。

的“高力渠”即唐代高丽移民聚居的村落“高丽曲”。按：唐代长安城以朱雀街为界分属长安、万年两县，其中，长安县治在西市南第二坊长寿坊，辖境东西 40 里，南北 152 里。长安与鄠（户）县大致以沣河为分界线，但却不是绝对的界线，沣河两岸的土地，往往互有分属，如秦渡镇（宋敏求《长安志》误作“秦社镇”）在唐代属长安县，现在则属户县。现在的高力渠村位于草堂寺之西北、草堂镇之正南，与东边的沣河相去不远。或者在唐代时，此地即属长安县管辖；或者宋代张礼撰《游城南记》谈到高丽曲的方位及属籍时只是约略言之，于是造成了历史与现实的阴差阳错。

新罗王子台

新罗王子台，实指云际寺，因曾在此居住修道的慈藏和圆测都被认为是新罗王子而得名。参见“云际寺”一目。

大兴善寺

大兴善寺，位于唐都城长安靖善坊，即今西安市小寨十字西北角。其前身为陟岵寺和遵善寺。陟岵寺于开皇二年（582年）兴建大兴城时由汉长安城迁来。遵善寺则建于晋武帝泰始、泰康年间（265—289）。以上两寺建制已无从考查。隋文帝崇尚释教，为收人望，于兴建大兴城之当年，将刚迁来之陟岵寺与遵善寺扩充改建为一大寺，以寺院正当“九五贵位”之靖善坊，文帝王业又始于受封“大兴郡公”，故取寺名为“大兴善”，隔朱雀街与崇业坊之玄都观东西相望，寺与观均各尽一坊之地。唐高宗总章二年（669 年），大兴佛殿毁于火，有敕重建，规模比前扩大了 20 亩；神龙年间（705—706）改名酆国寺，至景云元年（765 年），代宗敕令在寺内设“方等戒坛”，“一切官给”；大历十年（775 年）敕建“不空三藏舍利塔”，加上隋塔，此时寺中共有“双刹”；元和四年（809年），建转轮藏经殿，形制与印度同；大和二年（828年），移王城内天王阁于寺内。此外，寺中尚有观音大士阁、行香院、禅院、曲池等。全寺树木葱茏，浓阴蔽日，清虚寂静，既是习法的福地，又是清游宴坐的好去处。唐武宗“会昌法难”中，大兴善寺例在毁拆之列，但似乎没有把毁拆令贯彻到底，唐懿宗时（860—874），西僧满月和智慧轮曾于寺内翻译密教经典。此后经唐末五代大乱，长安城屡遭焚毁，大兴善寺也更加奄奄一息。明代永乐间（1403—1424），清代康熙、乾隆、道光中均有重修之功。同治初（1862年）毁于兵火。民国二十七年（1938年）又重修。1945年至1948年，太虚大师与西安佛教界在大兴善寺内创立世界佛学苑巴利学院。1949年以后，再次重修。

从1997年开始，寺院进行了大规模的整修和扩建，至2002年为止，新建的寺宇有：一、山门，在清代所建旧山门的两旁各拓宽至三间，形成真正的“三门”，东门题“解脱门”三字，西门题“普度门”三字。二、东门，在山门东边临寺院东围墙处，号“普贤门”。三、东西两条街，也叫商业街，位于山门内两侧，两街的两旁为一二十家文物商店和医药诊所。四、广场及东侧的素斋馆和西侧的慧韵阁。广场在三门与新建天王殿之间，面积1900多平方米，水泥地面。素斋馆和慧韵阁都是二层歇山顶建筑，各面宽七间，上下层总面积627平方米，慧韵阁也是文物字画经销处。五、新天王殿及其两侧的吉祥门（东）、如意门（西）。新天王殿位于旧天王殿南面，隔广场与山门相对，为重檐歇山顶建筑，面宽七间，是目前寺内最宏伟高大的建筑物，雕梁画栋，琉璃瓦覆顶，殿内中央泥塑一半坐半卧的大肚弥勒像，像后是一通顶的画壁，画壁与周壁浮雕泥塑二十四诸天，东西两侧为高大的泥塑四天王像，或施之以丹青，或贴之以金箔，金碧辉煌，光彩夺目；天王殿两侧设吉祥门和如意门各三间，从广场由此二门进入寺院大院。六、两座十六冥王殿，位于中轴线上旧天王殿之两侧、钟鼓楼之南，同为重檐歇山顶，各面宽三间，琉璃瓦覆顶，内有泥塑十六冥王像。七、佛宝厅（东）和聚会厅（西），分别位于钟鼓楼的北面，东西相向，两厅之间为大雄宝殿和殿后的地藏菩萨小广场，都是硬山式建筑，面宽各十一间，面积各为 350 平方米，厅前各有长廊，通过三道十级石阶上下。八、斋堂（东）和定心室（西），位于佛宝厅和聚会厅之北，东西相向，中间为旧转轮阁遗址（今为牡丹园），各为二层歇山顶楼房，面宽十三间，二层面积合 720 平方米。九、文殊殿和普贤殿，位于斋堂和定心室之北、旧观音殿前两侧，形制特点与前面所述十六冥王殿相同，两殿分别供奉文殊菩萨像、普贤菩萨像。整个寺院青石铺路，宽阔齐整，树木葱郁，四季花开，不仅是弘法福地，而且还是消闲游娱的名区。

隋唐间，大兴善寺既是长安城中重要的国立译经场，隋代有那连提黎耶会、毗尼多流支、阇那崛多和达摩笈多，唐代有波颇、不空在寺主持译经。大兴善寺同时又是中国佛教密宗的祖庭，不空三藏继承金刚智、善无畏所传密教金刚界、胎藏界两部大法，并继续在大兴善寺译出密教《金刚顶一切如未真实摄大乘现证大教王经》等重要经典并大加弘扬，是“开元三大士”和中国佛教密宗的创始人之一，他对密宗的贡献比金刚智、善无畏贡献更大更特出。中国密宗后来先后传至海东、日本。金刚智的一传弟子中，慧超为新罗入唐求法僧；慧超后来又在大兴善寺从不空再次学习金刚界密法并住寺为国诵经。善无畏的一传弟子中，义林、不可思议、玄超为新罗入华求法僧。惠果的胎藏界法便是玄超传授的。此外，新罗入唐求法僧在大兴善寺研习佛法的尚有安含、慧轮等人。

大慈恩寺

大慈恩寺，位于唐都城长安晋昌坊东半部，即今西安市和平门外南八里处，雁塔路之终端。

大慈恩寺之前身为净觉故伽蓝，或说为无漏寺，始创于隋开皇九年（589 年）。唐初，寺院荒废。贞观二十二年（648 年），东宫太子李治为追悼亡母文德皇后，将净觉故伽蓝扩大改建为大慈恩寺。全寺面积为晋昌坊的东半坊，总十余院，房屋 1897 间，重楼复殿，巧夺天工，金碧辉煌。寺院南临曲江，水竹森邃，为京都之最。太子李治下令度僧三百，并请五十名大德“同奉神居”。于寺西北角，又造翻经院，玄奘法师奉敕移就翻译。永徽三年（652 年），高宗从玄奘之请，于寺中西院建佛塔一座，供玄奘收藏自印度带回的经像、舍利。武则天长安年间（701—704）重建。新塔共七层，方形楼阁式立锥体，高 64 米，其建制一依东夏旧式。塔底层南面门洞两侧镶嵌着唐太宗《大唐圣教序》和唐高宗《述三藏圣教序记》，书者为著名书法家褚遂良。门楣、门框上有阴线雕刻的唐代建筑图案和佛像，传为著名画家、建筑师阎立本的手迹。五代后唐时，西京留守安重霸对寺院、佛塔修葺过一次。明嘉靖二十九年（1550 年）再次整修，其中，对佛塔塔身进行加固，即在唐砖之外，又加砌一层明砖；同时缩小寺院规模，把中心移至雁塔所在之西院，加以修缮。这个范围一直延续至今，并无变革。

1949 年以后，分期对寺院进行了全面整修。从 1997 年开始，寺院按照新的规划进行了大规模的整修和扩建。其中，除改建大雄殿前东西配殿外，又在寺院西部自南而北新建了管理院、僧院（寮房）、方丈院，在大雁塔北新建了玄奘三藏院。管理院由正殿（东向）、南北偏殿及连接各殿宇及院门的连廊组成，殿宇皆为歇山式建筑，雕梁画栋，绚丽夺目，院门为垂花门，卷棚式建筑，院门外垂柳拂檐，绿草如茵，景色如画。僧院由僧房及香积厨组成，皆为悬山式人字披屋顶建筑。方丈院由正殿（坐北朝南）、侧殿（坐西朝东）、方亭及院门组成；两殿皆为歇山式建筑，黄琉璃瓦覆顶，正殿为方丈办公及起居室，侧殿为侍者居室；庭院中种满花草树木。仅此三组建筑总计共有 82 间，2278 平方米。玄奘三藏院共有 19 座单体建筑，182 间，4205 平方米。此院是一组典型的仿唐建筑物，由同在一条水平线上的三个院落组成。中院门名法身门，廊庑式建筑，此院的主体建筑为大遍觉堂，廊庑式，地下地上共二层，面宽各 5 间，上层（即地面部分）堂内正壁为汉白玉浮雕弥勒菩萨兜率天宫内院说曼陀罗图，东西两壁分别为中观学派、瑜伽学派各祖像，殿堂正中靠北为玄奘法师说法（铜雕）坐像，铜像前有一长方形展柜，殿顶为敦煌壁画《弥勒本生变》。西院院门名解脱门，歇山式建筑；此院的主体建筑为求法堂，亦二层，歇山式，前抱夏门廊，殿内正壁为长幅木浮雕图，内容是那烂陀寺戒贤大师迎接玄奘法师到来的场面，东西两壁为铜雕图，内容是玄奘法师西行求法及在印度求法所取得的成就。东院院门名般若门，门的建筑形式与西院门相同；此院的主体建筑译经堂的建筑式样与求法堂相同，殿内正壁为长幅木浮雕图，内容为玄奘求法归来受到万众欢迎的场面；东西两壁为铜雕图，内容是玄奘在弘福寺、大慈恩寺、西明寺、玉华寺等地译经弘法及最后圆寂的场面。

此外，在大雄宝殿东边靠南处还新建了一组仿古建筑，这是大慈恩寺文管所所在地。文管所的职责是对大雁塔进行管理、监测和维修。

慈恩寺既是唐代长安的重要译经场之一，同时又是中国佛教唯识宗的祖庭。贞观二十二年末至显庆三年夏（648—658），玄奘自弘福寺移至大慈恩寺翻经院继续翻译佛经，除原来从全国挑选的大德组成的译经班子外，高宗又增加新度弟子十五人。这时，在译经班子工作的新罗僧有神昉、智仁二人。玄奘圆寂后，神昉返回大慈恩寺居住弘法，圆寂后在寺内立碑纪念，由武三思撰写碑文。此外，玄奘的新罗弟子还有义寂、玄范、神郭、道伦等人。玄奘的翻译为建立中国佛教法相唯识宗打下了理论基础。玄奘去世后，窥基从玉华宫寺回到慈恩寺，专事撰述，标显新唯识论之“正理”，唯识宗中的“慈恩系”最后形成，在中国佛教史上，慈恩系一向被尊为唯识宗之“正统”学说，大慈恩寺因此也便成了唯识宗的祖庭。学习这一系唯识学的新罗僧有智凤、智鸾、智雄三人。

大荐福寺

大荐福寺，原寺位于唐都长安城开化坊之南半坊，即今西安市明城南门外 1.5 公里处。

唐文明元年（684 年），高宗死后百日，武则天皇后为给其祈福而创建佛寺，名大献福寺。天授元年（690 年）改名大荐福寺，武则天为题飞白寺额。中宗即位后，曾大加营饰。景龙中（707—710），宫人施钱于安仁坊西北隅建浮图，浮图院门北开，隔街与寺门相对。唐末大乱，寺院毁于兵火，后人将寺迁至塔院，是为今之荐福寺。宋政和元年（1116 年），重修寺宇宝塔。明正统十四年（1449 年），英宗皇帝下诏整修，并竖碑记录圣旨及重修工程始末，碑阴线刻荐福寺全图，图中之小雁塔还保持唐代的建筑原型。天顺二年（1458 年），英宗再敕赐寺额。明代另一次重修中，还建造了地藏殿。清代，康熙二十三年（1684 年）、二十九年（1690 年）、三十一年（1692 年）、嘉庆二年（1797 年）、十六年（1811 年）多次重修寺宇或宝塔。从康熙三十一年重修碑刻《荐福殿堂图》看，当时寺院建筑多而完整。全寺共五进院，成南北长方形，山门南开。中轴线上的主要建筑物有：金刚殿、天王殿、慈氏阁、大雄宝殿、藏经楼、小雁塔、药王殿、地藏殿。中轴线两旁的建筑如钟鼓楼、凉亭、碑亭、偏殿、厢房等共有十多处。大雄宝殿、藏经阁所在的中院开东西侧门。民国间（1912—1948），寺院被驻军占用，经像全毁。住僧数人只好避住山门内西侧的数间农房中。解放初，寺院主体建筑基本与清代情况相同。后因年久失修，金刚殿、天王殿、药王殿、地藏殿先后毁坏拆除。现在的寺院，面积与前不变，南山门外，又开北门，是游客进出之处，门前便是宽阔的友谊西路。南山门面宽七间，中门拱形门洞上方镌刻"敕赐荐福寺"五字，额上方的墙面有精致的砖浮雕斗拱，单檐歇山顶，绿琉璃瓦屋顶。南山门之北是慈氏阁，阁建在三米多高的台上，台四面贴砖，中开南北向拱形门洞，东西侧有砖砌台阶供登阁。阁面宽五间，进深二间，廊庑朱柱，重檐歇山顶，重檐间悬"敕赐慈氏阁"匾额，廊庑外侧台沿上有砖砌花窗栏杆。再往北是大雄宝殿，面宽五间，进深三间，单檐推山顶，中门檐下悬"大雄宝殿"匾额，字颇苍劲，南檐下东西墙口上方镶嵌有精致的砖雕。大雄宝殿前东西两侧有钟鼓楼，形制相同，外观为双层重檐，方形，有廊庑朱柱，东侧钟楼内悬挂金明昌三年（1192 年）所铸二万余斤之大铁钟，每当钟鸣，声振全城，俗有"雁塔晨钟"之谓，是"关中八景"之一。藏经楼，面宽五间，进深三间，重檐推山顶。小雁塔，建于一方形高台上，原塔 15 级，高约 45 米，方形，底层面宽 11.38 米，每层迭涩出檐，南北面各有拱形门洞，塔身的四条角线成舒缓的弧形，使整座塔显得流畅、挺拔、秀丽，与大慈恩寺内之大雁塔的壮伟形成鲜明对比。小雁塔属密檐式砖构建筑。塔下层拱形门门楣上刻有蔓草花纹和天人供养像，颇为精美。明成化二十三年（1487 年），陕西地震，塔顶震塌两级，塔身震裂尺许，至正德十六年（1521 年）再次地震时，塔上裂缝一夜之间“神合”，世人称奇。震后塔仅存 13 层，高 43.3 米。1965 年，对小雁塔进行了全面勘察整修，探明塔基夯土为半圆球体，具有极强的防震能力，整修工程包括修复塔身南北门洞，弥合裂缝，加固塔檐、塔角，在塔身外二、五、七、九、十层各加一道铁箍，塔顶设置排水设备和安装避雷针，塔身增设塔梯，可以直登塔顶。塔北有白衣阁，形成与慈氏阁相仿佛。1981 年以后，对寺院再次进行全面整修。1995 年把北门改建为古建筑式样。现寺内所存完整碑石多方，其中宋碑 5 方，明碑 3 方，清碑 7 方。这些碑铭是考察大荐福寺历史沿革、殿堂布局的重要资料。

大荐福寺是唐代长安三大译经场之一。主译者为义净三藏。义净曾于高宗咸亨二年（671 年）赴印度求法，经二十五年，历三十余国，携归梵本经律论典籍约四百部，自久视元年（700 年）至景云二年（713 年）在东西二京组织译场从事译经工作，总出经 56 部 190 卷，其中，景龙四年（710 年）于大荐福寺出经 20 部 88 卷。新罗僧胜庄从久视元年至景龙四年一直在义净译场工作，他在武则天朝已是大荐福寺的著名大德。义净之后，“开元三大士”之一金刚智阿阇梨也于开元十八年（732 年）在寺中译出密教经典两部，并在寺中弘扬密教，建大曼拿罗、灌顶道场；二十八年（742 年）十二月又于寺中译出《大乘瑜伽千臂千钵曼殊室利经》，新罗僧慧超担任笔受（后来在五台山重新抄出，并为之制序叙述译经秘闻）。因此，大荐福寺同时也是密宗的重要道场。此外，华严宗三祖贤首国师法藏曾住寺弘法，并充任寺主，先天元年（712 年）寂于寺内，其门下有新罗弟子胜诠、孝忠二人。

青龙寺

青龙寺，位于唐西京长安城内新昌坊，即今陕西省西安市南郊铁炉庙村乐游塬上。

寺院始建于隋开皇二年（582 年）。是年，文帝兴建大兴城，将新城址内坟墓迁至郊外，并于乐游塬上专设寺院，超度这些亡灵，取名灵感寺。唐武德四年（621 年）一度废弃。高宗龙朔二年（662 年），复下诏立为观音寺。睿宗景云二年（711 年）改称青龙寺。当时，寺院占新昌坊的四分之一，约 200 余亩。寺宇建筑气势雄伟，顺乐游塬地形错落有致地分布着大雄宝殿、藏经楼阁、木塔、门前戏楼等数进院落，回廊环绕，曲径通幽。寺内松柏参天，茂林修竹，景色宜人。唐武宗“会昌法难”中，寺院受到严重破坏。但宣宗即位（846 年）后，又立即修复，改名为护国寺。大中九年（855 年）恢复青龙寺本名。唐末五代时间，长安屡遭破坏，佛教弘传中心向东转移，青龙寺亦随之衰颓。北宋元祐元年（1086 年）以后，寺院彻底废毁，地面建筑荡然无存。民国时期，有人误指乐游塬北平野上祭台村的石佛寺为古青龙寺。经过 1963、1973 年两次考古勘察，才又最终确定了青龙寺原址。1982 年，为了纪念中日文化交流的先躯者惠果、空海两位大师，西安市与日本香川、爱媛、德岛、高知四县佛教真言宗各派总大本山会合作，开始在青龙寺遗址上先后修建了空海纪念塔、惠果空海纪念堂，近年又增建了山门、配殿、云峰阁、世界和平祈念塔和碑廊等四五处古、今建筑物。

青龙寺在唐代时是中国佛教密宗的重要道场，因由惠果和尚住寺弘扬密教而闻名中外。惠果（753—805）先后从不空、玄超（新罗入唐求法僧）受金刚界、胎藏界两部大法，而且从他开始，两部大法同时授受。大历十年（775 年），唐代宗于青龙寺敕赐东塔院一所，置毗卢遮那灌顶道场，供惠果弘法，广度僧俗，其知名弟子数十人，其中，新罗籍弟子有惠日、悟真、弘印、均谅；日本籍弟子有空海、圆仁、圆载、圆珍、宗睿、遍明。中国佛教之密宗，即由这些高僧传至鸡林与扶桑。

兴教寺

兴教寺，位于今陕西省西安市城南二十公里许的少陵塬南畔，面向樊川，是佛学大师、译经家、旅行家、世界文化名人玄奘三藏法师的塔所。

自唐贞观三年（629 年）开始，玄奘三藏不远万里赴印度求法，前后共历十七年。还国后，又不舍昼夜翻译佛经 75 部 1335 卷，时达二十个年头。高宗麟德元年（664 年），玄奘法师终因积劳成疾，示寂于坊州（今陕西铜川市）玉华宫寺。僧俗遵其遗嘱用篷席将其遗体送回长安，然后又万人空巷送葬于京城东十里浐河旁之白鹿塬上，高宗每于大明宫含元殿东望，见其墓塔，必生悲恸，于是于总章二年（699 年）迁葬于今址，墓室上起塔五层，同时因塔建寺，以示纪念，供僧俗瞻仰顶礼。中宗为玄奘制影赞，谥号曰大遍觉法师，塔称大遍觉塔。肃宗至寺游谒时，又题塔额曰兴教，自此始，寺称兴教寺。永淳元年（682 年），唯识宗慈恩系领袖、玄奘高足窥基法师示寂于大慈恩寺，葬于奘师塔附近平原上，后复移葬于奘师塔右，塔共三层。万岁通天元年（696 年），唯识宗西明系领袖、海东法将圆侧寂于洛阳佛授记寺，葬于龙门香山寺北谷，西明寺住持慈善法师、大荐福寺大德、海东僧胜庄法师等从香山葬所分得骸骨一节，盛以石椁，葬于长安西南沣峪口之丰德寺东岭上。宋政和五年（1115 年），同州龙兴寺仁王院广越法师以丰德寺原塔偏僻郁闭，不便于四众参礼，因又分出塔中舍利、供养物若干，移葬于奘师塔左，塔式与基师塔同。大和二年（828年）京师安国寺僧义林主持重修塔身。此前，有关寺宇建筑情况史无明载。至清同治初（1862年），寺宇毁于兵火，三塔幸存。1922年，妙阔法师充任住持，修法堂五间，寺僧妙法主持修建东西僧房十间。1928年后数年，朱子桥来陕赈灾，大兴佛事，广积善缘，并于1930—1934年募资修补寺中三塔，新建塔亭三间。1939年，程潜等人募资建大殿五间，是为今之大雄宝殿，又建藏经楼于大殿之东，以及山门等。1949年以后，被国务院列为全国重点文物保护单位，多次拨款修葺增建。

现在的兴教寺由主院和东西二跨院组成。正院在山门的南北中轴线上，依次排列着钟鼓楼、大雄殿、法堂、卧佛殿，共三进院。大雄殿正中供脱纱装金释迦文佛结跏坐像，高3.2米；法堂内供养的佛像有元代铜铸千佛绕毗卢像、明代铜铸阿弥陀佛像，背后西侧有唐代铜铸千手观音像，东侧有明代木雕地藏菩萨像，此外，当壁上还悬有十八罗汉拓版像。卧佛殿内供一大型卧佛像，长9米，1993年用香樟木雕成。西跨院为塔院，玄奘塔高23米，四面五级，砖砌，仿木结构，底层南面拱形门洞内供玄奘法师塑像，北面嵌刘轲所撰《大唐三藏大遍觉法师塔铭》碑石；社会上关于黄巢发掘玄奘墓塔、玄奘顶骨、遗骸迁葬他处的说法毫无事实依据，属不实之词。奘师塔之西为窥基塔，底层塔室供窥基塑像；奘师塔之东为圆侧塔，形制与窥基塔完全相同，龛内供圆测塑像。三塔位置成“品”字形。三塔之后是慈恩殿三间，门上方原题“慈恩塔院”四字，后改为赵朴初所题“大遍觉堂”四字。东院有藏经阁，高二层，阁上收藏着玄奘主译的《大般若》等8部经，同时还有非常珍贵的贝叶经。

兴教寺的特殊地位，吸引着广大的中外僧侣和其他游客。周恩来总理曾于1953年陪同印度总理尼赫鲁来寺瞻仰奘师塔，缅甸总理吴努、尼泊尔文化部长乾达也先后于1954年、1956年前来瞻仰礼谒。改革开放以后，韩国僧俗、日本僧俗也都纷至沓来，或追宗认祖，或怀念本国先贤。上世纪90年代中，韩国庆州佛国寺等数座寺庙曾赠送一口铜铸洪钟给兴教寺，现就悬挂在钟楼内。兴教寺不啻为蜚声中外的古刹。

西明寺遗址

西明寺是唐代西京长安城中的一座著名佛刹，位于朱雀大街以西第二街，即皇城西侧第一街西，从北数第七坊，名延康坊，坊的西北角与西市东南角相对。今西安市南二环马路在西安电子科技大学和二十所相邻的东北侧穿越坊址，形成一条东南——西北的对角线。坊址东为西安市供电局白庙变电站，北为省建八公司，西南属二十所和电子科技大学。

据文献记载，寺院创建于显庆元年（656年）八月，至显庆三年六月完工，历时两年有余。寺院布局以印度最早的佛寺祇树给孤独园精舍为蓝图，寺面三百五十步，周环数里，左右通衢，腹背有缠落，青槐列其外，泉水通其间，廊殿楼台，飞惊接汉，金铺藻栋，眩目晖霞。全寺共有十院，大殿十三所，屋四千余间。史谓其为“都邑仁祠”，虽梁之同泰寺、魏之永宁寺所不能比，“中国之庄严所未有，大荒之神异所绝”。唐武宗“会昌法难”中，西明寺为朱雀街西所保留的两座寺院之一。大中六年（852年），改名为福寿寺。唐末，长安城毁于战火，西明寺亦未能幸免于难。

1985年，中国社会科学院考古研究所唐城工作队配合西安市供电局白庙变电站的建设，对西明寺遗址的一部分（7500平方米）进行发掘，揭示出院落三个，包括一个殿址，殿前东、西、南回廊址，两处房址，墙址三处，夹道址一处，井二眼（水井、窖井各一），渗井两处。出土遗物有长砖、方砖、板瓦、瓦当、脊头砖、鸱尾、鎏金铜造像150余件，石佛像残块、陶佛像、残碑、石茶碾半个、瓷器残片、残陶砚、灰陶吸水桶十余件、玻璃鱼饰一件、铜币11枚等。

西明寺在建成后，唐高宗亲自参加了落成庆典，同时赐给寺院田百顷；武则天施与青泥珠；章怀太子李贤为之铸万斤钟，并题钟铭。唐高宗请玄奘法师由大慈恩寺迁至这里继续翻译佛经，又下诏简选五十名大德入寺居住辅佐奘公。道宣律师为寺中首任上座，在此弘扬南山律；道世在寺中撰成《法苑珠林》100卷（或作120卷）；慧琳住寺撰《一切经音义》100卷等。在寺中弘法的国内名僧还有圆照、慧则、慧立、法琳、良秀、神楷、法藏、义净、怀素、神泰等数十人。外籍高僧有西域之善无畏、不空、般刺若、般若，日本之空海、永忠、圆珍、道慈，新罗之神昉、圆测、胜庄、智仁等，他们在寺中或弘法译经，或请益求法，其中的圆测法师是作为五十名大德之一应诏入居西明寺的，在唯识学方面独树一帜，创立西明学系，与慈恩学系形成中国佛教唯识宗的两朵奇葩。

翠微寺遗址

翠微寺，唐代名刹，早废。原址位于古都长安城西南五十里处的终南山太和谷翠微山上，即今陕西省长安县沣峪区滦镇南浅山上的黄峪寺村。唐释法琳《辩正论》载："其地也，带秦川之眇眇，接陇岫之苍苍；东观浴日之波，西临悬月之浦；凤企穷奇之石，郁律钻天；龙盘谲诡之崖，穹隆刺汉；岂独岩松拨日，抑亦涧竹捎云；实四浩养德之场，盖三秦作固之所。"其形胜之壮伟、风景之灵秀，不待言语。因此故，唐武德八年（625年），高祖皇帝下诏于此建太和宫，供盛夏避暑之用。这里从此成为唐代皇帝四大避暑胜地之一。

贞观十年（636年），唐太宗下诏废太和宫为龙田寺。《辩正论》载，既为太武皇帝（高祖李渊）舍为龙田寺，即送太武及主上（太宗）等身夹苎像六躯永镇供养，“大众所资，有司供给，无劳买地，不待布金。逆风和气之香，氛氲满院；吉祥柔滑之草，斓漫垂阶”。释法琳被举为龙田寺之住持。贞观十三年，因道士黄世英阴诬法琳所撰驳道护法的《辩正论》“故意谤讪皇宗”，帝怒，召琳对质，判死刑，寻判徙益州，途中病卒。此后，龙田寺法事不明。贞观二十一年，唐太宗嫌禁中烦热，命将作大臣阎立本再葺龙田寺，改名翠微宫。关于翠微宫的建筑情况，宋《长安志》载为：“正门北开，谓之云霞门，视朝殿曰翠微，寝殿曰含风，又为太子构别宫，开正西门曰金华，殿曰善安。”或说唐宪宗元和元年（806 年），改翠微宫为翠微寺。此说不确。至迟在唐玄宗时期（712—756），翠微宫已改为佛寺，有李白《答长安崔少府叔封游终南翠微寺太宗皇帝金沙泉见寄》和刘禹锡（772—842）的《翠微寺有感》诗为证。很可能的是，自唐太宗卒于翠微宫含风殿之后，此宫即又改为佛寺。宋代以后改名为黄峪寺。

《大慈恩寺三藏法师传》载：贞观二十三年四月，太宗幸翠微宫，皇太子及玄奘法师并随侍。既至，玄奘法师与太宗“唯谈玄论道，问因果报应，及西域圣贤遗芳故迹”。此间，玄奘法师还争分夺秒地从事译经工作。《开元释教录》载，是年五月二十四日，玄奘于终南山翠微宫译出《般若波罗密多心经》1 卷，智仁任笔受。智仁是新罗国入唐求法僧，从一开始便参与了玄奘译场的工作，除翠微宫外，他还于弘福寺、大慈恩寺协助玄奘法师翻译佛经，皆任笔受一职。

至相寺

至相寺，中国佛教华严宗祖庭，位于古都长安以南终南山天子峪内数里的半山坡上，坐南向北，背有山峰屏蔽，通过谷口可以遥望西安古城。俗以为风水形胜之地。

寺院之创置，可以追溯到北周末年。据《唐高僧传》普安传载，周武灭法时，普安曾栖隐于终南山天子峪西坡，继又引静渊法师同止林野，“披释幽奥，资承玄理”，又安置逃难僧静蔼等三十余人。静蔼协助普安扩建所住寺，是为至相寺之前身。隋立，静渊法师“整操关壤”，“屏迹终南”，在普安旧址“置寺结徒，分时程业”，“三辅令达归者充焉”。就在这时，正式命名为至相寺。开皇十一年（591年），名僧灵裕法师奉诏入京，凡有间隙，“径投渊寺，欣畅意得”，遂又以帝之信施，为移山路，并建议将逼近谷川之“本居”迁建于西南坡阜之“福地”，这就是今存之至相寺寺址。

历史文献中没有关于至相寺的规模、布局及殿、堂的记载，但从今存寺院周围的环境看，瓦砾堆积层既厚又广，曾出土过一种十五厘米见方、厚半公分的地砖式陶块，正面有阳纹多宝佛塔，是用和尚骨灰和泥（净业泥）制作烧成的，又有《大唐灵化寺故大德智该法师之碑》碑石一方。传说还不时出土过佛像等佛教文物。以上情况足证昔日寺院之广大和殿堂房舍之众多。又据《唐高僧传》、《宋高僧传》记载，至相寺周围除静渊、智正的墓塔外，还罗列着不少高僧大德的墓塔和龛窟，诸如：寺右有隋初一百二十大德之一昙崇的墓塔，寺之前峰有隋京城延兴寺高僧通幽的葬所和开皇六大德之一西京空观寺高僧慧藏的灵塔，寺之北岩有三论宗的实际创立者京师延兴寺高僧吉藏灵龛，南岩有高僧道宗的灵塔，寺旁有唐武德时（618—626）京城十大德之一京师大庄严寺高僧慧因的支提塔，而唐初京师弘法寺静琳法师寂后则更造五丈木塔于至相寺之内。此外，隋末西京大禅定寺高僧慧欢寂后也起塔于终南山天子峪等等。这也从一个侧面反映出至相寺在当时僧俗中的地位以及此一“福地”的法化和道风。从寺周广而厚的废墟层判断，至相寺似在“会昌法难”中遭遇了毁拆之厄。虽然如此，此地的弘法活动却一直未断。至民国时，天子峪口至至相寺的山谷中，仍然寺院林立，百姓住的、耕的皆为寺院的房屋和土地。现在的寺院为坐南向北的四合院，山门三间，东厢房已毁，西厢房尚完好，大殿三间，内塑华严三圣毗卢遮那佛和文殊、普贤两菩萨像。院内有经幢式六面和尚石墓塔一段，为“曹洞正宗第三十世灵源紫谷大和尚涅槃塔”。此外还有石灯一件。北岩石窟数眼仍存，近年正在重建。

至相寺从一开始便是弘扬华严学的重要道场，隋末唐初是其鼎盛时期。普安法师常业《华严》，把一生的功德都归结为得益于“华严力”；静渊法师亦是“自《华严》、《地持》、《涅槃》、《十地》皆一闻无遗，历耳便讲”；灵裕法师也以专业《华严》等经而闻名；大业中（605—618），智正法师投寺从静渊习法，制有《华严疏》10 卷；与智正同时，法（杜）顺的弟子智俨也在至相寺内研习华严学，智俨曾听智正讲说《华严经》。顺、俨二师后来被推为华严宗初祖和二祖。龙朔、麟德间（661—665），法藏在云华寺听智俨讲《华严经》，寻又随往至相寺，后正式创立华严宗，成为本宗第三祖。前述建塔于寺内或寺周的诸师亦大多在华严学方面有很深的造诣，他们把天子峪作为最后归宿地并非偶然。

至相寺与海东佛教至为密切。龙朔二年至咸亨二年（662—671），新罗僧义湘曾到至相寺从智俨法师学《华严》，与法藏为同学，归国前撰有《华严一乘法界图》，回国后先后传弘智俨、法藏学说，是海东佛教十圣之一。乾封三年（668年），复有宝壤至至相寺习法；如意元年（692 年）后不久，又有胜诠、孝忠二师在至相寺习法，其中，胜诠受法藏之托，捎回贤首书一封、撰述数种给义湘法师，孝忠则受义湘所托，携金给贤首法藏。长庆初（821 年），复有新罗无染禅师入唐，投至相寺听讲《华严》，听后觉得与在故国浮石寺所传无异，遂弃经教而从心学，后传蒲州麻谷宝彻禅师的禅法于海东，创海东禅宗九山之一的圣住山派。

仙游寺

仙游寺，位于今陕西省周至县城南十五公里处的黑水峪口。寺院四周有狮山、象岭、云雾缭绕的西山等九峰环卫，山上谷中，松柏苍翠，草木蓊郁；清澈的黑河水蜿蜒从寺旁淌过；寺门正对的河湾处是著名的玉女潭，又称黑水潭、五龙潭、仙女潭，水色黝黑，深不可测。西周时，周穆王征西戎于此，休于玄池之上，奏广乐三日，其妃死后即葬于池之南岸。这个玄池，就是玉女潭。潭旁有仙桥古渡，桥北的山坡上有玉女泉，春秋时，秦穆公之女弄玉曾在泉边吹箫引凤，泉水从洞中洒落，俗称“玉女垂廉”。

开皇十八年（598 年），隋文帝曾幸临至此，深叹这里天然成趣的美丽风光，下诏建造行宫，是谓“仙游宫”。仁寿元年（601 年），文帝下敕于率土之内普建佛舍利塔，大兴善寺僧童真奉诏送舍利于终南山仙游宫建塔，因改宫为寺，名仙游寺，佛舍利塔名法王塔。仙游寺既然由行宫改置，其宏敞壮丽自不待言。至唐大中年间（847—859），宣宗将仙游寺分而为三，称南寺、北寺。另一寺早废，方位不明。北寺在河之北岸，亦称中兴寺，至解放后，寺中尚有殿宇二十余间，正殿东南临潭处有大房三间，匾额为“苏公藏书处”，苏公即苏东坡。“文革”中，殿宇全毁。南寺在河南岸，即今存之仙游寺。明天顺六年（1462 年），由西藏喇嘛桑加巴主持，对寺院进行重修扩建，并改名普缘寺。清康熙二年（1663 年）又重修，恢复仙游寺本名。乾隆、道光、民国初年均有修葺。寺中原有天王殿、大雄殿、观音殿、地藏殿、法堂、苏公藏符处、钟楼、鼓楼、法王塔、逼水塔、逼风塔及普同塔等和尚墓塔多座。“文革”后，只存正殿五间，内供泥塑、铜质、木刻佛像多尊，雕塑颇为精美。此外还有东厢房和西厢房三间，暂充僧舍。法王塔仍存，砖砌方形，形如立锥，高约27米，底边宽约8米，七层，层间有出檐斗拱，每层南面有拱形门，底层塔室约9平方米，塔室顶高4米多，藻井以砖砌八棱旋切，结构严密奇巧，室内原来塑有佛涅槃像一躯，其旁罗列十尊罗汉塑像，皆毁于“文革”中，各层之间，有梯相连，直通顶部。塔之基座、塔檐、塔刹、砖块脱落严重。基座东、西、北三侧各嵌石碑一方。法王塔旁之逼水塔、逼风塔已残。80年代中，寺院经过整修，新建了山门天王殿，筑起围墙，院中增建假山、毛主席书《长恨歌》手迹碑。此外，寺中有赵朴初、谢冰心、臧克家、王任重、贺敬之、王蒙、冯牧、徐迟、张光年等名人题书。

唐、宋两代为仙游寺之鼎盛时期，但住寺弘法之僧人见诸释史文献者并不多，所属宗派系统也不明，但寺院的法事活动可能在某种程度上与玉女潭（五龙潭）的祭祀有关。白居易的《黑潭龙，疾贪吏也》诗说：传说玉女潭有神龙，官府乘机在潭上架屋立祠，大加宣扬，借以渔利。凡“丰凶水旱与疾疫”，“乡里皆言龙所为”。“家家养豚漉清酒，朝祈暮赛依巫口。神之来兮风飘飘，纸钱动兮锦伞摇。神之去兮风亦静，香火灭兮杯盘冷。肉堆潭岸食，酒泼庙前草。不知龙神享几多，林鼠山狐长醉饱……”潭上祭祀活动如此之盛，难免不与仙游寺关连。非但如此，甚而于影响到唐朝的最高统治者和长安城中的高僧大德。例如，大历九年（774年）二月，新罗入唐学僧慧超在长安兴善寺从不空三藏习密教期间，曾奉代宗皇帝之诏，前往仙游寺旁玉女潭修香火祈雨，事毕，慧超还上表向皇帝作了汇报。

自古及今，仙游寺皆以天然形胜风光取胜，因而招来不少雅士骚人到此游览、居住，并在此创作了许多美谈绝唱，如白居易在寺中写下不朽的名篇《长恨歌》，吴道子画逼水塔上十六方天王鬼神飞天像，苏轼判凤翔时破竹为签而戏称“调水符”，专门差人持符远来取玉女泉水等等，此外如卢纶、王勃、韩君平、陈鸿、王质夫、岑参、薛能、李商隐、苏辙、章子厚以及当代的诸多名家也都有诗、书之杰作。

上世纪 90 年代以来，为解决西安市的用水问题，决定在黑河口拦河筑坝，建造黑河水库，把仙游寺从谷底搬迁到金盘北梁上 108 国道旁。在拆除法王塔时，对每一块砖都作了登记，以便日后按原样进行重建；同时也对塔下地宫进行了清理，出土物主要有：石碑一方（正面为隋舍利塔铭，背面为唐重修法王塔铭）、隋代琉璃瓶及舍利。此外，拆塔时从天宫中出土镏金铜棺及舍利等。2002 年底，新的法王塔及大雄宝殿建成。

云际寺

云际寺，位于陕西省西安市西南 35 公里的终南山太平峪深处的云际山巅。云际山原名宛华山，峰高海拔 1917 米。登上此峰，脚下白云缭绕，聚散无常，气象万千，故自唐代始又俗称云际山，山顶古刹居贤棒日寺亦因此而易名。山中之四时景象，唐代诗人章孝标、温庭筠、李洞均有绝唱。山色与禅趣相融是云际山的一大特色。

据明修《户县志》记载，云际古刹始建于魏武时代，名居贤棒日寺。北周武帝灭法，寺宇被毁。隋仁寿元年（601 年），重新建寺，仍沿用旧名。至唐代，寺院达于鼎盛，中外名僧多有住寺修道弘法者。由于山上风景绮丽，这里也成了当时的游览胜地。考诸文献，并无更多有关此寺堂殿建筑的记载。明代时，寺院香火仍较盛，至今留存的明代遗物有：攀登峰顶的百级左右石阶（石阶两旁为悬崖，故有铁桩 40 根拉铁索 40 丈为护栏）、石阶临顶处右侧有天启五年（1625 年）所竖铁碑一方，额左有“观音菩萨”四字；额右有“户县太平乡众童”数字；正面碑文载“高谦等人集资修补石路，铸铁桩四十枝，打铁索四十丈，铸铁钟”等；碑背面叙万（“宛”字谐音）华山祖师大通率众修建万华山古刹事迹及功德名姓、损资数目等。至“文革”前，峰顶自北而南的建筑物有：送子菩萨殿、三间地藏王菩萨殿、顶部最高处的五间转角楼，以及东向之风月楼(两层)、南北二厢房、西主殿组成的四合院。转角楼内有暖阁，阁内装饰精美，为户县建筑“三绝”之一，内供文殊、普贤、观音、弥勒、地藏五大菩萨像。风月楼两层，用花岗岩石条构筑，八卦石条盘顶，楼门外额曰“风月楼”，左右两联为：北瞻帝阙三千里，南望圣唐百二区。意与章孝标“城阙入窗棂”合；门内两边对联为“晓行先见红日起，晚步独披淡秋风”。或以此楼为唐代建筑之遗存。“文革”中，转角楼并地藏殿被毁，今废墟上残砖碎瓦石块堆积，峰顶殿基残垣处悬挂明铸铁钟。其余建筑尚存，送子菩萨殿供观音塑像，正顶废墟与四合院之间新建三间菩萨殿，正壁下供一尊天王塑像，左壁下供玉皇像。四合院主殿内供三世佛，释迦文两侧为阿难、迦叶塑像，左右两壁下各塑天王力士像一尊。

唐初，新罗入唐求法僧慈藏法师、圆测法师先后至云际寺修道。前者住寺三年，后者先至寺小住，不久即去寺三十里处“静志”八年，然后应邀还西明寺弘传唯识学。

云际古寺

云际古寺位于西安市户县东南终南山太平峪口外、草堂寺西约一公里处。寺门北开，门额“云际古寺”四字。院中正对寺门的是一面宽三间的大殿，内供数尊佛像，是寺院的法事活动中心。此外又有西厢房数间，分别为寮房和香积厨。庭院中央有一棵二人合抱的银杏树，树旁有一石灯（已残）和石雕佛头（已残）。

此一云际古寺应当就是唐代新罗圆测法师从山中云际寺迁来"闲居""静志"八年的处所，后来被西明寺僧邀请从这里重返西明寺弘扬唯识学。

丰德寺

丰德寺，位于今陕西省西安市西南终南山沣峪口东山坡上，距西安市三十公里左右，是中国佛教南山律宗的重要道场。

寺院始建于隋开皇三年（583 年）。《续高僧传》智藏传载：开皇三年，京城长安大兴善僧智藏"乃卜终南山丰（沣）谷之阜，以为终焉之所也，即昔隐沦之故地矣"。此地"山水交映，邑野相望，接叙皂素，日隆化范"。隋文帝曾派专使就山引见、慰问，施香油熏炉及三衣什物等，"仍诏所住为丰德寺焉"。智藏每于三长之月，盛开道化，讲《大智度论》，理事齐禀，京邑士女传响相趋，云结山阿，就闻法要。智藏 85 岁示寂于此寺。

隋末离乱，丰德寺法事荒废。至唐高宗时复振兴之。唐以后的五代、宋、金、元、明各代历史沿革无明文记载。清乾隆五十八年（1793 年），住持僧通慧曾主持重修，并立碑记其事。同治间（1862—1874），寺院为兵火所毁。光绪十九年（1893 年），住持颖川主持重修，亦立碑记其事。至上世纪 50 年代初，寺宇堂殿尚较完整，但仅有一僧住寺。1960 年，由僧寺改为尼寺。"文革"中，山门外之钟、鼓楼及明代所铸铁狮一对、韦陀殿四天王像、大殿三尊佛像、东岭上的菱形塔均被毁。现在的丰德寺坐东面西，背山向川，二进院，主要建筑有：山门三间，门上方砖雕“丰德律寺”四个隶书字，略显几分古意。进山门跨过庭院，便到韦驮殿，推山式建筑，前供韦驮像，后供弥勒像，前壁门两侧、殿两端壁上绘壁画，传为清代作品。从殿后门进二院，院中有一金刚经幢，字迹斑驳难辨，说明其已历尽沧桑巨变。院中古柏虽年事已深，但仍枝叶茂盛、顽强挺拔。主建筑大雄宝殿，宽五间，推山式建筑，内供释迦文佛、阿弥陀佛、药师佛三像，两端供观音、文殊、普贤、地藏四菩萨塑像，皆贴金，辉煌灿烂。殿内幢幡磬鼓一应俱全。殿中梁架、挡板均图写丹青，有佛教故事和山水、飞禽之属，其艳丽为陕西佛寺所少有。两厢分别有房三间、七间，此外又有斋堂三间。大雄殿和部分僧房为1986年新修。寺外南坡平坦，或种菜或种庄稼，坡边有和尚墓塔七八座。现在，寺中常住比丘尼二十余人。

丰德寺初创时弘演空宗，隋末唐初开始成为南山律宗的道场。道宣律师于隋末自终南山仿掌谷徙崇义精舍，才一载，又迁住丰德寺，后复依护法神所指，更迁至以西不远处之清官村山净业寺，这就是南山律宗的祖庭。长庆二年（822年）、三年，华严宗五祖圭峰宗密禅师先后在丰德寺撰成《华严纶贯》5卷、《四分律疏》3卷。

武则天通天元年（696年），唯识宗西明学系的创立者、“海东法将”圆测法师在东都洛阳佛授记寺协助实叉难陀翻译80卷本《华严经》，卷轴未终，即告迁化，并于龙门香山寺北谷荼毗起塔供养。此间，西京长安大荐福寺大德新罗胜庄法师和西明寺住持慈善法师从香山葬所分得骸骨一节，盛于宝函石椁，葬于丰德寺之东岭上，墓上起塔，塔基内又安舍利49粒。“文革”中拆毁的东岭菱形塔可能即圆测塔。至宋政和五年（1115年）佛诞节，复将丰德寺塔内分供养物并舍利，葬于少陵塬南沿兴教寺玄奘法师墓塔之左，亦起塔供养，塔今存。

紫阁寺（宝琳寺）

紫阁寺，又称宝琳寺，位于西安市西南户县境内终南山紫阁峪深处。紫阁峪口有大圆寺和草堂寺。《重修户县志》载，此寺由唐太宗敕建，尉迟敬德监修。寺院早毁，当年寺宇建筑情况已不可考。今惟存一塔，俗称“敬德塔”。据说当年尉迟敬德随驾驻扎峪口子房庄，命军士每天进山牧马时随手带两块砖头，后来即用这些砖建造此塔，故有此称。塔建在一个山包上，成方形，边长约三米，七层，总高十五米左右，底层西面设券形门，以上各层四面设券形门，典型的密檐楼阁式塔，出檐甚深，有仿真斗拱、梁架及花窗。总体上给人的印象是修长、挺拔、高标。古人的评价是“殊精巧”。原寺址有泉，名“涌钵泉”，今仍存。

唐大和四年（830 年）以前，新罗禅师慧昭曾在紫阁寺“饵松实，行止观”，时达三年，然后出紫阁，于四达之路织芒鞋广施。慧昭事迹见前文有关章节。

胜光寺

①位于隋都长安城西市东光德坊西南角。开皇十年（590年）四月，由隋文帝为第四子蜀王秀敕建。昙迁法师等六十余人应请住寺弘法，四事供给皆出于蜀王秀。智𫖮弟子僧珍，还有高僧慧乘等都曾住寺弘法，故史有“秦国福供，并入胜光”之说。寺分南北院，北院“宝塔高华，堂宇绮饰，像设严丽，乃至画绘瑰奇，冠绝区域”。②位于西安市户县县城东北十五里，旧说在终南山北麓，二说不相违。本胜光寺之山园，或称

"胜光寺别院"，后直称胜光寺。隋大业三年（607 年）十二月一日，昙迁圆寂于禅定寺，葬于此。清康熙二十五年（1686 年）重修。1995 年重建大雄宝殿五间及东西两侧僧房数间。殿正中供奉玉佛一尊，西侧供北朝墨玉雕造阿弥陀佛立像一尊，足珍贵。唐贞观十二年（638 年），新罗国僧慈藏至长安求法，奉敕安置于此"别院"居住，"厚礼殊供"。后复自此移居终南山云际寺达三年之久，然后入京辞帝还国。

大庄严寺

位于西安市西南丈八沟乡木塔寨村以北、甘家寨村以南的木塔寺苗圃院内，是隋代的皇家寺院。庄严寺，初名禅定寺，因寺中有七级木塔，故俗称木塔寺。隋仁寿二年（602 年），皇后独孤氏卒，次年，文帝下令在京城西南永阳坊东半部为其建寺追福。当时的大建筑师宇文恺"以京城西昆明池地势微下，乃奏于此寺建木浮图（塔），崇三百三十尺（或作三百尺），周回一百二十步"。《续高僧传》昙迁传载，寺院修好后，寺中"塔架七层，骇临云际。殿堂高耸，房宇重深，周闾等宫阙，林圃如天苑。举国崇盛，莫有高者"。隋文帝下令由昙迁禅师负责从全国各地挑选德学高深的禅师一百二十人，各携徒二人入住，由昙迁禅师总领寺任。隋文帝钦定庄严寺为弘扬僧稠系禅法的重要道场。至唐代，庄严寺仍然完好无损。武德元年（618 年）改名（大）庄严寺。玄奘三藏法师在赴印度求法前，曾在此寺住过，传说他还在寺内亲手栽下两株倒栽槐，至今仍然屹立在寺内大雄宝殿遗址前，枝叶繁茂。《宋高僧传》慧灵传载，直至中唐后期，寺院仍然是"复殿重廊，连甍比栋，幽房秘宇，窈窕疏通，密竹翠松，垂荫擢秀"，以至于使人“行而迷道”，故“天下梵宫，高明寡匹”。唐宣宗（847—860）在藩时，曾“游此伽蓝，睹斯盛事”。唐大中六年（852年）改名圣寿寺。

隋至唐代，长住寺院弘法的高僧大德还有：义解大德智凝、僧朗、智梵、保恭、慧因、神迥、法恭，读诵大德慧铨、慧悟，兴福大德智兴、明准，明律大德慧灵，护法大德威秀。据寺内现存碑石记载，清代康熙、嘉庆年间曾多次修葺寺宇，添置斋田。同治初（1862 年），寺院毁于战火，不久后再修复，并建立常住清规。至全国解放初期，寺院及所属土地共有150余亩，寺院为二进院，主要建筑有三门（山门）、大雄宝殿、五佛殿及前院东西配房十二间、后院东西厢房六间，此外还有藏经楼旧基三间和木塔塔基，寺院围墙完整，长 234 米，宽 164.5 米，仅围墙内面积即约为 50 亩，另有耕地 20 亩，住僧十九人，常慧法师任住持，普照法师任监院。1958 年至“文革”期间，寺内尚有常住僧十六人（包括老僧十一人）。现在，寺院的建筑物有山门、三佛殿（窑洞）三间，厢房数间，隋代七层木塔遗址、大雄宝殿遗址、五佛殿遗址、玄奘法师所种千年倒栽槐两株、旧寺额牌匾一方、清康熙三十八、四十八、五十五年、嘉庆十三年、光绪十八年等碑石六方。据唐人张彦远《历代名画记》“记两京外州寺观壁画”载：庄严寺南门外壁有白番神，尹琳画；中门外东西，卢稜伽画两壁，甚大。当时，寺内曾有佛牙一枚，长三寸，是由沙门法献从乌踵国带回来的，再由豫章王杨暕自扬州持之入京，隋文帝将其置于此寺供养。至开成六年正月，庄严寺还在开释迦牟尼佛牙供养法会，倾动京城。

开元十六年（728 年），新罗国无相禅师入唐至长安求法，蒙玄宗皇帝诏见，并奉敕隶名禅定寺。无相后来离开禅定寺入蜀到成都阐扬无忆、无念、莫忘“三句用心”禅法，成为一方领袖。

除以上具述者外，还有许多已经不复存在的寺院也曾留下新罗僧人的求法足迹，如弘福寺、日严寺、西崇福寺（即西太原寺、魏国寺)、云华寺、会昌寺、章敬寺、宝堂寺、保寿寺、广福寺、实际寺、蓝田津梁寺等等。至于西安市以外的广大关中地区和陕南地区，这样的遗址也不少，如铜川的玉华宫寺、汉中的乾明寺和安康的新罗寺等，因与本书无关，此处从略。